◆ 该书出版得到首都经济贸易大学研究生教育专项资助

GOUJIAN WOGUO GONGYEPIN LIUTONG
XIN TIXI YANJIU

构建我国工业品流通新体系研究

周 伟◎著

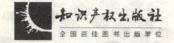

知识产权出版社

全国百佳图书出版单位

图书在版编目(CIP)数据

构建我国工业品流通新体系研究/周伟著. —北京：知识产权出版社，2015.8
ISBN 978-7-5130-3620-7

Ⅰ.①构… Ⅱ.①周… Ⅲ.①工业产品—商品流通—研究—中国 Ⅳ.①F724.74

中国版本图书馆 CIP 数据核字（2015）第 154674 号

内容提要

本书运用实证分析与规范分析相结合、文献研究与调查研究相结合、统计研究与中外横向比较研究相结合的分析方法，以国际化的视角对我国工业品批发流通体系问题进行了全方位的研究，构建了工业品流通评价指标体系，揭示了工业品流通体系的内涵与特征，阐述了工商矛盾的表现与本质。通过建立计量经济学模型，分析了生产商、批发商、零售商三者之间的关系；对中外工业品流通的渠道、管理机构和政策进行了比较研究，论述了欧美发达国家的流通实践对完善我国工业品流通体系的借鉴意义，对如何实现工商联动和内外贸一体化，构建与我国市场经济体制和商品流通发展相适应的规模适度合理、产供销相互衔接、城乡一体、内外贸互通顺畅的高效的工业品流通体系提出了政策建议。

责任编辑：李 瑾   **责任出版**：孙婷婷   **责任校对**：谷 洋

构建我国工业品流通新体系研究

周 伟 著

出版发行：知识产权出版社有限责任公司	网　　　址：http：//www.ipph.cn		
社　　址：北京市海淀区马甸南村 1 号	天猫旗舰店：http：//zscqcbs.tmall.com		
责编电话：010-82000860 转 8392	责 编 邮 箱：lijin.cn@163.com		
发行电话：010-82000860 转 8101/8102	发 行 传 真：010-82000893/82005070/82000270		
印　　刷：北京中献拓方科技发展有限公司	经　　　销：各大网上书店、新华书店及相关专业书店		
开　　本：787mm×1092mm　1/16	印　　　张：17.75		
版　　次：2015 年 8 月第 1 版	印　　　次：2015 年 8 月第 1 次印刷		
字　　数：320 千字	定　　　价：55.00 元		

ISBN 978-7-5130-3620-7

前　言

　　20世纪80年代实行改革开放政策以来，"三多一少"（经济成分多元、流通渠道多种、经营方式多样、流通环节减少）的工业品流通格局初步形成。我国的工业品流通在不断适应市场经济发展需要的同时也出现了一些新的问题，主要是工业品批发体系的各种职能被分散，工商矛盾愈演愈烈、日益突出，内外贸不能实现有效对接等。在我国流通体制改革逐步深入进行的过程中，研究、借鉴发达国家流通业的经验，重新构建我国工商联动、和谐的工业品流通体系，适应现代商品流通规律和现代流通方式的要求，已成为迫切需要解决的问题，具有极其重要的理论和现实意义。

　　本书以"工业品批发流通体系"为研究对象，从批发的功能、地位与作用出发，研究五个方面的问题：①富有效率的工业品流通体系的基本内涵与特征是什么？其指标体系包括哪些方面？②工商矛盾的表现与本质是什么？应如何理顺生产商、批发商、零售商三者之间的关系并实现工商联动？③应如何评判我国工业品批发流通体系的现状和存在的问题？④发达国家的流通实践对我国工业品流通体系的完善有哪些借鉴意义？⑤如何实现内外贸一体化？本书对发达国家工业品流通体系的状况进行了剖析，对中外工业品流通的经营管理机构、流通渠道、流通政策和流通现代化进行了比较分析。最后提出了构建我国工业品流通体系的对策建议。

　　全书按照"理论分析—现状问题分析—实证分析—对策建议"的思维逻辑，运用实证分析与规范分析相结合、定性分析与定量研究相结合、静态分析与动态分析相结合、历史研究与趋势研究相结合、统计分析与比较分析相结合、文献研究与调查研究相结合以及中外横向比较研究的方法，从宏观到微观，以国际化的视角，全方位地对我国工业品批发流通体系进行了较为深入的研究，提出了有针对性的政策措施。

　　构建与我国市场经济体制和商品流通发展相适应的规模适度合理、结构布局完善、产供销相互衔接、城乡一体、内外贸互通顺畅的高效的工商联动的工业品流通体系，是适应社会化大生产、大流通的需要，有利于优化产业结构和

1

产品结构；有利于扩大内需；有利于保持市场的繁荣稳定；有利于充分利用国内国外两个市场、两种资源，全面参与国际经济合作；有利于流通业健康有序发展和全行业管理水平的提高，促进全社会和谐发展，具有重要的理论意义，对我国流通产业结构的合理调整和优化升级有重要的现实指导意义，同时对丰富和完善流通产业经济学的理论研究和学科建设也有重要的学术价值。

与其他同类书籍相比，本书的特点主要有以下三个方面。

一、注重基础理论研究

本书在对流通理论文献进行归纳、梳理的综述评论基础上，从工业品流通的一般理论概念入手，阐述工业品流通体系的内涵与特征，分析构建完善的工业品流通体系的重要意义。特别是对我国工业品流通体系的系统性研究，为整个研究奠定了较好的理论与实践基础。本书借鉴西方新制度经济学的交易费用理论，结合我国工业品流通体系的历史演变和发展过程，提出构建我国工业品流通新体系的发展思路。

二、研究视野开阔

本书结合西方发达国家流通业演变过程，充分分析世界流通产业体系的演进变动规律，力求增强国际借鉴。特别是对美、日、德等发达国家工业品流通体系、渠道结构的历史、现状与发展趋势进行研究概括，对我国工业品流通体系的完善具有重要的启示作用。同时，本书从流通产业经济学、市场营销学、零售学、分销渠道管理、计量经济学等不同学科交叉综合的角度对工业品流通体系问题进行研究，研究视角有一定创新性。

三、方法有所创新

构建相对完善的工业品流通评价指标体系，并从产业经济学的理论角度，提出我国工业品流通体系的量化指标，有一定创新。运用数理统计（Mathematical Statistics）方法建立计量经济学模型（Econometrics Model），使用 SPSS 软件和 E-Views 软件进行批发商、零售商与制造商之间的相关性分析，得出有一定说服力的结论，研究方法、手段和思路有一定的创新性。

Preface

Since the reform and opening up, the industrial products circulation situation of "economic composition multi-element, circulation channel various and management pattern diversification" has been formed fundamentally. But present industrial products circulation still face many new problems while adapting socialist market economy, especially the function of important wholesale has been weakened, the contradiction between supplier and retailer is becoming more and more intense. So, In the process of our country's circulation system reform, it has become very impressive task and has extremely important significance to study the developed countries' experience and to accelerate our reform so as to adapt modern commodity circulation rule and pattern.

The thesis of "industrial products wholesale distribution system" as the research object, from the wholesale function sets out, study five aspects: ① What is the basic connotation and characteristics of the efficient industrial products distribution system? How about its index system? ② What is the nature of contradiction between supplier and retailer? How to straighten out the manufacturers, wholesalers, retailers, what is the relationship of the three? How to realize the linkage of industrial enterprises and commercial enterprises? ③ How to appraise the present situation and problems of our country's industry consumer goods circulation systems? Therefore, this paper made a theoretical and empirical analysis. ④ How to draw lessons from developed country's industry consumer goods circulation systems? ⑤ How to realize the Integration of trade of inside and outside? The paper analyses the developed countries industrial products distribution system, undertake comparative analysis of the industrial circulation management, distribution channels, distribution policy, and circulation modernization. Finally put forward some countermeasures and recommendations of perfect our country's daily industrial consumer goods circulation systems.

The book follows the Logical thinking: theory analysis—reality analysis—empirical analysis-countermeasures. Qualitative research and quantitative research combination, Historical research and trend study of combination. Statistical analysis and structure analysis of combined, Literature study and research combination, Chinese and foreign horizontal comparative research and comprehensive study combining, from the international perspective and the domestic macroscopic current system reform perspective, On industrial products wholesale distribution system is researched in detail, puts forward the reconstruction and improvement of China's industrial products distribution system and the countermeasures.

目　录

第一章 引 言

第一节 本书选题的缘由与目的

一、选题背景与研究意义

党的十八大报告明确指出要"加快完善社会主义市场经济体制和加快转变经济发展方式。以科学发展为主题,以加快转变经济发展方式为主线,是关系我国发展全局的战略抉择"❶。加快流通发展方式的转变,提高流通业发展的质量、效益与竞争力,既是扩大内需、拉动消费、应对后国际金融危机经济环境的需要,也是促进经济增长由主要依靠投资、出口拉动向消费、投资、出口协调拉动转变的需要;既是适应全球经济结构调整、增强抵御国际市场风险能力、实现内外贸一体化的需要,也是促进社会和谐稳定、实现全面建成小康社会、满足人民群众过上更好生活新期待的需要,因而具有极其重要的理论和现实意义。

第一,转变流通发展方式是转变经济发展方式的重要基础。随着社会主义市场经济体制的日趋完善,流通对于经济发展的作用越来越重要,既是连接生产与消费的桥梁和纽带,也能通过流通增值创造社会财富,因此要发挥消费对经济增长的拉动作用,就必须转变流通发展方式。第二,转变流通发展方式是走中国特色新型工业化道路的必要条件。我国生产性服务业中的流通服务发展严重滞后,极大地影响了工业的集约化、规模化与现代化发展,所以,必须通过转变流通发展方式,增强流通功能、优化流通结构,努力提高商品的供给能力和水平,以促进我国新型工业化的快速发展。第三,转变流通发展方式是后国际金融危机时代扩大内需、发展经济的重要举措。在全球需求结构经历重大

---

❶ 胡锦涛. 坚定不移沿着中国特色社会主义道路前进 为全面建成小康社会而奋斗 [R/OL]. 新华网 2012-11-19.

1

调整以后，我国经济增长过度依赖国际市场、消费率低而投资率高的局面将难以为继，必须坚持扩大内需特别是消费需求的方针，因此必须积极并大力发展现代流通业，拓宽消费渠道，改善消费环境，完善消费政策，促进消费结构优化升级。第四，转变流通发展方式也是流通行业自身内在发展的需求。我国目前的流通体系早已冲破计划经济时期的束缚，但适应市场经济体制要求的流通方式、流通体系、流通环境和流通主体尚未发展成熟，流通促进国民经济和社会发展的作用还没有充分体现出来，流通企业的国际竞争力同发达国家相比有较大的差距。因此我们应当抓住转变经济发展方式的重要机遇，促进流通发展方式的积极转变。

改革开放三十多年来，随着国民经济的稳步健康发展以及工业化、城市化的快速推进，城乡居民消费水平逐步提高，我国的工业品流通领域中出现了一些新的问题，主要是：具有较强竞争力的流通企业偏少，流通连接生产与销售的功能薄弱；区域间产业结构失衡，应对价格波动调节供求的能力不足；批发体系重建进度缓慢，零售业片面追求规模，质量效益不高。特别是在金融危机对实体经济的影响日益加深的情况下，有些流通企业经营模式单一、僵化，管理粗放，内外贸不能有效对接，流通对生产的引导作用不够，批发业组织化程度低，批发业的发展与制造业的发展不匹配，批发功能不完备；某些批发零售企业品牌意识不强、批零矛盾加深、商业同业损害、过度竞争等问题日益显现，这些问题已经成为制约流通产业进一步发展的瓶颈。

构建工业品流通新体系，是适应社会化大生产、大流通的需要，有利于优化产业结构和产品结构；有利于扩大内需；有利于保持市场的繁荣稳定；有利于充分利用国内国外两个市场、两种资源，全面参与国际经济合作；有利于流通业健康有序发展和全行业管理水平的提高，促进全社会和谐发展。

在经历了三十年的经济持续高速增长之后，我国经济已经处在一个新的历史节点上。2010 年我国经济总体规模已超过日本，GDP 总量达到 401 512.8 亿元，成为继美国之后的第二大经济体，人均 GDP 超过 4 000 美元；外贸进出口总额达到 29 727.6 亿美元，其中外贸出口 15 779.3 亿美元，已成为全球最大的外贸出口国。与此同时，我国的城市化进程进一步加快，2010 年城镇人口比重已达到 49.7%，第一产业增加值下降到 10.1%。❶工业化与城市化进程的

---

❶ 数据来源：《中国统计摘要（2011）》.

加快，为调整优化工业品流通体系打下了良好的基础。近年来，我国的批零产业快速发展，在国民经济中的地位不断上升，批发和零售业对国民经济的贡献率持续提高，2010 年已经达到 8.6%，比 1980 年翻了一番，从 2005 年开始，批发和零售业的增长速度不仅全面超过第三产业，而且也大大超过了国内生产总值的增长速度（见表 1.1）。国内生产总值从 2000 年的 99 214.6 亿元增加到 2011 年的 473 104 亿元，年均增加 15.2%（见图 1.1）。

表 1.1　国内生产总值指数❶　（本表按不变价格计算，上年 = 100）

年份	国民收入	国内生产总值	第一产业	第二产业	工 业	建筑业	第三产业	批发和零售业	人均国内生产总值
1978	111.7	111.7	104.1	115.0	116.4	99.4	113.8	123.1	110.2
1979	107.6	107.6	106.1	108.2	108.7	102.0	107.9	108.7	106.1
1980	107.8	107.8	98.5	113.6	112.7	126.7	106.0	98.1	106.5
1981	105.2	105.2	107.0	101.9	101.7	103.2	110.4	129.5	103.9
1982	109.2	109.1	111.5	105.6	105.8	103.4	113.0	99.3	107.5
1983	111.1	110.9	108.3	110.4	109.7	117.1	115.2	121.2	109.3
1984	115.3	115.2	112.9	114.5	114.9	110.9	119.3	124.7	113.7
1985	113.2	113.5	101.8	118.6	118.2	122.0	118.2	133.5	111.9
1986	108.5	108.8	103.3	110.2	109.6	115.9	112.0	109.4	107.2
1987	111.5	111.6	104.7	113.7	113.2	117.9	114.4	114.7	109.8
1988	111.3	111.3	102.5	114.5	115.3	108.0	113.2	111.8	109.5
1989	104.2	104.1	103.1	103.8	105.1	91.6	105.4	89.3	102.5
1990	104.1	103.8	107.3	103.2	103.4	101.2	102.3	94.7	102.3
1991	109.1	109.2	102.4	113.9	114.4	109.6	108.9	105.2	107.7
1992	114.1	114.2	104.7	121.2	121.2	121.0	112.4	110.5	112.8
1993	113.7	114.0	104.7	119.9	120.1	118.0	112.2	108.6	112.7
1994	113.1	113.1	104.0	118.4	118.9	113.7	111.1	108.2	111.8
1995	109.3	110.9	105.0	113.9	114.0	112.4	109.8	108.2	109.7
1996	110.2	110.0	105.1	112.1	112.5	108.5	109.4	107.6	108.9

❶　数据来源：《中国统计年鉴（2011）》.

续表

年份	国民收入	国内生产总值	第一产业	第二产业	工 业	建筑业	第三产业	批发和零售业	人均国内生产总值
1997	109.6	109.3	103.5	110.5	111.3	102.6	110.7	108.8	108.2
1998	107.3	107.8	103.5	108.9	108.9	109.0	108.4	106.5	106.8
1999	107.9	107.6	102.8	108.1	108.5	104.3	109.3	108.7	106.7
2000	108.6	108.4	102.4	109.4	109.8	105.7	109.7	109.4	107.6
2001	108.1	108.3	102.8	108.4	108.7	106.8	110.3	109.1	107.5
2002	109.5	109.1	102.9	109.8	110.0	108.8	110.4	108.8	108.4
2003	110.6	110.0	102.5	112.7	112.8	112.1	109.5	109.9	109.3
2004	110.4	110.1	106.3	111.1	111.5	108.1	110.1	106.6	109.4
2005	112.0	111.3	105.2	112.1	111.6	116.0	112.2	113.0	110.7
2006	112.8	112.7	105.0	113.4	112.9	117.2	114.1	119.5	112.0
2007	114.4	114.2	103.7	115.1	114.9	116.2	116.0	120.2	113.6
2008	109.6	109.6	105.4	109.9	109.9	109.5	110.4	115.9	109.1
2009	109.3	109.1	104.2	109.9	108.7	118.6	109.3	112.1	108.6
2010	110.8	110.4	104.3	112.4	112.2	113.6	109.5	115.0	109.8

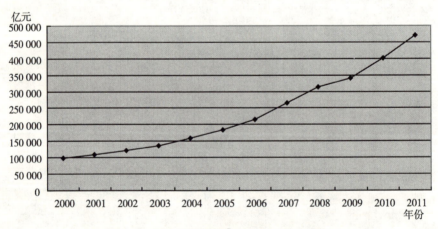

图 1.1　国内生产总值❶（2000—2011 年）

---

❶ 数据来源：《中国统计年鉴》及《国民经济和社会发展统计公报（2011）》.

2011 年社会消费品零售总额达到183 919亿元，比 2010 年增长了 17.1%，扣除价格因素，实际增长 11.6%。按经营地统计，城镇消费品零售额159 552亿元，增长 17.2%；乡村消费品零售额24 367亿元，增长 16.7%。按消费形态统计，商品零售额163 284亿元，增长 17.2%；餐饮收入额20 635亿元，增长 16.9%。

2012 年全年社会消费品零售总额210 307亿元，比上年增长 14.3%，扣除价格因素，实际增长 12.1%。按经营地统计，城镇消费品零售额182 414亿元，增长 14.3%；乡村消费品零售额27 893亿元，增长 14.5%。按消费形态统计，商品零售额186 859亿元，增长 14.4%；餐饮收入额23 448亿元，增长 13.6%。

2013年全年社会消费品零售总额237 810亿元，比上年增长 13.1%，扣除价格因素，实际增长 11.5%。按经营地统计，城镇消费品零售额205 858亿元，增长 12.9%；乡村消费品零售额31 952亿元，增长 14.6%。按消费形态统计，商品零售额212 241亿元，增长 13.6%；餐饮收入额25 569亿元，增长 9.0%。❶

统计数据表明，我国流通业的发展，已经进入了重大的历史机遇期。受国际金融危机和人民币升值压力的影响，我国外贸出口的增长空间日益受到挤压，依靠内需带动经济发展已成为必然选择，这将为国内流通业的发展创造宽松的政策环境。

目前，我国总体上已进入工业化、城市化进程的中期加速阶段，城市化进程的加快和城市人口的日益增加，进一步刺激了对工业品的需求，带动了现代流通业的发展。城市化是现代流通产业发展的"需求引擎"，城市化水平的提高为流通产业的发展提供了巨大的市场机会。与此相应，流通产业的发展可以为人们实现对商品的需求提供支持，进而促进城市化水平的深入发展。有关经验研究表明，城市化水平和流通产业的发展是高度正相关的。

流通现代化是实现工业化深度发展的前提条件和重要内容。从发达国家的发展经验看，当工业化发展到一定程度时，都经历了一个流通现代化的阶段。如日本曾在 20 世纪 60 年代接连推出三个流通现代化的五年计划，旨在配合并促进工业化的深入发展；韩国在 20 世纪 70 至 80 年代也仿效了这一做法，极大地提高了流通产业的现代化水平，为实现本国出口导向型的发展战略做出了积极贡献。从我国情况看，虽然工业化水平与世界发达国家相比有较大差距，

---

❶ 数据来源：《国民经济和社会发展统计公报（2011，2012、2013）》（国家统计局网站）.

但流通产业的发展水平滞后于制造业的结构优化升级，是制约我国工业竞争力提高的重要因素。我国流通企业在经营设施、组织方式和管理手段上落后于发达国家，流通企业规模小、商品库存量大、资金周转慢、管理落后、流通成本高、效率低、服务水平差，这些问题急需加以规范调整。

长期以来，流通被认为是生产和消费的中间环节，依附于生产，不创造价值，因而流通的地位被严重低估。这种观念和认识造成了国家对流通领域的投入严重不足，由于缺少对流通产业发展的政策支持，流通产业已不能适应生产和消费发展的需要。随着经济社会的深入发展和产业结构的优化升级，流通在促进生产、稳定物价、扩大消费、转变经济发展方式、解决就业和满足人民多样化需求等方面发挥着越来越重要的作用，流通在国民经济中的战略性地位正日益凸显出来，如今国与国之间的竞争，越来越体现在现代流通竞争力之间的竞争。

当前不仅工业品的制造商之间进行着激烈的竞争，制造商与流通商之间、批发商与零售商之间也进行着激烈的竞争。工业品渠道的主导权，已经由厂商向中间商特别是零售商转移，甚至向消费者转移。制造商以及分销商之间在商流、物流、信息流、资金流等方面的专业分工不断深化、细化，这些都要求渠道成员之间进行高效的合作、协同与联动，唯有如此，才能使"四流"产生协同效应。构建工商联动的工业品流通体系是缓解国际市场风险、扩大内需和转变经济发展方式的需要，是稳定物价总水平基本稳定和提高人民生活质量的需要，是推动产业升级、确保国家产业安全的需要。

二、研究目的

工业品是指以满足居民日常生活消费为主要目的的工业制成品，既包括日常使用、低值易耗的非耐用消费品，也包括价值较高、使用时间较长的耐用消费品。工业品流通是我国经济改革起步较早、发展步伐较快的领域，目前已初步形成了"三多一少"❶的流通格局，涌现了一批充满活力的流通企业，对促进国民经济平稳较快发展起到了积极作用。"三多一少"作为改革的指导方针无疑是正确的，但在实际执行过程中，"少环节"变成了精简批发，批发商成了流通改革的目标对象。针对我国商品流通体系"生产和销售两头活跃、批

---

❶ "三多一少"即经济成分多元、流通渠道多种、经营方式多样、流通环节减少.

发商中间萎缩"的现状以及一度流行的"批发无用论"的观点，本书进行了认真的研究、分析与判断，认为振兴批发业对构建完善的工业品流通体系、缓解工商矛盾、协调工商关系具有重要意义。

批发是商品流通基本的、也是非常重要的环节，美、日、德等国的批发流通业，在一定程度上代表了北美、亚洲和欧洲乃至世界主要国家批发业的特点和发展趋势。在我国流通体制改革深入进行的过程中，研究借鉴发达国家批发流通业的经验，对于加快我国批发流通体制的改革步伐，建立起统一、开放、竞争、有序、安全的工业品流通新体系，以适应现代商品流通规律，具有极为重要的现实意义。❶

本书通过大量的数据实证分析，阐明独立的中间批发商存在的必要性，其对缓解工商矛盾、提高流通效率、降低交易成本、增进消费者福利具有重要作用。最终目的是建立起与我国市场经济体制和商品流通发展相适应的规模适度合理、结构布局完善、产供销相互衔接、城乡一体、内外贸互通顺畅的高效的工业品流通体系。

第二节　本书的框架、思路及方法

本书根据"文献梳理—理论概括—现状剖析—实证分析—对策建议"的思路，采用实证分析与规范分析相结合、历史研究与趋势研究相结合、统计分析与结构研究相结合、文献研究与调查研究相结合、宏观分析与微观分析相结合、中西横向比较研究与综合研究相结合的方法，特别突出使用数量经济方法和指标体系法，对我国工业品流通体系进行深入研究，借鉴发达国家工业品流通的经验，将我国工业品流通体系存在的问题、发展趋势以及对工业品流通业应该采取的措施和建议作为研究的基础和主线，强调用积极的流通产业政策来促进工业品流通，全面系统地阐述以市场为导向的工商联动的工业品流通体系的构建问题。

第一，对流通理论的前沿进行系统的梳理，在对相关理论进行提炼概括的基础上，对工业品流通体系的概念、内涵、特征等内容进行系统的归纳和阐述。在借鉴前人研究成果的基础上，探索我国工业品流通体系演变与发展的

---

❶ 周伟. 发达国家批发业现状、特征及其对我国的启示 [J]. 商业时代，2010 (33)：26.

规律。

第二，借鉴西方新制度经济学的交易费用理论，对美、日、德等发达国家工业品流通体系、渠道结构的历史、现状与发展趋势进行系统研究，结合西方发达国家流通业演变过程，分析我国工业品流通体系的历史演变和发展过程，提出构建我国工业品流通体系的发展思路（见图1.2）。

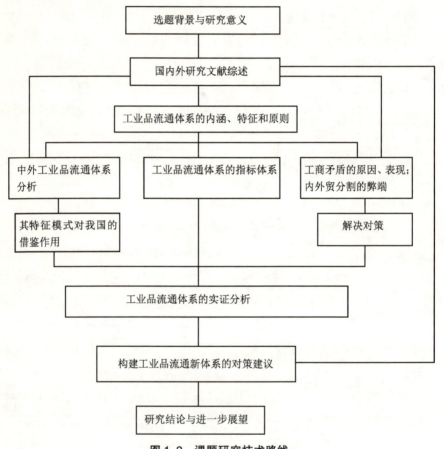

图1.2　课题研究技术路线

第三，对我国工业品流通体系进行实证分析，分析批发商、零售商与制造商的关系，分析批零环节对制造商利润的影响，从而说明批发的地位和作用。

第四，对工商矛盾的原因、表现进行系统分析，提出解决工商矛盾的对策、措施；分析内外贸分割的体制、机制以及历史原因，阐述内外贸一体化的必要性和必然性，提出内外贸一体化的政策措施和实现路径。

第三节 研究目标、内容与创新点

一、研究目标与内容

本书的研究目标是力图实现当前与长远的有机结合，在应对工业品流通体系突出矛盾的同时，积极推动工业品流通中不合理的体制、机制问题的解决；在促进流通体系建设、完善流通产业规划的同时，推进关键环节和重点领域的突破；形成政府、企业和社会各界共同促进的合力；把继承与创新结合起来，推动流通管理体制、流通企业经营业态和销售模式创新，形成工业品流通体系的核心竞争力。构建开放有序、布局合理、规模适度、技术先进、功能完善、高效顺畅、城乡通开、内外贸互通有无、产供销相互衔接的与我国商品市场体制相适应的工业品流通体系。理顺批发商与零售商、零售商与供应商、国内市场与国外市场的互动联系，解决同业竞争不规范、品牌意识不强等问题，充分发挥商务管理部门的宏观调控作用，积极培育具有竞争力的市场主体，完善流通基础设施建设，强化拓展批发功能，推动工业品流通体系的重构和创新。

在理论层面，深入探讨如何进一步完善工业品的批发流通理论体系。目前工业品批发理论的研究滞后于流通的实践发展水平，新型工业品批发体系的重构与完善面临理论创新上的难题，本书将深入挖掘现有的流通理论，在充分吸收主流经济学关于批发问题的思想精髓的基础上，从新兴非主流经济学的角度，研究批发理论的最新进展，通过充分的理论分析与实证研究，探寻我国工业品批发理论体系建设的历史轨迹和未来的发展趋势，从而丰富和完善我国的工业品批发理论体系。与此同时，还要积极探索研究工业品批发体系的科学方法。由于西方主流经济学缺乏对流通问题的专门性研究，作为流通中间环节的批发就更是游离于主流经济学的研究框架之外，本书将通过深入的理论探讨和数据分析，研究使用计量经济学和数理统计学的方法，分析工业品批发体系问题。

在实践层面，本书首先对我国工业品流通体系的矛盾、存在问题以及批发体系的现状进行研究判断。全面回顾我国工业品批发流通体制改革的历史进程，深入剖析工业品流通体系的现实问题和工业品批发体系的现状，通过实证数据的统计检验和对国内外实践案例的比较分析，对重构与完善工业品批发体系的可行性路径进行深入探讨，以期从根本上解决工业品流通体系的多种深层次矛盾，建立起符合当前和未来发展需要的工业品批发流通体系。

全书包括十章内容。

第一章是引言。主要介绍本书的选题背景及研究的理论和实际意义、研究目标、研究内容与创新点、研究思路、框架及方法。

第二章归纳、梳理有关学者对流通理论前沿问题的文献研究综述。

第三章是对工业品流通体系及批零流通理论的概述。阐述工业品的概念和特点、工业品流通体系的内涵与特征；阐述改革开放前后我国工业品流通体系的演变与发展；论述批发的功能与地位、零售理论、渠道理论及其发展趋势。

第四章以大量实际数据分析我国工业品流通体系的现状与存在的问题。

第五章以产业经济学理论为基础，初步构建我国工业品流通体系的评价指标体系；以现实流通数据为研究对象，运用 E-Views 和 SPSS 软件、数理统计方法，对生产商、批发商与零售商之间的关系进行实证研究。

第六章对中外工业品流通体系进行比较分析，对美、日等国的流通管理机构、流通渠道和流通政策进行研究，指出我国流通政策存在的缺陷，总结发达国家流通政策对我国的启示。

第七章是发达国家工业品流通体系的国际借鉴。分别研究美、日、德等国家的工业品流通体系现状、形式与特点，从中得出对我国工业品流通体系发展的借鉴意义。

第八章对工商联动与内外贸一体化问题进行专门阐述。对实现工商联动的形式和内外贸一体化的必要性、路径选择提出思路与对策。

第九章提出构建我国工业品流通体系的政策措施。

第十章研究结论和未来展望。得出本研究的一般结论，并提出进一步研究的展望。

二、创新之处

（1）在选题上有一定的创新性，在流通领域鲜有学者对工业品流通体系问题进行专门研究。

（2）本书从流通产业经济学（the circulation industry economics）、市场营销学（marketing）、零售学（retailing）、分销渠道（distribution channel）、计量经济学（econometrics）等不同学科交叉综合的角度对工业品流通体系问题

进行研究，研究视角有一定创新性。

（3）在流通产业结构度量指标和流通实践基础上，构建工业品流通体系的评价指标体系，对这一问题的研究，在深度与广度上有所发展和创新。

（4）运用数理统计方法建立数学模型，使用 SPSS 软件和 E-Views 软件进行批发商、零售商与制造商之间的相关性分析，得出有一定说服力的结论，研究方法、手段和思路有一定的创新性。

第二章　有关流通问题研究文献综述

第一节　流通理论的研究现状

由于西方主流经济学对流通问题的忽视，流通理论在经济学体系中一直处于边缘化的地位，因而使构建流通一般理论成为流通理论研究的基础。

一、马克思的流通思想与科斯的交易费用观点

马克思认为批发是商品流通过程的重要环节，深刻阐述了批发的产生过程以及批发在社会再生产中的作用，对批发的组织和运行过程也进行了深入分析，充分分析了商品流通、批发商业和批发商品流通三者之间的内在联系，对批发价格形成的特殊性、批发影响社会经济运行的直接性做了精辟论述，马克思的重要论述不仅为我们认识批发商品流通提供了基础理论框架，而且对于我们深化批发流通体制改革，理顺批零关系、发展连锁商业与第三方物流等现代流通业态具有重要的启示意义。

马克思经济学理论对工业品批发体系问题的探讨，主要体现在马克思关于批发商品流通的一系列科学论述中。马克思曾经指出："属于流通的本质的东西是：交换表现为一个过程，表现为买卖的流动的总体。"❶ 从马克思对流通本质的认识出发，我们可以得出批发流通产生的理论过程：物物交换表现出的矛盾以及货币的存在促成了以货币为媒介的商品交换的发生，即 W—G—W，对价值增值的追求又促成了商品交换的最终实现。生产与消费在时空上的矛盾促进并实现了商品流通的发展，当交换过程无法由一次买卖来完成时，简单的商品流通就演变为发达的商品流通，就表现为由多次买卖联结而成的商品交换，因而就出现了批发与零售的分工。因此，批发的产生是发达商品流通的必然结果。马克思分析的商品流通不是简单的交换行为，而是从总体上看的交

---

❶ 马龙龙. 马克思论批发商品流通 [J]. 财贸经济，2005（1）：42-47.

换。即"商品世界的流通过程，由于每一单个商品都要通过 W—G—W 这一流通过程，因此表现为无数在不同地点不断结束又不断重新开始的运动过程的无限错综的一团锁链"。❶

批发是商品流通发展的必然结果，发达的商品流通首先依靠批发的支持，大规模的商品生产需要批发商业来克服集散上的矛盾。随着生产力的发展，当一些新产品尚未开拓广阔市场以前，批发商业能够支持那些有发展前途的新产品的生产。批发不仅关系商品流通是否顺畅，还对总供给与总需求的相互适应和匹配具有重要影响。

除马克思对商品批发流通有系统深入的阐述之外，其他各学派很少对批发问题有专门研究，这主要是由于以新古典经济学为代表的主流经济学在研究假设上存在的局限性，他们提出了所谓的"完全竞争""生产者与消费者直接见面""市场出清"等理论假设，将现实经济生活中存在的流通中介从理论假设中忽略掉。针对主流经济学在理论分析上的缺陷，许多非主流经济学的思想理论都涉及了商品流通问题，由于批发和流通在本质上都属于中介，所以非主流经济学关于流通问题的分析可以应用于批发理论的探讨。

新制度经济学认为交易是能够产生费用的，在考察交易费用问题时必须厘清具有有限理性的行为人和交易费用之间的关系。"有限理性"是新制度经济学的理论假设之一，按照西蒙的定义，有限理性指主观上追求理性，但客观上只能有限地做到这一点。1937 年，著名经济学家 Ronald Coase 在《The Nature of the Firm》一文中首次提出了交易费用理论，该理论认为，新古典企业理论存在缺陷：一是忽略了制度安排和交易费用，二是忽略了企业的制度结构，不能解释生产活动为什么能在企业内进行等问题，三是未令人满意地解决企业的边界及其决定的问题。市场和企业是执行相同职能因而可以相互替代的配置资源的两种机制，企业最显著的特征就是对价格机制的替代。无论运用市场机制还是运用企业组织来协调生产，都是有成本的。市场经济中之所以存在企业在于有些交易在企业内部进行比通过市场所花费的成本要低。市场机制被替代是由于市场交易有成本，企业没有无限扩张成世界上只有一家的巨大企业则是因为企业组织也有成本❷。在交易成本为零的情况下，市场能够自动解决资源的

---

❶ 马克思恩格斯全集（第 13 卷）[M]. 北京：人民出版社，1962：84.
❷ R. H. Coase. The Nature of the Firm [J]. Economics：1937（11）.

最优配置问题。

由于存在有限理性、机会主义、不确定性等因素，因而使得市场交易费用高昂，为了节约交易费用，企业作为代替市场的新型交易形式应运而生。交易费用的出现决定了企业的存在，企业采取不同的组织方式其最终目的也是节约交易费用。Ronald Cosas 指出：市场和企业是两种不同的"交易"方式，企业产生的原因是用企业组织劳动分工而产生的交易费用低于用市场组织劳动分工的费用。企业作为一种交易形式，可以把若干生产要素的所有者和产品的所有者组成一个单位参加市场交易，进而减少交易者的数量和交易中的摩擦，降低交易成本；另外，在企业内部，市场交易被取消，由企业家指挥生产，所以企业替代了市场。无论是企业内部交易，还是市场交易，都存在不同的交易费用；而企业替代市场，是因为通过企业交易而形成的交易费用比通过市场交易而形成的交易费用更低。交易费用思想的提出，改变了经济学的面目，使经济学具有了新的活力并更具现实性。它打破了新古典经济学建立在虚假假设之上的完美经济学体系，为经济学的研究开辟了新的领域，不仅使经济学更加完善，而且改变了人们的传统观念。在科斯对企业性质所做探讨的基础上，张五常改进和发展了科斯的企业理论❶。他认为，企业与市场的不同只是一个程度的问题，是契约安排的两种不同形式而已。企业并非为取代市场而设立，而仅仅是用要素市场取代产品市场，或者说是"一种合约取代另一种合约"。对这两种合约安排的选择取决于由对代替物定价所节约的交易费用是否能弥补由相应的信息不足而造成的损失。

中间层理论认为，任何企业无论是制造商、批发商还是零售商都属于中间层。这一理论清晰地解释了企业存在的理由：即经由中间层进行的交易能比消费者和供应商之间的直接交易带来更多利益。这些利益包括：减少搜寻成本、交易成本，分散风险，抑制逆向选择，减少道德风险和机会主义，等等。威廉姆森对交易的定义：当一项物品或劳务越过技术上可分的结合部而转移时，交易就发生了。❷ 交易成本包括：事前成本，协议的起草、谈判的成本和保障协议被执行所需的成本。事后成本，错误应变成本、争议成本、治理结构的建立和运转成本、使承诺完全兑现而引起的约束成本。威廉姆森提出的描述交易性

---

❶ 张维迎. 企业的企业家契约理论［M］. 上海：三联书店，上海人民出版社，1995.

❷ O. E. Williamson . The Economic Institutions of Capitalism［M］. New York：Free Press，1985.

质的三个维度：第一个是交易所涉及的资产专用性。所谓资产专用性是指当一项耐久性投资被用于支持某些特定的交易时，所投入的资产就具有专用性。这时假如交易过早地终止，所投入的资产将全部或部分地无法改作其他用途，使得投资中的成本里包含部分或全部的"不可挽救成本"或"沉没成本"。因此，契约关系的连续性意义重大。第二个维度是交易所涉及的不确定性。其意义在于使应变性的、连续的决策成为必要。当交易受制于不同程度的不确定性时，对治理结构的选择就很重要，因为不同的治理结构有不同的应变能力。第三个维度是交易发生的频率。一种治理结构的确立和运转是有成本的，这些成本在多大程度上能被所带来的利益抵消，取决于在这种治理结构中所发生的交易的频率。多次发生的交易，较之于一次发生的交易，更容易使治理结构的成本被抵消。

厂商的中间层理论为流通中介问题尤其是批发企业的产生和规模边界问题提供了较为充分的理论分析框架。

二、以新的视角对马克思的流通理论提出新认识

夏春玉（2000）研究认为，马克思在其理论著作《资本论》中对流通概念、流通时间、流通费用以及商业资本等问题的论述在逻辑上自成体系，并不具备"流通一般"的意义，是资本主义生产方式下的特殊流通理论。马克思的流通经济理论主要从商品的本质层面关注商品价值运动，而对商品物质形态的运动及其组织形式并没有进行详细的分析。他认为完整意义的流通经济学应该是马克思流通经济理论与以西方经济学为基础的流通理论的综合；同时这种综合也面临着两种理论自成一体、互不相同并缺乏共同语言的困难，要将它们有机地综合起来是很困难的。但不能因为困难就将马克思的流通理论舍弃，现在解决不了的问题可以放到以后解决❶。

晏维龙（2008）对马克思流通理论的现代化问题进行了专门探讨，研究并提出了许多创新性观点。一是流通概念创新：流通概念的层次性。马克思的流通概念更侧重于商流过程的分析而没有深入分析商品的实体运动即物流，无法揭示出流通与市场的区别和联系，必须借助交换关系的层次，通过一定的解析方法洞察出两者的关系。马克思的流通概念更侧重于从自然到社会的正向流

---

❶ 夏春玉. 流通经济学的贫困与构建设想 [J]. 当代经济科学，2000（1）：8, 11.

通过程,而忽视了废弃消费品从社会到自然的反向流通过程,应当考虑到反向流通过程,从"流通"的视角来看社会经济的运行。也就是说,流通是一个多层次的概念,它不仅是联系生产与消费的载体,而且是联系人与自然、人与社会以及自然与社会的载体,是人、社会与自然能量交换的闭合循环体系。二是流通机制创新:流通力量的先导性。马克思认识到了流通发展到一定时期必然会制约生产,但其仅在抽象的层次上揭示了生产和流通的关系以及商品流通的本质规定性,没有具体研究企业以及社会的商品流通的组织方式。从当今的经济现实看,流通的先导性力量不但体现在流通引导生产、引导消费、引导经济运行的功能,还反映在流通渠道的主导权逐渐向流通商转移。随着社会经济的发展和经济结构的演化,流通渠道的主导权逐渐由生产商向流通商转移,这种转移的后果是流通的地位发生了重要变化,并逐渐成为影响社会经济发展的重要因素❶。当今社会经济正在由生产主导型向流通主导型转变,这已成为当前世界经济发展的客观规律。三是城市化与流通创新:流通产业的协调性。马克思流通理论没有分析城乡二元结构下商品交换和流通的复杂性。高效的商品流通网络所带动的城市化进程可以加速二元结构的转化,因此,从理论上探讨城市发展与流通发展之间的相互作用机理,揭示流通产业的协调性,是创新马克思流通理论必不可少的内容。四是信息化与流通创新:流通组织的效率性。马克思由于时代限制,没有可能认识到信息化条件下的流通问题,也不可能分析诸如电子商务下的流通问题和供应链联盟组织等问题。信息化条件下的流通创新,实质上要求大力发展现代流通方式,用信息技术改造商品流通过程,创新流通组织,提高整个经济的运行节奏。五是国际化与流通创新:流通范围的世界性。经济全球化实际上就是流通国际化。马克思流通理论缺少对流通国际化问题的深入研究,而在国际化条件下流通企业的国际资本构成、零售业态变革、流通产业的结构调整等问题又是任何一个发展中国家所面临的问题,需要深入研究国际化背景下流通的相关问题。

三、构建了经济全球化背景下的大贸易、大流通、大市场理论

陈文玲(1998)借鉴日本的流通体制建设经验,率先提出了社会化大流

---

❶ 晏维龙. 马克思主义流通理论发展研究 [J]. 江苏社会科学, 2008 (5): 233-234.

通理论❶。认为社会化大流通是涵盖进入流通的一切用于交换的具有价值和使用价值的物质与非物质载体及交换关系的总和，是流通发展处于商品经济发达时期的高级形态。在发达的商品经济阶段，流通已成为一系列经济活动的集合，已形成在封闭条件下、在特定区域内无法保证自己正常运转的、具有足够密度和厚度的庞大的复杂结构，除了以实物形态存在的"庞大的商品堆集"，更多的非物质载体的商品充斥其间，一切可以用来交换的、用于实现人们效用最大化的有形的和无形的、物质的和非物质的东西均成了商品。在发达的商品经济条件下，科学技术是社会化大流通形成和发展的第一推动力。资本的运动则形成了国际化的资本大循环、大流通。金融国际化是社会化大流通加速度发展的最活跃的动因，科学技术进步、国际货币体系与金融国际化是社会化大流通的基本成因，而社会化大流通是全球经济一体化的内生力量。并进一步地从社会化大流通的社会化与混沌化、动态耗散与积累效应等方面特征分析了社会化大流通研究的难点所在。

陈文玲（2010）提出国际金融危机之后，在新的世界经济形势下，我们必须用国际的视野、世界的眼光、全球性的战略思维考虑流通的战略定位。美国的核心竞争力主要表现在它的现代流通竞争力上。中国要从经济大国向经济强国迈进，必须提高流通竞争力，使流通竞争力成为国家的核心竞争力。现代流通是囊括有形要素禀赋与无形要素禀赋的流通，是面向全球市场、全开放的流通，是涵盖生产、流通全过程的流通，是以消费为起点、周而复始的社会化大生产过程，而物流越来越成为流通中的决定性力量。我们必须从内外贸分割、国内外分割、城乡分割、部门分割的误区中走出来，向国内外流通一体化、区域流通一体化、城乡流通一体化、制造业与流通一体化、现代流通立体化和混沌化方向发展，提高流通竞争力以构建国家软实力❷。徐从才（1999❸、2001❹、2008❺）在我国加入 WTO、信息化与城乡一体化大背景下，认为我国流通转型的目标是构建"大流通、大贸易与大市场"。"大流通"体系的基本特征是"三个协同"：出口与进口相协同、区际贸易与国际贸易相协同，比较

---

❶ 陈文玲. 论社会化大流通 [J]. 财贸经济，1998（2）：28–32.

❷ 陈文玲. 后危机时代流通体制变革的新思考 [J]. 中国流通经济，2010（1）：7–10.

❸ 徐从才. 流通转型：转型经济研究的一个新视角 [J]. 中国流通经济，1999（6）：7–10.

❹ 徐从才. 加入 WTO 后中国流通产业发展的战略思考 [J]. 财贸经济，2001（8）：57–62.

❺ 徐从才. 论流通创新与贸易增长方式转变 [J]. 商业经济与管理，2008（11）：59.

优势、后发优势与竞争优势相协同。需要解决的主要问题是如何优化流通过程、提高流通效率、降低流通成本。要实现这种转换必须在流通技术创新、流通制度创新与流通组织创新等方面付出努力。

晁钢令（2003）则认为，我国新一轮流通体制改革的趋势是：大流通、大市场、大集团，其重要标志是流通的连锁化、网络化和信息化❶。提高素质、规范市场、优化管理将成为流通国际化的基本保证。新一轮流通领域改革的重要任务是：整合流通资源，打造航空母舰；开展流通革命，更新流通业态；稳步发展连锁，建立规范模式；积极发展物流，重视系统建设；改革管理体制，实施行为管理；加强理论研究，提高人才素质；加速产权改革，推进流通发展。

四、在流通服务业影响力及其对经济增长的贡献方面的研究

宋则、赵萍（2008）认为，重新认识和充分发挥商贸流通服务业的影响力已成为新世纪国内外关注的重大前沿问题，更是践行科学发展观、转变发展方式、落实中央一系列战略意图的全局性问题。商贸流通服务业影响力是商贸流通服务业直接贡献和间接贡献（外溢效应或外部性）的总称。以往商贸流通服务业影响力被低估，与忽视其溢出效应有直接关系。商贸流通服务业的外溢效应对于提高国民经济运行质量、优化国民经济流程、调整国民经济结构、扩大国内需求、增进社会总福利等全局性的潜移默化的影响能力，可能远远大于它所提供的直接贡献，低估这种外溢效应是长期以来"重生产、轻流通"的真正原因之一。他们界定了流通服务业影响力的内涵与外延，指出商贸流通服务业影响力的内涵是指商贸流通服务业支撑或改变国民经济、社会生产和居民生活原有状态的能力；商贸流通服务业影响力的外延包括促进、改善上述状况的正面的积极的影响力和阻碍、恶化上述状况的负面的消极的影响力。这种影响力又可分为直接影响力和间接影响力，前者指对 GDP 的贡献额和贡献率、就业量和就业比重等；后者又称溢出效应、外部性，如优化空间产业结构、优化时间经济流程、增进居民消费。流通服务业的影响力包括直接贡献与间接贡献两个方面，传统研究因忽略了间接贡献而低估了流通服务业在国民经济体系中的影响力，他们基于我国 1996—2005 年商业发展数据，对流通服务业的贡

❶ 晁钢令. 新一轮流通改革的发展趋势与主要任务 [J]. 产业经济研究，2003（3）：37.

献进行测算，从而验证了其实际影响力被低估的理论假设❶。宋则（2008）回顾了改革开放 30 年来我国流通服务业的发展轨迹，分析了流通服务业对国民经济的间接贡献的作用机制，包括优化工业经济结构和流程、促进就业、节约社会成本、增加收入、刺激消费与转变经济增长方式，从而带来巨大的社会、经济效益❷。李蕊（2008）则建立了流通服务业对农村经济增长的多元线性回归模型，基于 2000—2005 年全国 31 个省、市、自治区的面板数据进行了估计，实证结果表明，我国流通服务业对农村经济增长的贡献在不断下降，但对农村消费支出的贡献在逐步提高❸。冉净斐（2005）运用菲尔德模型，对我国流通产业推动经济增长的全部作用和外溢效应贡献进行了测算，结果显示：在固定其他因素的情况下，流通产出每增长 1% 将会带动非流通部门增长 2.12%❹。赵萍（2007）计算了流通产业的直接贡献系数，发现流通服务业本身的增长对经济增长的影响仅为 0.15，而溢出效应结果显示，在其他条件不变的条件下，流通产业产出每增加 1 元，GDP 将增加 4.2 元❺。

五、对流通企业的本质与边界进行了开创性研究

李陈华，柳思维（2005）认为，现有的企业理论把生产企业和流通企业统称为工商企业，虽然带来了分析上的方便，但同时也掩盖了流通企业与生产企业在经济上的差异。流通企业是沟通生产者和消费者的交易中介，其本身并不从事生产活动，不涉及"自制或购买"这一现代企业理论的决策问题。流通企业的核心问题在于促进交易、体现交易专业化、降低成本和提高交易效率❻。现有企业理论不能很好地解释流通企业的问题。流通企业产生的经济根源在于分工（专业化利益）与交换（交易成本）的两难冲突，其经济性质在于通过专业化交易降低交易成本。经济性质差异导致流通企业在技术性质、规模约束以及规模扩张模式等方面都与生产企业大不相同，流通企业规模受本地市场容量的限制，因此必须采取分店扩张模式。生产性企业规模扩张的约束因素在于成本，而流通企业规模扩张的约束因素在于需求。其中，流通企业的单

❶ 宋则，赵萍. 商贸流通服务业影响力实证分析 [J]. 中国流通经济, 2008 (3)：9-12.
❷ 宋则. 改革开放 30 年我国商贸流通服务业影响力考察 [J]. 商业时代, 2008 (34)：11-14.
❸ 李蕊. 流通业对农村经济增长影响力的实证研究 [J]. 北京工商大学学报, 2008 (1)：12.
❹ 冉净斐. 流通发展与经济增长的关系：理论与实证 [J]. 生产力研究, 2005 (3)：22.
❺ 赵萍. 流通产业影响力实证研究 [J]. 商业经济与管理, 2007 (8)：18-19.
❻ 李陈华. 流通企业的企业理论新析 [J]. 财经理论与实践, 2005 (137)：108-109.

店扩张模式受人口、购买力、消费者特征、多样化需求与政府政策等本地市场条件的约束；垂直一体化模式则受资本、技术、经营、专业化等后向进入生产领域的限制，同时受消费者偏好和能力的多层次、多样化、个性化与不可测度等前向进入消费领域的限制。因此，传统企业扩张中的单店扩张模式与垂直一体化模式都不是流通企业扩张的有效形式。李陈华认为，流通企业独特的扩张模式是"复制粘贴"——分店扩张模式，这种模式可以发挥品牌、统一经营与信息技术等优势，从而占有更多市场份额，并降低市场交易成本与内部管理成本❶。

六、在流通渠道结构与流通渠道行为方面进行了理论探讨

国外渠道结构变革理论对国内渠道改革产生较大影响的有：系统化理论、立体化理论、扁平化理论、战略伙伴理论、渠道对角线理论和中间商生存理论。

纪宝成（1991）提出：商品流通渠道是商品向消费运动的载体，是商品在其形态交换中由生产领域进入消费领域的流通环节的组织序列。合理的商品购销差价是协调各渠道经济利益，推动他们各司其职顺畅运作的主要杠杆。为了实现流通环节的协调运转和合理组合，既要重视开通传统渠道，更要注重科学地组织适应社会化大生产要求的渠道系统❷。李飞（2003）分析总结了西方具有代表性的有关分销渠道方面的观点，包括分销渠道的形成机制、分销渠道的规模决策、分销渠道的组织类型选择以及分销渠道的管理等内容❸。

谢莉娟（2010）分析认为国外对于市场营销渠道领域的研究，可以分为渠道结构与渠道行为两个方面，渠道结构理论研究主要研究渠道的构成问题，渠道行为研究则重点探讨渠道成员的关系问题。渠道结构的理论研究对我国工业品批发体系的重构具有重要意义，因为它深入论述了中间商尤其是批发商渠道的效率作用。进入 21 世纪以来，渠道结构理论随着环境的变化也发生了一系列重要变革，对中间商的渠道作用和职能问题提出了一些新的思想观点。如对传统中间商应适当提高集中度、扩大经济规模，并对其进行组织再造以提高其分销功能与效率等。研究新时期我国工业品批发体系的重构问题，必然要涉

❶ 李陈华. 流通企业的（规模）边界［J］. 财贸经济，2004（2）：43-47.
❷ 纪宝成. 商品流通渠道分析［J］. 中国社会科学，1991（6）：105.
❸ 李飞. 西方分销渠道问题研究［J］. 南开管理评论，2003（5）：52-57.

及批发商的渠道作用，其中新型批发商职能的建立和批发组织的再造将成为体系重新构建过程中必须解决的关键问题。伴随流通体制改革的进行，多渠道流通的渠道格局已经形成。伴随这一变化，对渠道问题的探讨也开始从宏观走向微观，渠道行为问题又开始成为人们关注的热点问题之一❶。

王晓东、吴中宝（2009）分析认为，进入 21 世纪以后，随着行为科学方法被引入渠道研究领域，渠道成员之间的行为研究就成为渠道理论的重要研究内容，主要包括渠道成员之间的权利（控制与依赖）、渠道冲突及合作等，由此形成了渠道设计、渠道选择、渠道控制和渠道管理等研究视角。渠道行为研究主要探讨渠道成员怎样认识、建立和处理渠道关系，可以分为渠道间关系和渠道内关系。这部分理论是国外渠道理论中比较成熟的部分，因而国内研究中做了较为充分的借鉴和吸收。总结国外的研究结果，渠道权利的界定方式主要有"能力说"和"关系说"两种。"能力说"也称"控制力说"，其观点认为渠道权利是某个渠道成员为了实现自身目标而影响另一个渠道成员行为的能力；"关系说"也称"依赖说"，认为渠道权利来源于某个渠道成员对另一个渠道成员的依赖程度。渠道权利的来源主要包括奖赏因素、惩罚因素、法律因素、感召力因素和专家力因素。渠道冲突与合作包括横向与纵向两方面。横向冲突是同一环节渠道商之间的冲突，纵向冲突是指渠道中不同环节之间的冲突。继而渠道冲突可以被分为垂直渠道冲突、水平渠道冲突和多渠道冲突❷。渠道冲突分析的目的是了解其成因，在此基础上提出解决办法。

与渠道结构研究相比较，渠道行为研究更加侧重渠道成员之间的相互关系以及如何利用这些关系来进行渠道的选择、控制和管理。这些研究对于工业品批发体系的建立具有重要的借鉴意义。首先，它明确了生产商对中间商进行渠道控制的有效区间；其次，这些研究提出了渠道选择的标准。这些都给我们选择合理的工业品流通渠道、思考批发商的生存与发展空间提供了有益的启示。

七、对供应链与流通渠道整合进行了系统研究

20 世纪 90 年代，供应链管理思想开始进入中国并为流通领域的学者逐渐

---

❶ 谢莉娟. 工业品批发体系重构：一个文献述评 [J]. 商业经济与管理, 2010 (6)：12-17.

❷ 王晓东，吴中宝著. 中国流通改革：理论回顾与评述 [M]. 北京：中国人民大学出版社，2009.9：45-54.

接受。比较供应链和流通渠道的异同，可以发现两者的范围和内容是存在交叉的。流通渠道侧重于更为宏观的讨论商品由生产商到消费者的整个组织序列；而供应链则更偏重于微观主体间的关系。当然，供应链的范围不仅限于流通环节，还可以涉及原材料采购和企业内部环节。

理论界对供应链的渠道特征进行了比较充分的探讨，王之泰（2002[1]、2005[2]）、马龙龙（2004）[3]、李俊阳（2007）[4]、王晓东（2003[5]、2011[6]）认为经过供应链整合后的流通渠道与普通渠道相比，具有组织化渠道的特点。首先，在利益关系方面，普通商品流通渠道中各主体的经济利益目标往往不一致，甚至是对立的，也就难以从整体效益出发采取经营行为；而供应链内部的企业、环节和机构之间是主导企业在考虑总体物流关系基础上的共赢关系，由此决定供应链内各主体的行为将更有可能达到共同利益的最大化。其次，在组织结构方面，普通商品流通渠道中主体间往往是短期合作居多，从而关系较为松散；而供应链通常有正式的约束制度，合作比较稳定，进而成员间关系紧密。最后，在物流管理方面，普通商品流通渠道内各企业为防范风险，各自设定了订货盈余量，从而总体库存较大；而在供应链管理下，供应链上各个企业间紧密联系，形成了统一的风险应对系统，商品总体订货盈余量较小，分配调度较为合理。

供应链一体化的思想可以为流通渠道创新提供借鉴。流通渠道主体间关系由竞争转向合作，正是体现了供应链一体化对流通渠道从松散转变为紧密联系的要求。由单个企业间的竞争发展为供应链之间的竞争，将提高链上各个企业的整体竞争力。供应链整合思想是流通渠道效率提高的要求在微观领域的具体体现，所以，针对我国以小生产的流通支持大工业甚至信息化大工业的问题，通过供应链整合粗放的流通领域将是有效的做法。

---

[1] 王之泰. 供应链：流通渠道的创新 [J]. 中国流通经济, 2002 (3)：9-11.

[2] 王之泰. 中国供应链观察 [J]. 中国流通经济, 2005 (10)：7-10.

[3] 马龙龙. 论工商关系的演进与新型工商关系的形成 [J]. 价格理论与实践, 2004 (6)：42-43.

[4] 李俊阳. 通道费与协调工商关系的机制研究 [J]. 财贸经济, 2007 (1)：98.

[5] 王晓东. 商品流通渠道的整合与优化 [J]. 经济理论与经济管理, 2003 (7)：41-44.

[6] 王晓东, 等. 论独立批发商职能与流通渠道利益关系的调整 [J]. 财贸经济, 2011 (8)：81-86.

第二节　对流通产业地位、作用与竞争力等问题的研究

流通产业是我国当前经济发展的瓶颈，是深化经济体制改革的关键。如何揭示流通的本质，正确认识流通产业在市场经济中的作用，不仅关系到中国经济可持续发展的问题，也关系到社会主义市场经济体制的巩固和完善。我国学者围绕流通产业在经济发展过程中的地位、流通产业竞争力评价、流通产业集群以及流通产业政策规制等问题进行了深入的探讨与研究，取得了丰硕的成果。

一、流通产业作为经济发展中的先导产业和基础产业的研究

洪涛（2003）认为，在我国经济体制改革的推动下，流通引导生产和消费的先导地位开始显现，流通成为引导国民经济增长的"火车头"，流通产业已经由末端行业变成"先导产业"；另外，由于流通产业逐渐成为国民经济的支柱产业，吸纳了劳动力就业，流通社会化程度增强以及形成了一批大型商业企业集团，流通产业同时也成为国民经济的"基础产业"，要充分发挥现代大流通产业的先导性和基础性作用，就必须确立在现代市场经济条件下流通的先导地位和基础性地位❶。黄国雄（2003）认为改革开放为我国造就了一个充满生机和活力的流通产业，从理论上对流通的认识也发生了从"流通无用论""流通从属论"到"流通先导论"的根本性变化，这不仅是理论上的一个重大突破，也极大地推动了流通产业的发展。他系统地阐述了流通产业是基础产业的五个基本特点：即社会化、关联度、贡献率、就业比和不可替代性❷。王先庆（2007）则对流通产业成为先导产业的约束条件进行了研究，认为其一般约束条件有工业化程度、市场发育水平、消费水平和城市化水平等，现实约束条件包括了政府对流通业投资力度、体制改善程度、政策引导力度和流通企业自身竞争力等方面❸。宋则（2009）认为，发展商贸物流服务业能够直接实现

❶ 洪涛. 中国的流通产业：不容忽视的基础产业 [J]. 宁波职业技术学院学报, 2003 (10)：1.
❷ 黄国雄. 流通新论 [J]. 商业时代, 2003 (236)：13.
❸ 王先庆. 流通业成为"先导性产业"的约束条件和成长机制 [J]. 广东商学院学报, 2007 (6)：25-27.

即期消费、创造未来消费和开发潜在消费，可以扩大就业，实现节能降耗，因而在后危机时代，商贸物流渠道建设应该成为国家战略，并建议纳入国家"十二五"规划❶。宋则还在"流通先导产业论""流通基础产业论"基础上提出了"流通战略产业论"。赵娴（2010）总结认为，"流通先导论"的核心观点在于：当社会生产力发展到一定程度后，生产力水平以及生产的商品化、社会化程度都不断提高，流通对生产的决定作用日益凸显，流通决定生产，成为较之生产过程更为重要的经济运行过程。流通过程成为商品经济下生产过程实现的必要前提，流通过程的运行情况不仅直接影响生产过程，而且对于整个社会经济运行的影响作用也越来越突出，成为社会经济运行的先导，进而发挥对国民经济发展的带动作用。赵娴还提出从四个方面来理解"流通先导论"：一是流通业对国民经济增长的贡献度不断提高，二是流通产业具有较高的产业关联度，三是流通业的发展有助于扩大内需和增加就业，四是流通业具有越来越明显的国家战略性❷。

二、流通产业竞争力问题研究

宋则（2003）界定了流通现代化的内涵与外延，设计了包括流通总规模、国民经济贡献、流通效率、流通环境、流通效益、组织化程度、流通结构、从业人员素质、信息化程度、流通方式与流通资本 11 个子系统、50 个一级指标和 30 个二级指标的评价体系，可以从各个角度、侧面、层次来测定和表达流通现代化的整体水平❸。荆林波（2008）对商品市场竞争力问题进行了深入研究，将商品市场竞争力定义为市场的可持续经营、竞争者无法模仿的能力，既包括市场设施、布局环境等硬件，又包括管理水平、服务意识等软件。在此基础上将市场竞争力分为市场吸引力、市场管理力和市场影响力三个层面，并以此为框架对中国商品市场竞争力进行了分析❹。与此同时，也有学者从微观层面对零售企业竞争力进行开创性研究。李飞（2006）在工业领域相关研究基础上，首先对零售企业核心竞争力的内涵进行界定，并分析其特有的"商店产品"这一物质载体特征，然后从零售概念、供应链管理及组织管理这三个

❶ 宋则．应对危机顺势将商贸物流渠道建设纳入国家战略 [J]．市场营销导刊，2009（3）：41.
❷ 赵娴．流通经济学的立论依据与研究定位的新视角 [J]．中国流通经济，2010（1）：22-25.
❸ 宋则，张弘．中国流通现代化评价指标体系研究 [J]．经贸参考，2003（11）：12.
❹ 荆林波．关于中国商品市场竞争力问题的研究 [J]．新视野，2008（2）：21-24.

不同的方面建立零售企业核心竞争力评价框架。该研究一方面使零售企业可以根据这些指标对企业自身的核心竞争力进行诊断，另一方面也为零售企业开展创新活动指明了方向❶。许多研究者进一步从产业安全的角度提出流通竞争力是国家竞争力的组成部分的观点。陈文玲（2007）认为，在经济全球化条件下，一个国家、区域和城市的综合竞争力，越来越取决于现代流通能力，能否加快建立符合全球经济一体化趋势下的现代流通体系，从而塑造国际竞争力和核心竞争力，将是各级政府面临的新挑战❷。纪宝成（2010）从国家产业安全的战略高度提出，流通竞争力是国家竞争力的重要组成部分。流通竞争力可分为宏观和微观两个层次，微观层面的流通竞争力主要包括流通企业竞争力和企业的流通竞争力，宏观层面的流通竞争力主要体现为在国际竞争中是否拥有重要商品的定价权、渠道网络的控制权以及能否赢得国家竞争优势❸。流通产业可持续发展的关键就是在国际竞争的背景下提升流通竞争力。流通竞争力在国家之间的竞争中显得尤为必要，必须基于竞争优势的原则不断提升我国流通竞争力，牢牢握住流通渠道的主导权和控制权，必须彻底根除"重生产、轻流通"的观念。在微观层面上，流通企业提高竞争力需要切实转变盈利模式，从单纯的价格竞争转变为渠道的合作竞争以及服务竞争，从分享价值转变为创造价值。在宏观层面上，要大力发展民间经营、规模经营和文明经营，并通过制度和技术的创新全面促进流通竞争力的提高，从而实现流通产业的可持续发展。此外，祝合良（2005）提出了提高我国零售业国际竞争力的基本对策，包括从实现价格竞争到价值竞争、从注重交易到注重关系、从注重商品到注重品牌等六个方面的转变，以及抓住现代商业技术应用和人性化经营回归流通之本这两个重点❹。

三、对流通产业集群与产业集聚问题的研究

当前产业集群的研究主要是面向工业的，而随着流通产业在国民经济中重要性的凸显以及各种流通业集聚现象的普遍化，亟待学术界对流通产业集聚进

❶ 李飞. 零售业开放度对国家经济安全影响的测评研究 [J]. 中国经贸, 2006 (8)：28-32.

❷ 陈文玲. 现代流通与国家竞争力 [J]. 中国流通经济, 2007 (4)：15-17.

❸ 纪宝成. 流通竞争力与流通产业可持续发展 [J]. 中国流通经济, 2010 (1)：4-6.

❹ 祝合良. 新世纪提高我国零售企业竞争力的基本思路 [J]. 经济与管理研究, 2005 (4)：68-71.

行理论研究。武云亮（2003）首先提出"商业集群"是指商业企业以及金融、餐饮、储运、信息咨询等关联服务业在地理空间上的集聚，从而形成高商业密度、高专业化程度的商业经营场所。模式包括商业街集群、交易市场集群、购物中心集群等，效应包括节约成本效应、区位品牌效应、组合经济效应与关联效应等❶。武云亮（2007）还对我国中小商业企业集群的三种主要演化机制，即产业互动主导机制、自然演化主导机制和政府主导机制分别进行了研究❷。蒋三庚（2005）分析了商业集聚的内涵，指出商业集聚是大量相互关联密切的商业企业在空间上的集聚，从而形成一定区域内商业网点密度和专业化程度很高的商业经营场所；认为商业集聚具有消费带动效应、节约社会成本效应、集聚区的区位品牌效应和知识外溢效应❸。赵萍（2007）将"商业集群"一般化为"流通产业集群"，并指出流通产业集群在广义上是指以流通产业为龙头的相似或相关产业在一定区域内的大量聚集。研究认为，流通产业集群对促进区域经济发展有重要的作用，如通过扩散效应对区域经济增长产生辐射，实现区域经济成本和社会成本的双重节约，提高区域的资源整合能力，改变区域产业同构和缺乏统一标准等问题，促进区域经济从竞争走向合作，实现区域品牌向全国品牌和世界品牌的转变，促进区域中小企业的发展壮大❶。杨向阳（2009）在对服务业集聚有关文献进行综合研究的基础上，结合服务业特征，建立了服务业集聚研究的理论框架。其框架内容以服务业集聚现象为核心，以产业集聚理论和服务业基本特征为基础，包括服务业集聚的机理与效应、评价指标与影响因素等内容，并指出未来的服务业集聚过程应注意全面评价服务业集聚水平，客观分析劳动、资本和人力资本在服务业集聚过程中的效率，深入探讨了服务业集聚与促进就业的关系❺。彭继增（2008）基于 Krugman 与藤田昌久（Fujita Masahisa）的空间经济理论，从商业企业区位选择的微观视角对商业集群的运行机理进行了深入研究，认为商业企业集聚的本质驱动力在于店铺之间的依存关系能够带来利益，且远大于店铺之间竞争关系所损失的利益。该研究在垄断竞争、规模报酬递增和

❶ 武云亮. 论中小商业企业的集群化发展 [J]. 商业时代, 2003 (10): 14.
❷ 武云亮. 我国中小商业企业集群的演化机制分析 [J]. 技术经济, 2007 (4): 8-9.
❸ 蒋三庚. 论商业集聚 [J]. 北京工商大学学报, 2005 (3): 1-4.
❶ 赵萍. 论流通产业集群与区域经济发展 [J]. 财贸经济, 2007 (2): 111-115.
❺ 杨向阳. 关于服务业集聚研究的若干思考 [J]. 财贸经济, 2009 (2): 121-125.

信息不对称等非经典假设条件下得出的商业企业集聚理论，表明了流通产业研究与后现代经济体系融合的趋势❶。

四、对流通产业政策与规制问题的研究

学者们针对我国流通秩序混乱、流通效率低下以及流通产业安全等问题进行了大量研究。夏春玉（2006）从政策目标与政策手段的角度对美国、日本的流通政策进行了全面的比较研究，结合我国流通产业的实际情况，在对我国流通政策体系的构建目标与原则进行研究的基础上，构建了我国未来流通政策体系的基本框架，认为我国未来流通政策体系的基本框架应包括：反垄断及反不正当竞争政策、大型零售店铺规制政策、特殊商品的流通政策、流通基础设施建设政策、流通现代化政策、流通组织化政策、流通国际化政策、城市商业街改造振兴及中小流通企业的扶持政策、消费者保护政策❷。陈甫军（2008）对转轨时期我国产业垄断问题进行了研究，指出自然垄断理论是建立在市场经济基础上的，而中国的转轨经济使我国的自然垄断与行政垄断相交叉，具有其特殊性，政府对自然垄断行业的管制还不是规范意义上的。对中国的自然垄断管制，应该考虑我国转轨经济中的特点，从国情出发，完善管制体系，建构权威性的管制机构和具有可操作性的管制政策。认为自然垄断在一定程度上有利于产业健康发展，而国家行政垄断则不利于产业有序健康发展❸。石奇（2008）则针对零售商对供应厂商的纵向约束及其规制问题进行了深入研究，从零售商的市场特性出发，研究了在零售商主导的市场环境下顾客、零售商和制造商三者的利益关系以及这种纵向约束的绩效评价，在此基础上得出了相应的规制含义。对零售商主导的纵向约束进行规制应该考虑以下原则：①规制以保护竞争和效率为前提，其中的效率应包括产品生产效率、产品销售效率以及消费者福利水平；②通道费的收取以不扭曲价格形成机制为前提；③合理的通道费应该是与商品销售有直接关联的费用；④规制不以保护供应商既得利益或零售商既得利益为前提；⑤收取通道费是零售商市场势力的反映，政府的反垄

❶　彭继增. 基于空间经济理论的商业集群运行机理 [J]. 经济体制改革，2008（2）：145-148.

❷　夏春玉. 中国流通政策的构建：基于美日流通政策的比较研究 [J]. 经济与管理研究，2006（8）：48-54.

❸　陈甫军. 转轨经济中的中国自然垄断问题研究 [J]. 安徽商贸职业技术学院学报，2008（3）：5-10.

断机构应在不影响市场效率的情况下，关注大型零售商对通道费的收取，防止滥用通道费的行为，并适当控制特大型零售企业的扩张❶。

第三节　流通与城市经济发展的关系及流通国际化问题研究

一、以实证分析方法论述流通产业对城市发展的促进作用

晏维龙（2006）在历史演进和逻辑分析的双重视角下阐述了流通产业与城市经济发展的密切关系，认为一方面城市化的进程为流通业的发展提供了动力，另一方面城市化的发展又为流通业的发展提供了更广阔的市场空间，中国经济的快速增长使得多数宏观经济变量表现出非平稳特征，而协整以及建立在协整关系基础上的误差修正模型为研究非平稳变量之间的定量关系奠定了理论基础。他运用 1960—2003 年的历史数据和协整分析方法建立了回归模型，实证结果表明，从长期效应看，城市化每增长 1 个百分点能带动流通产业增长 2.4 个百分点，从短期效应看，能带动流通产业增长 2.2 个百分点❷。王德章（2006）提出了城市流通业与城市经济互动发展理论，并逆向地实证了流通产业发展对城市经济发展的影响程度，基于 1990—2005 年北京、哈尔滨和贵阳三市的历史数据，通过协整分析建立的回归模型结果表明，流通业增加值每增长 1 个百分点可带动 GDP 增长 1.2 个百分点，拉动消费 1.03 个百分点，使就业增长 0.35 个百分点❸。王晓东等（2010）用实证分析方法研究了流通产业在全国与中部地区的就业吸纳作用，结果表明流通产业在全国范围内的就业吸纳作用很明显，在经济增长及城镇化推进未能有效带动就业增长的情况下，发展流通产业是促进中部地区就业增长的有效产业因素❶。

二、关于综合性城市流通系统框架研究

夏春玉（2006）研究认为，现代流通产业的发展演变过程是伴随着现代

---

❶ 石奇. 零售商对制造商实施纵向约束的机制和绩效评价 [J]. 中国工业经济，2008（5）：77，85.

❷ 晏维龙. 中国城市化对流通业发展影响的实证研究 [J]. 财贸经济，2006（3）：55-59.

❸ 王德章. 现代流通业在区域经济中的作用 [J]. 商业经济，2006（2）：3-5.

❶ 王晓东. 论流通产业结构调整与就业增长 [J]. 财贸经济，2010（2）：98.

城市的产生与发展过程进行的，现代城市是现代流通产业的载体，而城市则因为流通产业的发展而发展、壮大。因而，流通问题与城市问题是密不可分的，但目前城市流通问题的研究集中在商业地理学领域，传统流通理论则游离于该领域之外，这种游离造成我们在研究城市流通产业的过程中出现了许多问题，于是提出了一个综合性城市流通体系研究框架。人们将城市内部以及城市之间并与城市系统相互联系、相互作用的商品流通系统称为城市流通系统，它包括城市零售系统与城市批发系统，城市流通系统的形成是与人类的市场交换活动以及与之相关的城市的形成与发展相联系的。该综合性城市流通系统的上层是城市政治、经济、法律、文化与社会系统，下层子系统包括城市零售系统与城市批发系统，其中每个子系统都可以从时间维度（即历史和趋势分析）以及空间维度（即空间结构与层级网络）来进行研究。该综合性城市流通体系框架为城市流通问题的研究提供了系统的视角与整体的思路❶。

三、城市商圈时空动态论、商圈与城市发展的互动研究

柳思维等（2007）认为：随着社会主义市场经济的发展，特别是随着城市化的推进和区域经济的新发展，商圈的概念不应只是服务于单个零售企业，而应该看成一定空间商业企业的集聚，随着集聚产生了商圈内和商圈间的相互竞争，并对商圈时间动态性和空间动态性产生了深刻影响。商圈不仅随经济周期、季节和生命周期等时间因素发生变化，而且随着各种外部和内部空间因素发生动态变化。商圈内涵从企业微观层次提高到产业中观层次，使商圈与城市经济发展产生了全新的理论关系。商圈的研究有时间与空间动态性两个视角，时间视角是指商圈的成长轨迹，空间视角是指商圈发展的内外因素。对商圈的时空动态性研究，既能够使商贸企业从低层次的经验决策向科学化决策转变，又能够将空间竞争作为调控的重要手段，通过加强对城市微观环境的时空秩序管理，鼓励或限制企业的空间行为，促使商贸企业等区位主体在空间上合理配置，充分利用各种资源，形成合理的空间秩序；在时间上形成有序的商圈开发模式，从而产生整体商圈聚集效应，避免商圈竞争的无序和混乱。提高城市商

---

❶ 夏春玉. 城市流通系统：研究现状与一个综合性框架 [J]. 当代经济科学, 2006 (3): 89-95.

圈价值开发的科学性，提升城市商圈的经济价值，为城市发展注入活力，提升城市竞争力，最终实现城市的有效、均衡和可持续发展❶。

四、流通国际化问题研究

首先是零售业国际化问题研究。汪旭晖（2008）认为，在我国零售业全面对外开放的环境背景下，民族零售业面临的基本任务是：①如何与外资零售业竞争，构建具有中国特色的民族零售业竞争力。②如何在国际化进程当中开展国际化经营。他综合运用规范与实证、定性与定量、案例与比较以及动态分析等研究方法，对零售国际化的动因、模式以及行为进行了深入的研究，对零售商海外市场选择、海外市场进入方式及相关策略、零售国际转移、零售国际化对东道国的影响等问题进行了深入的分析和研究，初步构造了相对完整的零售国际化研究框架体系❷。其次是流通国际化过程中的产业安全问题研究。荆林波（2005）对我国加入 WTO 后外资企业进入我国的现象给予了关注，并认为外资流通企业在占据产业链高端、抢占高端消费市场以及形成锁定效应等方面对国内流通企业产生了冲击。在此基础上认为国家应制定针对外资流通企业的规制政策，防止外资形成垄断❸。宋则（2007）认为，外资在中国流通业超常扩张，正从量变转化为质变，出现的"影响力滥用"已经产生或可能产生的不良后果值得高度警觉。这些问题包括：无序并购和"影响力滥用"导致自主渠道资源遭到破坏；自主品牌遭重创、制造业逐步被边缘化；中国城市就业遭遇"挤出效应"；超国民待遇、低水平恶性竞争与市场秩序破坏❶，这些问题为中国未来的国家经济安全埋下了隐患。李飞等（2006）认为，适度开放零售业可以增强国家经济安全，而过度开放则会对国家经济安全造成威胁；李飞等人就适度的标准与安全边界问题进行了探讨，认为适度开放可以强化国家经济安全，开放过度则会威胁国家经济安全。中国零售业对外开放的安全度，一是避免外资零售业控制和主导中国的零售市场，二是避免他们在没有主导市场时凭借着自己的优势地位阻碍民族工业正常发展和干扰居民生活水平的提

---

❶ 柳思维．城市商圈的时空动态性述评与分析 [J]．财贸经济，2007（3）：112-116．

❷ 汪旭晖．国外零售国际化理论研究进展：一个文献综述 [J]．河北经贸大学学报，2008（6）：87-93．

❸ 荆林波．外资进入流通领域对我国经济的影响 [J]．商业时代，2005（11-12）．

❶ 宋则．外资在流通业超速扩张值得高度警觉 [J]．中国商贸，2007（4）：13-15．

高，为此设计了包括零售企业市场占有率、外资消费品品牌与制造业品牌市场占有率比以及零售顾客满意度指数等测评指标❶。

第四节　流通现代化问题研究

一、国外学者对流通现代化的认识

一是日本东京大学林周二教授的"流通现代化构想"。流通现代化这一概念的最早提出是在第一次"流通革命"时期的日本。林周二等人认为日本传统的流通结构是落后的，因此积极主张推进流通结构的现代化。他提出：首先应从日本国民经济的现实水平出发，把流通看作一个系统，以包含信息流和物流的流通流量为对象，设想出使大量、高速商品流通成为可能的"流通现代化像"。其次明确提出了"流通近代化"的规范论。他认为只有大规模发展连锁超市，才能缩短流通渠道，进而克服流通的落后性，并进一步指出要消除流通领域的落后、低效率的状态，必须积极借鉴美国等先进国家被实践证明行之有效的各种创新实践，建立起有效运转的流通体系。

二是日本学者荒川佑吉的系统化的"现代化构想"。日本营销学者荒川佑吉认为日本开始的"流通近代化政策"是以缩短流通渠道，提高流通效率为政策目标的，主要是想通过个别企业的规模经济化来实现经营的合理化。但流通效率化不只是个别流通企业经营管理的现代化和合理化，而是包括整个流通系统的从生产到消费全过程的现代化。

三是日本学者佐藤肇的"多元化流通系统"观点。佐藤肇认为日本多元化的流通系统包括四种类型，即以批发业为主导的流通系统；以寡头厂商为主导的流通系统；以大规模零售业为主导的流通系统和以消费者为主导的流通系统。这些不同的流通体系，虽然出现在日本经济发展的不同阶段，但作为流通机构是可以并存的。为了使全部流通系统实现合理化与现代化，日本开展了以大规模连锁店为中心的零售业主导型流通系统和其他系统之间的竞争，通过不同系统之间的有效竞争来提高全部流通机构的效率❷。

---

❶ 李飞. 零售业开放度对国家经济安全影响的测评研究 [J]. 中国经贸，2006 (8)：29-32.
❷ 张岩. 日本流通体制变革研究 [D]. 2006：112-113.

这些学者对日本流通现代化构想的核心是追求整个流通系统的机能高度化和效率最大化。日本流通领域的第一次革命虽然提高了其现代化程度，但由于受到交易惯例及《大店法》等因素的制约，并没有实现整个流通领域的效率提高和成本降低❶，他们的构想在日本第二次"流通革命"中才真正实现。

二、国内学者对流通现代化的研究

(一) 流通现代化的内涵与内容的研究

国内很多学者都对流通现代化问题进行了认真的研究，由于学者们对流通现代化的理解不同，定义不同，自然对其研究的内容也就不同。但是这些不同不是本质上的不同，而是形式上的不同。徐从才的国家社科基金项目"流通革命与流通现代化"（01BJY070）对流通革命的演进、流通组织的创新以及流通现代化内涵进行了深入的研究。①系统阐释了流通革命的历史演进和表现形式；②从零售、批发、物流三个方面对流通结构调整和发展趋向进行了全面论述；③分析了我国流通业对外开放的历程、特征及问题，分析了流通国际化的根本动因与基本过程；④从组织形式变动的角度，认为流通组织创新就是企业边界的重新划定；⑤指出流通革命的根本目标就是要实现流通现代化❷。中国人民大学商学院黄国雄教授、首都经贸大学曹厚昌教授（1997）认为：商业现代化包括组织流通的现代化、流通方式的现代化、流通设施和技术的现代化、管理现代化及信息处理现代化❸；中国社会科学院杨圣明、王诚庆（1995）认为，流通现代化不仅要有一定的技术手段和物质内容，而且要体现时代发展的内容，包括流通技术装备、流通辅助体系、流通组织体系和流通体制的现代化❹；全国高校贸易经济教学研究会秘书长晏维龙（2002）认为：流通现代化包括流通观念现代化、流通组织现代化、流通经营现代化、流通布局现代化、流通技术现代化以及流通制度现代化❺；我国流通经济学家丁俊发、张绪昌教授（1998）认为：商品流通现代化包括商品流通人员意识、知识素质现代化；商品流通设施、工艺及标准现代化；商品流通管理现代化；商品流

---

❶ 晏维龙. 流通革命与我国流通产业的结构变动 [J]. 财贸经济，2002（10）：36-37.

❷ 徐从才. 流通革命与流通现代化 [M]. 北京：中国人民大学出版社，2009.

❸ 黄国雄，曹厚昌. 现代商学通论 [M]. 北京：人民日报出版社，1997：530.

❹ 杨圣明，王诚庆. 论第五个现代化——流通现代化 [J]. 中国社会科学院研究生院学报，1995（2）：7-14.

❺ 晏维龙. 流通革命与我国流通产业的结构变动 [J]. 财贸经济，2002（10）：36-41.

通方式和经营方式现代化❶。前国务委员吴仪（2003）认为：流通现代化的内涵很丰富，包括商业经营理念的现代化、流通管理的现代化、商业人才的现代化、流通基础设施的现代化❷。清华大学李飞（2003）认为：流通现代化包含着物质、制度与观念三个层面，物质层面是指市场、商店、仓库、道路、车辆、流通量等物质要素的增长；制度层面指市场法规秩序、流通体制与政策环境等内容；观念层面指对市场经济的社会认同和符合市场经济的伦理规范、商业文化的形成❸。

综合上述学者的定义，本书认为流通现代化有狭义和广义两个角度。从狭义上看，流通现代化包括流通组织规模、经营模式、管理手段和流通基础设施的建设发展过程。从广义上看，还包括市场信用体系、法制环境、流通产业政策、企业制度等因素的现代化过程。从流通创新的角度看，流通现代化是流通活动不断创新与变革的过程，加快流通创新和变革是促进流通现代化的重要内容。实现流通现代化既包括企业组织模式、流通机构、管理机构、中介组织等组织层面的创新，也包括流通技术、经营方式、流通秩序等运行层面的创新，还包括流通体制、产业政策、企业制度、信用制度等制度层面的创新。

技术创新是流通现代化的精髓，对流通现代化具有重要促进作用。21世纪是知识经济时代，知识经济将对传统商业产生广泛和深远的影响。在知识经济时代，流通产业要获得较快发展，就必须依靠集约型发展模式，加快与国际流通业的接轨，而这些都离不开流通技术创新。只有用高新技术和先进适用技术改造传统批发和零售业，发展现代商业服务业，才能推进传统商业向现代流通业的转变，同时，通过强化科学意识和信息应用能力来提高流通业劳动者素质，通过智能化、电子化和标准化来改进流通设施和条件，通过提高流通业整体素质，逐步实现流通现代化。

（二）流通现代化的评价标准与指标体系

综合有关学者的研究❶，笔者认为流通现代化是一国流通经济活动具有先进水平的过程和目标，商品流通现代化是指伴随城市化、工业化和信息化的到

❶ 丁俊发，张绪昌. 跨世纪的中国流通发展战略 [M]. 北京：中国人民大学出版社，1998.
❷ 吴仪. 大力推进流通现代化，培育发展大型流通集团 [J]. 管理世界，2003 (3)：3-4.
❸ 李飞. 中国商品流通现代化的构成要素 [J]. 中国流通经济，2003 (11)：22-25.
❹ 宋则，张弘. 中国流通现代化评价指标体系 [J]. 北京市财贸管理干部学院学报，2003 (3)：9-13.

来，在商品流通领域所进行的变革和创新，以形成低成本、高效率和高效益的商品流通体系的过程。将传统流通产业转变为现代流通产业是流通体系现代化的实质。现代流通产业同传统流通产业在体制、组织、人才、技术、设施等方面都有明显区别，这些区别与信息技术的应用有密切关系。现代信息技术在流通产业上的应用程度，是衡量现代流通产业与传统流通产业的根本的区别，连锁经营、物流配送、电子商务等现代流通方式，是现代流通产业的重要标志❶。流通现代化的内涵与评价标准包括：①效率性。效率是流通现代化的核心，是衡量流通系统先进性程度的重要尺度。提高流通系统的效率性既是政府制定流通管理政策的重要出发点，也是流通体制改革的目标与核心。考察流通效率可以从企业的流通效率、流通渠道或供应链效率、整个流通行业效率以及宏观经济效益的流通效率四个层面进行❷；②进步性。流通现代化意味着流通系统已经适应了社会经济和技术进步的要求，摆脱了对国民经济发展的制约，能够对国民经济的发展起积极的促进作用；③动态性。现代化没有固定的模式，是一个与时俱进的发展过程。相对于某一特定时期和地域范围是现代化的，但时过境迁之后，可能又不是现代化了。如日本在 20 世纪初期的百货商店是现代化零售业态，现在已成为传统业态了。

流通现代化过程的特征具有复杂性、渐进性、系统性、相对性、革命性和趋同性，这些特征既来自流通系统本身，也来自流通现代化过程。我国流通现代化的战略目标是一个包含商品流通物质现代化、流通制度现代化和流通观念现代化在内的多目标集合的全面现代化。作为国民经济的基础性产业和先导性行业，流通产业在 GDP 中的比重应不断提高，并且具有持续的增长能力；现代流通技术应逐步取代传统流通技术，现代化的流通理念和管理方法得到普遍应用；流通产业的专业化水平不断提高，信息化、服务专业化成为现代流通产业的主要特征；流通产业发展所需要的市场化程度不断提高，流通效率不断提高，流通基础设施不断完善。

流通产业现代化的评价指标体系应包括：人均流通业总产值、流通业增加值占 GDP 的比重、流通就业人口占总就业人口的比重、流通业总资产报酬率、流通业总资产周转率、流通业固定资产周转率、非国有经济在流通业总人口的

---

❶ 周伟．试论流通现代化的内涵及其对国民经济发展的重要作用 [J]．商业时代，2011（24）：19.

❷ 李骏阳．21 世纪商业革命——电子商务时代的流通模式 [M]．北京：经济科学出版社，2002.

比重、非国有经济占社会商品零售总额的比重、商品流通业集中化程度、连锁经营发展水平、第三方物流的比重等。从政府维度看，应有商业的饱和度、成熟度、繁荣度、贡献度和公平度指标；从企业维度看，应有人性化、科学化、效率化和社会化指标；从消费者维度看，应有安全度、便捷度、舒适度和体验度指标等。

总之，流通现代化是我国流通产业追赶和达到世界发达国家先进水平的过程，是满足现代经济发展需要的产业状态。实现流通现代化就是要实现流通主体现代化、流通制度现代化和流通运行系统现代化。流通现代化不仅是世界流通产业发展的趋势，也是我国流通产业未来的发展方向。

第五节 关于我国工业品批发体系重构与完善的研究

一、工业品批发市场体系萎缩原因与存在问题的研究

马龙龙（2001❶，2011❷）认为，我国工业品批发市场面临的最大问题在于有场无市，工业品批发市场存在商品、市场主体、地域和竞争等方面的限制。批发业萎缩的原因在于：社会经济条件的变迁导致了批发业的萎缩；批发营销职能的被替代加速了批发业的萎缩，批发流通渠道主导权的丧失决定了批发业的萎缩。祝合良（2009）认为，目前我国工业品批发发展存在的主要问题是产业整合能力差，创新能力不足，采购功能严重缺失，企业竞争能力不强。究其原因是：①由于受多种因素的影响和制约，生产商、供应商、批发商与零售商之间的矛盾长期没有得到根本解决，没有强有力的整合领导者，从而严重制约了流通业的健康发展；②流通全行业用于研究开发的投资比重太低，远低于发达国家30%以上的投资比重，因而严重影响了批发业的创新发展能力。③企业销售与扩张能力薄弱，缺少能与国外企业相抗衡的世界型批发商，缺乏价格竞争能力，批发企业融资能力不足，经营管理能力较差；④批发商由于缺乏足够的资金实力而使其重要的采购功能严重缺失，批发网点布局不合理；与此同时，批发业的组织关联程度低，批发主体之间没有畅通的商品流通

❶ 马龙龙．论我国工业品批发市场的发展［J］．中国流通经济，2001（5）：31-32.
❷ 马龙龙．论我国批发业的振兴战略［J］．财贸经济，2011（4）：73.

渠道网络❶。王耀（2009）认为，中国目前没有一个完整的工业品流通体系，问题主要出在零售终端，现在很多的零售终端都为房地产商，零售终端的不正常导致了整个流通行业都是以畸形的状态发展的❷。王晓东（2010）认为，改革开放以来随着工业品批发体系的萎缩，原有的一、二、三级站已不复存在，除了批发市场外，整个批发行业均呈现萎缩和萧条态势。这里面的原因是多重的，既有内在的，也有外在的。内在的原因就是对原有商业公司的不恰当的改革。外部的原因主要是：①生产者自销规模的扩大；②零售商的横向连锁经营；③外资批发的进入；④信息网络技术的发展❸。

二、解决工业品批发体系存在问题的政策措施研究

马龙龙（2001）提出，①要对工业品批发市场的建设进行统筹规划；②要注重批发市场各种功能的综合完善；③应建立统一高效规范化的管理体系；④要努力发展与批发市场相关的中介组织；⑤要进一步加强批发市场的法律规范建设与制度保障❹。丁俊发（2004）提出，应借鉴美国等发达国家专业批发公司、制造商的批发机构以及批发代理商和经纪商的经验，通过实施资产重组、有进有退、结构调整等措施，提升改造传统批发业，实现产业组织形式和经营模式创新，向现代流通方式转型；努力推进生产商、批发商、零售商的供应链管理模式，积极探索电子商务批发交易方式。批发市场应从重视场所建设转向对大批发商、代理商和经销商的培育，建立起以大型批发商为主导、以新型营销方式为支撑、以有形与无形批发市场为基础、以供应链为纽带、以提高流通效率为目的的现代批发市场❺。赵尔烈（2005）认为，在我国工业消费品批发业的改革与发展中，应该正确处理好几个热点问题：要从全局上认识和把握流通现代化，包括工业消费品批发业的现代化，并以此来明确目标模式、规划发展战略，采取措施，引导实施；正确认识和处理工业消费品批发业现代化与物流配送和电子商务的关系；正确认识和对待工业消费品批发市场；正确对待工业消费品批发业的国有、私营、个体和外资企业；正确把握当前工业消

---

❶ 祝合良. 进一步发展我国工业品批发业的基本思路 [J]. 中国商贸, 2009 (16)：49-50.

❷ 2009 年 5 月 22 日, 商务部"工业品流通体系构建座谈会"发言.

❸ 王晓东. 中国工业品批发体制改革的思考 [J]. 中国市场, 2010 (17)：16-17.

❹ 马龙龙. 论我国工业品批发市场的发展 [J]. 中国流通经济, 2001 (5)：33.

❺ 丁俊发. 我国批发市场如何创新与发展 [J]. 中国合作经济, 2004 (8)：22-23.

费品批发业的重点。完备现代批发业的类型，强化服务职能，通过合并、重组和协作、联合，实现工消费品批发业的规模化、效益化❶。王双进（2006）认为，工业品批发体系的构建要有健全完善的市场经济体制，要有多层次、组织化、系统化的流通网络和物流配送体系；商业批发功能必须不断创新、拓展；应深入推进批发业革命。发达国家工业品批发业具有以资本为纽带，生产商、批发商与零售商相互服务、互相支持的特点，并逐渐呈现出批零企业边界模糊化、批发经营资本多元化、管理机构精简化以及职能综合化的趋势，为此我们应学习借鉴❷。祝合良（2009）认为要坚持批发主体的多元化，批发形式的多元化，发展有规模、有实力的独立批发商，提高批发商的核心竞争力，努力为批发业商创造公平、公正和良好的市场竞争环境❸。李飞（2009）认为应建立起以工业化、信息化为主要特征的经济安全的现代流通体系，包括结构体系、组织体系和流程管理体系。❹

三、完善工业品批发体系的路径选择研究

黄国雄（2009）认为工业品流通的市场化程度最高，从商品流通的体制来看，工业品流通的重点在批发，农业品流通的重点在零售；应该更多地研究工业品流通的宏观问题。要重视网络体系的建设，①以国有资本控股公司为主导，以国内批发市场为主体，充分发挥国有制对批发、零售的监督，通过注入大量的国有资本，大力构建多层次批发体系来促进流通体系的健康发展；②以现有的各种批发市场为基础，搞好产业优势、区位优势；③大力发展电子商务的网上批发；④搞好生产企业的直销；⑤充分发挥连锁企业采购配送的优势，积极畅通商业流通渠道❺。宋则（2009）认为，批发商是批发业与批发市场的主体，在新时期抓批发市场建设的关键是要提高市场集中度、培育现代批发商❻。刘晓雪（2006）认为，在构建工业品批发体系时，要从中国的具体国情出发，体现中国特色；实行批发企业的产权结构、规模结构和商品结构的多元

❶ 赵尔烈. 在改革探索中发展的工业消费品批发业 [J]. 北京市财贸管理干部学院学报，2005（1）：25-28.

❷ 王双进. 构建中国特色工业消费品批发体系 [J]. 江苏商论，2006（11）：12-13.

❸ 祝合良. 进一步发展我国工业品批发业的基本思路 [J]. 中国商贸，2009（16）：51.

❹ 2009 年 5 月 22 日，商务部"工业品流通体系构建座谈会"发言.

❺ 2009 年 5 月 22 日，商务部"工业品流通体系构建座谈会"发言.

❻ 宋则. 信息时代工业品批发不会消失 [J]. 中国市场，2009（6）：28-29.

化；工业品批发体系应由连锁经营、专业批发经营、零售批发一体化、工业企业自销、代理批发等各种形式构成；建立起能够促进地区之间经济交流、城乡互动的批发体系。具有中国特色的工商联动的工业品批发体系的路径是：以国有资本参股的大型股份制批发企业为主导，以民营批发企业为主体，以供应商为支撑点，以连锁批发和网上批发为发展方向，以产业集群为基础的区域性或全国性的采购中心为培育重点，建立起适应世界经济发展需要的进出口导向型的专业批发体系❶。

四、工业品批发渠道的实证研究

王晓东、张昊（2011）以中国7省市2004年经济普查食品饮料与烟草行业的数据进行实证分析，结果表明批发、零售两个环节的经营能力分别与制造环节利润率存在正向和负向影响。所以，在解决当前"零供矛盾"的过程中，需要综合考虑生产、批发、零售三个环节，尤其要重视独立批发商在平衡渠道利益关系中的特殊作用❷。谢莉娟（2011）进行了工业品批发商渠道作用的分类实证检验，通过偏最小二乘法估计得出结论：① 工业品批发商利润对制造商利润表现出显著的正向影响。在"食品饮料及烟酒类工业品"中，批发商利润每增长1%，制造商的利润增长0.2~0.6个百分点；在"纺织服装鞋帽及日用类工业品"中，批发商利润每增长1%，能带动制造商利润上升0.13~0.33个百分点。②工业品零售商利润的增长对制造商利润增长有正向影响作用，但作用程度小于批发商。在"食品饮料及烟酒类工业品"中，零售商利润每增加1%，制造商利润增长0.1~0.4个百分点；在"纺织服装鞋帽及日用类工业品"中，零售商利润每增加1%，制造商利润增长0.12~0.3个百分点。③工业品流通渠道的批零比值与制造商利润呈现同方向变化。在"食品饮料及烟酒类工业品"中，批零比值增加1%，制造商利润增长9.7%~13.4%，在"纺织服装鞋帽及日用类工业品"中，批零比值增加1%，制造商利润增长7.0%~21%。④批发商和零售商专业化程度的提高对制造商利润的增长表现为相反方向的影响，其中批发商影响为正，而零售商影响为负。在"食品饮料

---

❶ 刘晓雪. 我国工业消费品批发现状与发展模式探讨 [J]. 烟台大学学报, 2006 (3)：321-323.

❷ 王晓东，张昊. 论独立批发商职能与流通渠道利益关系的调整 [J]. 财贸经济, 2011 (8)：81-86.

及烟酒类工业品"中，批发商专业化程度每提高一个百分点，制造商利润增长1.2~4.2个百分点，而零售商专业化程度每提高1%，制造商利润减少1~8个百分点；在"纺织服装鞋帽及日用类工业品"中，批发商专业化程度提高1个百分点，制造商利润增长2.5%~7.1%，零售商专业化程度提高1%，制造商利润变化范围是-15.84%~-6.42%。

谢莉娟经过实证分析得出结论：①无论以工业品还是以全部工业消费品为样本，都验证了批发商对于提高流通效率的正向作用，并且批发商的渠道作用大于零售商。②分类研究与整体检验都表明：延长流通渠道或增加批发总量对提高工业品流通效率具有正向影响，从而验证了批发商的渠道地位。③通过分类与整体研究，发现了零售商渠道地位的差异：在全部工业品流通的整体检验中，零售商利润总额对制造商利润总额表现出显著的负向影响，从而验证了实践中"零供冲突"的存在，但在工业品流通的分类样本研究中，零售商利润对制造商利润并没有表现出负向影响，"零供"之间则表现出协调的关系；分类研究结果表明零售商专业化程度的提高对制造商利润水平有负向影响，而"零兼批"的加大则会促进工业品流通效率的提高，这从另一个侧面反映了日用消费品流通对批发的依赖性。④分类研究结果同时表明，批发商专业化程度的提高能够促进工业品流通效率的增加，批发商越专注于专职批发业务，其正向渠道作用就越明显❶。

通过对国内有关工业品批发研究参考文献的总结和梳理可以看到，在传统工业品批发体系已经解体而新型工业品批发体系尚未重新建立的情况下，工业品流通体系日益表现出品牌代理和管理能力不强，采购分销功能缺失，内外销一体化功能不足，商品市场交易功能落后、不完善，价格发现能力弱，吞吐稳定和品牌孵化功能缺失，工商矛盾激化等一系列问题，由此而导致了流通秩序的混乱和市场效率的低下，这就迫使我们不得不重新思考批发职能在工业品流通体系中的定位问题。

---

❶ 谢莉娟．工业品批发商渠道作用之实证检验［J］．商业经济与管理，2011（9）：18-26．

第三章　工业品流通体系及批零流通理论概述

第一节　工业品的概念及特点

一、工业品的内涵

工业品（daily industrial consumer goods）是指以满足居民日常生活消费需要为主要目标的工业制成品，涉及百货、钟表眼镜、文化用品、纺织服装、家用电器、五金交电、化工原料等行业，是人民生活必不可少的消费资料。工业品流通是供人们日常生活消费需要的工业品以货币交换的形式，实现从生产领域向消费领域转移的经济活动。组织好工业品流通，把工业部门生产出来的数量充足、质量优良、品种齐全、价格合理的商品源源不断地提供给市场，满足人民生活的消费需要，是流通企业的基本任务。

按消费者的购买习惯划分，工业品可分为便利品、选购品和特殊品。①便利品（Convenience Goods）是购买频繁、需要就可以买得到，并且只花最少的时间和精力去比较品牌、价格的商品。它多为非耐用消费品，是消费者日常生活的必需品，购买前消费者对其品牌、价格、质量和出售地点都很熟悉，如肥皂、毛巾等。②选购品（Shopping Products）是消费者为了物色适当的物品，在购买前往往要去多家零售店去了解和比较商品的花色、款式、质量、价格等的消费品。由于其耐用程度高，不经常购买，所以要花较多的时间和精力去多家商店选择，如服装、家电等。③特殊品（Specialty Products）是消费者能识别哪些牌子的商品物美价廉，哪些牌子的商品质次价高，而且消费者习惯上愿意花更多的时间和精力去购买的商品，如汽车、高档家具等。

如果按商品的耐用程度和使用频率分类，还可以分为耐用消费品和非耐用消费品。耐用消费品是能多次使用且寿命较长的商品，如电视机、冰箱、电脑等，而非耐用消费品的使用次数较少、消费者需要经常购买，如化妆品等。

二、工业品的特点

工业品是社会生产的最终产品，它是社会生产发展和科学进步的标志，也是生产发展和科学进步的结晶。我国的工业品市场正处于转型过程中，具有典型的转轨市场的特点，即市场规模大、发展变化快；市场秩序较为混乱、市场发展具有短期导向性且存在过度竞争的现象；具有地区、体制、行业和营销水平等方面的差异。工业品有以下特点。

（1）商品率较高。工业制成品一开始就具有很强的商品经济特性，在生产和流通中具有规模和集中的优势。工业品与农产品最大的不同是商品率较高，基本上是用来交换的劳动产品，商品率为100%，不具有自给自足的性质；而农产品的商品性较低，许多农产品都有自给自足的属性。

（2）品种花色多。工业品的品种丰富多样、花色款式较多，以义乌小商品市场为例，工业品有40余万种，且产品的生命周期较短，有些产品从进入市场到退出市场仅有一个星期的时间。

（3）需求价格弹性较小。工业品的采购是衍生需求，对工业品市场的需求是随着消费者市场的变化而变化的；从消费弹性来看，由于工业品大多是人们的生活必需品，因此工业品的市场需求缺乏价格弹性，弹性系数一般小于1。

三、工业品市场的特点

（1）分散性。从交易的规模和方式看，工业品市场的消费者众多，市场分散，成交次数频繁，但交易规模小、交易量零星，绝大部分工业品都是通过中间商渠道进行销售的，以方便消费者购买。

（2）差异性。工业品市场提供的主要是日常生活消费品，购买者主要是受众多不同因素影响的个人或家庭，因而工业品市场需求呈现出较大的差异性和多变性。需求差异主要来自消费者的不同年龄、性别、身体状况、性格、生活经历、习惯偏好、教育程度、社会地位、收入水平、家庭环境等。随着消费者购买力的不断提高，人们更加注重个性选择、个性消费，新的细分市场不断涌现，需求差异有不断扩大的趋势。

（3）多变性。工业品市场商品的专业技术性不强，同类产品较多，消费者选择余地较大，需求多变。自20世纪后半叶以来，科学技术突飞猛进，新技术应用到工业品生产领域，使新产品层出不穷，连同市场竞争的加剧，导致消费需求愈加多样化。越来越多的消费者追逐消费潮流，更加关注产品的性能质量、外形款式乃至产品品位。

（4）替代性。由于工业品种类繁多，因此不同产品之间往往可以互相替代。替代品是指可以互相代替来满足同一种欲望的两种商品，它们之间是可以相互替代的，如钢笔和签字笔等；互补品是共同满足一种欲望的两种商品，它们之间是相互补充的，是通常要一起使用的产品，如电脑和软件等，汽车与汽油即为典型的互补品，如果汽油价格上涨，必然会影响汽车的销售。消费者经常在替代品之间进行选择，导致购买力在不同产品、品牌和企业之间流动。

（5）非专业性。消费者在决定实施购买行为时，往往具有自发性、感情冲动性，即兴购买多，且受情感影响较大；购买者大多缺乏相应的产品知识和市场知识，其购买行为属于非专业性购买，对产品的选购受广告宣传的影响较大。

四、工业品流通的特性

工业品主要是生活消费资料，它与人民生活具有密切的关系。工业品流通特点是由工业品的生产和消费的特点所决定的。工业品流通同其他商品的流通一样，除了具有共同的规律性以外，还有其自身的特点。由于工业品品种繁多、规格复杂、档次不一、生产稳定、相对集中、消费分散、可替代性强，这就决定了工业品的流通具有自身的运动形式和经济内涵。

（1）工业品流通的多样性。工业品是工业产品，布局集中，主要集中在大中城市生产，而消费者遍布广大城乡，这就决定了工业品的流通从集中到分散，从城市到广大集镇和农村，呈多扇面向外辐射。每一类或每一种产品都有特定的流通区划和流转环节，而且这种区划会随生产力布局变动和产业结构的调整而改变。

（2）工业品流通的相关性。这是由需求的相关性所决定的。工业品中不少商品的消费是互相配套的，必须形成合理结构，才能充分发挥商品的使用价值，满足多层次的消费需要。整机配零件、主机配附件、主产品和副产品（如录像机与录像带、数码相机与存储卡、电筒与电池），加上供应中要求品种、规格、花色和档次齐全，这些就决定了工业品流通从收购、运输到销售，必须做到商品结构的合理化、系列化和配套化。

（3）工业品流通的购销差异性。即收购的稳定性和消费的多变性的矛盾。由于工业生产力的形成要有一定的周期，且一旦形成就具有相对的稳定性，批量生产、周期均匀。而消费受到的制约因素较多，选择性较强，弹性较大，因此流通企业在组织工业品流通时，必须充分发挥指导和引导作用，使产销衔接，调节供求，促进平衡。

（4）工业品流通的替代性。由于工业品品种繁多，新旧产品不断交替更迭，因此不少商品具有同一或相近的使用价值，既具有替代性，又具有互补性，既有同向发展的可能，也有逆向发展的因素。

第二节 工业品流通体系的内涵与特征

一、工业品流通体系的内涵

体系泛指在一定范围内或者同类事物之间，按照一定的秩序和内部相关关系组合而成的整体，是不同系统组成的集合。目前有学者认为，商品流通体系由纵向六大流通体系和横向的七大流通体系构成，是一个有机的综合体系❶。

纵向六大流通体系（图3.1）包括：商品流通组织体系、商品流通渠道体系、商品交易市场体系（包括期货、批发、集贸、菜市场、零售市场等）、流通管理体系、流通法律体系（包括反垄断法、反不正当竞争法、价格法、消费者权益保护法等）和商品宏观调控体系（如财政手段、货币手段以及产业政策等）。横向的七大流通体系（图3.2）包括：农产品流通体系、工业消费品流通体系、生产资料流通体系、流通业商业服务业体系、流通业商务服务体系、再生资源流通体系和商业信息业服务体系。

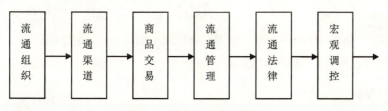

图3.1 纵向六大流通体系

---

❶ 洪涛."十二五"中国特色流通体系及其战略研究 [J]. 北京工商大学学报，2010（4）.

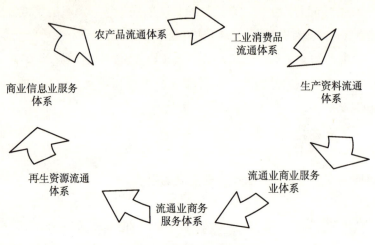

图 3.2　横向七大流通体系

　　流通组织体系包括流通组织主体、流通组织方式以及市场中介组织，不同规模和不同所有制的流通企业构成流通组织体系，商流、物流、资金流在流通过程中的不同作用形成流通组织方式。商品市场体系是由商品交易所、市场组织体系和信息服务体系等组成的整体。商品营销方式是商品所有权让渡过程的特征、构成、机制、形式、内容及关系的总和。商品宏观调控体系包括重要商品的购销体制、中央与地方两级储备制度、全国商品市场网络与价格监控制度、商品进出口体系等。流通监管体系是指相关的流通行政管理机构和监督检查机构。流通法律体系由调整流通领域经济关系的各种法律构成，包括基本法、流通行政法规和流通规章。

　　本书中提出的工业品流通体系，其含义是工业品的批发零售体系，指的是流通业与工业品制造业之间以及流通业内部各企业之间，为实现资源共享、优势互补、扩大市场份额、扩大竞争优势等战略目标，通过各种形式的合作，以达到互利、共赢的格局。在这种流通体系中，相关企业的规模虽然没有扩大，但企业的市场边界却得到了扩展，在形成密切合作的战略同盟的同时，仍保持各自的独立性。本书的关注点是工业品生产企业与流通企业之间的合作与联动。

二、工业品流通体系的特征

　　目前我国多种所有制结构、多种流通渠道、多种经营形式、少环节的工业品流通体系已经初步形成，各类工业品商品交易市场、零售业态、网上与网下商店、直销等多种流通体系正逐步趋于完善。现代工业品流通体系是与现代市场经济相适应，反应灵敏、机制灵活、功能完备、结构合理、法规健全，统一开放、竞争有序的各级各类工业品市场相互联系和相互作用的科学的有机整体。其基本特征如下。

（一）工业品制造企业与商业企业相互交融渗透、联动发展

当前，随着工业化的加速推进，中国的经济增长正在逐渐从以制造业为主导向以服务业为主导转型，经济将进入以市场为主导，以消费结构升级和企业自主投资为基础的增长阶段，制造业服务化趋势日益明显。

现代经济的发展不仅催生了商业批零一体化的进程，同时也使生产与流通两大领域更加紧密地结合起来。上、下游产业之间的相互渗透已经越来越清楚地显现出来。①制造业向下游延伸，涉足商业领域，直接面对终极市场，开设大批自己直接经营的门店。制造业的价值向产前的研发和产后分销与服务等领域转移，对这些领域的资源控制和整合的能力远比制造业生产能力更为重要。②以信息和信息技术来整合社会资源的深度、广度不断发展，促进了专业化分工和非核心业务的外包。③大型零售商业向上游发展，实行前向一体化战略，拉动了制造业的发展，工商企业的界限不再明确而稳定，日益出现边界模糊的倾向。

（二）工业品流通体系是立足于供应链和需求链的完整体系

以市场需求为起点，由供应商、经销商、生产商组成供给方的完整供应链，这个供应链上的企业是按照现代流通规律，特别是现代物流技术和理念合成的虚拟企业群体。处于上、下游的企业利用现代信息技术，通过改造和集成业务流程，使供应商、经销商和客户建立协同的业务伙伴关系，真正成为以供应链为纽带的群体企业，通过系统内资源的有效整合，降低供应链的总成本。过去单个企业之间的竞争，变成一个企业群体与另一个企业群体之间的竞争，一个供应链与另一个供应链之间的竞争。供应链体系的形成使企业大量的核心业务与非核心业务分离，外包业务比重不断提高，流通速度加快。目前，市场经济发达国家已基本形成了社会化的物流配送体系，形成了全球供应链、产业链和市场需求链，重建了新型销售体系。

（三）连锁经营是工业品流通体系的重要组织结构形式

连锁经营把原来垂直链条型的组织结构变为扁平网络型的组织结构，通过直营连锁、特许连锁和自由连锁实现了组织结构的网络化，以低成本扩张了企业规模，加速了资本和资源的集中过程，大大提高了流通企业的组织化和集约化程度，实现了规模化经营、科学化管理和标准化服务，从而实现了经济学所追求的效用最大化。连锁经营的基本原则是统一采购、统一配送、统一标识、统一营销、统一价格、统一核算。正是由于连锁经营的经济性特点使得连锁分店的不断扩张成为零售业扩张的最佳途径，连锁经营的经济性特征体现在专业化分工、获取规模经济效益、降低交易费用、减少不确定性、分散经营风险、产权明晰等方面。企业的边界凭借连锁的组织形式无限扩张，而流通效率和效益却能得到大幅度提升，连锁化经营已经成为现代流通企业普遍采用的组织形式。

（四）区域经济一体化是工业品流通体系的空间组织形式

区域经济一体化是当今世界经济发展的大趋势，利用现代信息技术、网络技术和现代物流技术，在全球范围内加速流通，使流通成本降低、国际产品竞争力大幅度提高成为可能，资源配置从一个工厂、一个地区、一个国家扩展到全球。国际分工由于追求在全球范围内资源配置的最优化，并凭借国际化大流通而变得更加细密，国家之间的经济协作也越来越深入。经济区域一体化使其在商流、物流、信息流、资金流、人员流等方面的资源整合优势得到发挥，并成为产业集聚和贸易流通的竞争高地。流通所形成的经济景观，把政治边界剪断了的地方连接起来，使流通发展成为国际化、社会化的大流通。

（五）跨国公司是工业品流通体系的趋势特征

跨国公司开展的国际化大流通，是在全球范围内推动商品、资本、劳动力、信息、技术、服务等要素加快流通的过程❶。跨国公司面向全球采购体系、全球研究开发体系、全球市场营销体系和全球具有比较竞争优势的生产制造基地，构成了现代流通体系。每个跨国公司都是一个成熟的跨越国界的现代流通组织载体，它通过强大的跨国流通能力而成为主导经济全球化、世界经济一体化的主体，成为利用全球资源和全球市场获得最大利益的受益者，全球最重要的产业都已经纳入了跨国公司的国际流通网络体系。

三、工业品流通体系的发展趋势

工业品流通体系必须能够不断适应流通变革的要求。传统商品流通渠道，

---

❶ 陈文玲. 现代流通体系的主要表现形式 ［N］. 中国经济时报，2004-5-18.

是由制造商、批发商和零售商组成的松散网络。随着生产商和中间商甚至消费者数量的增加以及规模的扩展，工业制成品流通发生了新的变化。它们开始注意彼此相互依赖的关系，在同类或同种产品的流通渠道上，各交易主体之间采取了程度不同的一体化销售方式。一是适应工业制成品规模化与一体化的特点，批发商不断进行变革与创新，实现了批发商的连锁化与一体化，批发经营的专业化以及批发经营方式的革新，如批发超级市场化，管理的计算机网络化。二是零售商创新服务方式与服务内容，包括自动售货商店、便利店、折扣店、购物中心、特许经营商店以及零售组织的大型化和集团化。三是现代物流中心的兴起和高效物流网络的形成。通过加快物流技术进步和变革物流方式来大幅度压缩物流费用，使现代物流的发展与变革成为重要的利润源。

当前工业品流通体系的发展趋势是：正在向以资本为纽带，以规模化、连锁化和国际化为目标的方向发展；在技术上，正在实现自动化、标准化、信息化和现代化；在产业融合方面，实现工商关系联盟化；在供应链管理方面实现可持续发展（Sustainable Supply Chain Management，SSCM）。

四、构建工业品流通新体系的目标、任务与原则

（一）构建工业品流通新体系的目标

构建工业品流通新体系的目标是：提高对国民经济发展的贡献率；使商品流通速度不断加快，效率不断提高，成本不断下降；使国内商品流通体系与国际市场流通体系接轨，符合 WTO 的运行规则；适应市场经济的需要，满足工业化、城市化、信息化、市场化与全面建成小康社会的需要。建设以信息化、网络化为手段，城乡流通一体化为基础，要素流通、商品流通、服务流通相互促进，集各种消费品、工业品、生产资料流通于一体的体系完善、功能健全、统一开放、竞争有序、独立高效的现代流通体系，推动国民经济又好又快发展。

（二）构建工业品流通体系的主要任务

构建工业品流通新体系的主要任务是：①培育具有竞争力的市场主体。支持有实力的大型流通企业与拥有优秀品牌的生产企业紧密合作，发展总经销、总代理，促进工业企业与商业企业、零售商与供应商关系的稳定和谐。培育一批具有整合供应链的能力，组织化程度较高、分销能力较强，能够起到引导市场、指导消费作用的专业批发企业。推动大型流通企业加快建立现代企业制

度，完善公司法人治理结构，建立健全科学决策程序和激励约束机制，鼓励各种类型的流通企业做好、做强、做大。②完善流通基础设施建设。在重要集散地建设一批功能齐全、设施先进、辐射范围广，为全社会提供普遍服务的工业品物流中心。改造一批集展示交易、信息集散、技术研发、物流配送功能于一体，对产业上下游具有较大影响力的专业批发市场。完善具有较强收集、分析、预测、监控功能，为政府、企业和行业协会共享的市场信息系统，加强具有应对自然灾害和突发事件能力的商品储备应急设施。③强化批发功能与手段。积极培育全国性商品交易市场，大力发展区域性商品交易市场，建设完善具有地方特色的专业市场。发挥市场集聚优势，增强商品吞吐能力和价格发现功能。完善和扩大各类批发市场的工业品物流配送体系，发挥第三方物流在批发市场的集聚和分流作用。合理设置生产企业的直销批发体系，减少流通环节，最大限度地降低流通成本。充分发挥拥有批发和配送能力的大型物流企业或者拥有网络资源优势的大型零售企业的优势，面向社会提供批发服务；支持建立工业品共同采购和共同配送物流体系。④推动工业品流通创新。适应完善工业品流通功能和结构调整需要，全面引入现代管理思想和现代营销理念，创新交易手段和营销方式。建立市场信息发布制度，及时反馈消费信息，准确把握消费趋势，促进消费升级。积极推广流通领域先进适用技术，提高流通领域科技含量，建立高效率和高效益的工业品现代流通体系。大力发展电子商务，鼓励实体经济与网上交易的有机结合，促进连锁经营、现代物流与电子商务的共同发展。积极培育和推广商品品牌和服务品牌。⑤创造公平有序的竞争环境。各级商务主管部门要进一步转变职能，强化行业管理与指导，重视流通基础设施规划、产业政策制定与调整、市场法规和标准建设；建立人才培训机制，引导、鼓励企业、行业协会参与开展职业培训和继续教育，全面提高流通从业人员素质和整体服务水平；加快流通领域和商务行业诚信建设，建立商业信用制度和失信惩戒机制，维护市场竞争秩序。进一步优化完善工业品流通和政策环境，争取在关键领域实现政策突破。

(三) 构建工业品流通新体系的基本原则

工业品流通既要处理好工商关系，有利于调动工业生产的积极性，也要安排好市场，满足广大消费者对工业品的需要。因此，在组织工业品流通中必须遵循以下基本原则。

(1) 促进生产、保障供应。工业品的收购关乎工业生产的发展，也关系到市场供应。应该按照国家的方针政策和市场经济规律要求，积极扩大收购，把应收商品全部收购进来，保证市场供应。以销促产，支持生产的稳定发展。

（2）调节储备调节。要正确对待商品多与少的问题，树立全局观点、发展观点、储备观点，充分发挥国营商业企业的"蓄水池"作用。对一时一地显得过多的商品，只要是质量符合要求，就要积极收购，帮助推销，扩大流通；对关系到国计民生的重要商品，随着生产的发展，必须增加储备，以利调节供求。

（3）质量第一。商品是使用价值和交换价值的统一体，是具有一定质量的产品。社会的需求总是对具有一定使用价值的商品的需求，没有质量就没有数量。品种规格不对路，就不能实现从商品到货币的飞跃，也不能实现工业部门创造的价值，其结果只能是造成社会的浪费。因此，在工业品的收购工作中，流通企业必须维护国家和消费者的利益，坚持商品检验制度，把好质量关。

（4）按质论价。商业企业的收购价格即是工业企业的出厂价格。价格的合理确定，不仅关系到工商企业之间的利润分配，也关系到消费者的经济利益。在工业品收购中，要本着有利于生产、有利于流通、有利于消费者的思想理念，坚持按质论价、优质优价、劣质劣价、分等定价的原则，合理分配工商企业利润，正确确定收购价格，在保证工业企业在正常生产的条件下，使生产商和流通商都能够得到合理的利润，以调动其生产经营的积极性。

（5）统筹兼顾、全面安排。在组织工业品流通中，要坚持全局观点，做到城乡兼顾、工农兼顾、内外兼顾、丰歉兼顾，统筹安排国内外市场，保证城乡人民对工业品的基本需要。要重点处理好城市与农村、产区和销区、发达地区与欠发达地区、市场供应和商品储备之间的关系。

由于工业品量多面广、生产分散、消费分散、供求关系复杂且具有多变性，这就决定了工业品在经营上要采取多种购销形式，并保持一定的灵活性。工业品流通是联系工业品生产和消费的纽带，它既受生产和消费波动的影响，又可调节生产和消费的趋势。因此，在组织工业品流通中，要综合考虑经济形势及各种社会因素，兼顾生产和消费两个方面，切实根据市场供求变化情况来确定流通规模和经营发展方向。同时，工业品的基本流向是由集中到分散，这要求在组织工业品流通时，要保证合理流向，适时、适度地安排好工业品的购、销、调、存，从而使商品得以自愿让渡。

第三节　我国工业品流通体系的演变过程

我国现代工业品市场的形成，经历了一个逐步发展的过程。旧中国，由于经济落后，产业结构单一，加上人民生活十分贫苦，衣食不足，工业品消费水平十分低下。市场上的工业品，多半是由外国输入，洋货充斥市场，没有形成具有我国自己生产能力的工业品市场。新中国建立后，随着工业生产的发展，我国工业品市场开始逐步形成，特别是一些新兴产品和耐用消费品，如化纤织物、合成洗涤用品、家用电器等，更是从无到有，迅速增长，基本上满足人民生活的需要。但是，由于"左"的错误影响，在相当一段时间里轻工业生产没有得到应有的发展，不少日用消费品处于供不应求的被动局面。主要表现为：①大搞"以钢为纲""重重轻轻"，以致轻工业生产发展缓慢，大多数长期供应不足；②受农业生产制约很大，许多重要农产品原料得不到充分供应，开工不足，已有的生产能力不能充分发挥，严重地影响市场供应；③生产技术落后，产品结构不合理，一些产品质量差，花色品种单调，更新换代迟缓，不能适应消费结构的变化；④购销形式单一，造成产销脱节，一方面脱销，另一方面积压，扩大了工业产品的供求矛盾。党的十一届三中全会以来，在"调整、改革、整顿、提高"八字方针的指导下，调整了农、轻、重的比例关系，加快了农业、轻工业的发展步伐，对发展轻纺工业生产实行"六个优先"的原则，即原材料、燃料、电力供应优先，挖潜、革新、改造的措施优先，基本建设优先，银行贷款优先，外汇和引进技术优先，交通运输优先。由于思想明确，措施有力，轻纺工业发展的步伐加快，增长速度赶上或略高于重工业的增长速度。

经过几年的调整，我国工业品生产已经达到门类齐全，结构合理，品种不断更新，产品质量不断提高，形成一个多层次、多结构比较合理的工业品市场体系。随着工业品种类、结构、品种的不断优化，对工业品流通体系的要求也越来越高，必须有一个有力的、合理的体系来配置这些工业品。到1985年年底，全国商业系统共有工业品批发站1 177个，工业品基层批发机构（包括供销社）38 527个。这些批发机构，都是自主经营的批发实体，彼此之间是平等的经济业务关系。经过1986年以后的治理整顿和深化改革，打破了国营批发企业延续30多年的"三固定"（固定供应对象、固定货源、固定价格）批发模式和"一、二、三、零"（一级、二级、三级批发站和零售企业）的封闭式经营，取消了工业品流通领域的指令性计划管理的商品和国家管理的价格品种，增加国有批发企业自主权，形成了多种经济成分、多条流通渠道、多种经营方式和减少流转环节的"三多一少"的开放式经营的新的运行机制。❶

一、我国"三多一少"工业品流通体系的形成

针对我国商业流通领域长期存在的国有商业独家经营、渠道单一、流通不畅而难以负担为生产和生活服务的重任的状况，国家提出了以国营商业为主导，多种经济形式、多种经营方式、多条流通渠道并存的少环节、开放式商品流通体制改革模式。"三多一少"流通体制目标模式的提出，对于解决我国城市工业品流通渠道中存在的统得太多、管得太死、经济成分单一、不必要的中间环节过多等问题，打破封闭、僵化的局面起到了巨大的推动作用。

"多渠道"是针对改革开放前长期形成的单一渠道、独家经营而言的。随着商品生产的不断发展和流通规模的不断扩大，商品从生产领域到消费领域转移的流量和速度相应增加，改单一渠道为多渠道是生产发展和客观经济规律的要求。

"少环节"是指改变过去"一级批发—二级批发—三级批发—零售"的封闭式流转程序和按环节倒扣作价的原则，按照经济合理的流向组织流通，去掉不必要的中间环节。改革工业品批发体制，首先是改革供应站点设置和管理，改革工业品一、二、三级批发层次，将商业内部层次倒扣作价办法，改为以批发牌价作基础，按批量作价或协商作价，同时着手创建贸易中心。在僵化的旧流通体制下，条块分割，地区封锁，按行政区域设置商业机构，无视不同商品的产销特点，全部实行"三固定"（固定供应区域、固定供应对象、固定倒扣作价方法）的办法，经过一级、二级、三级批发，再到零售环节逐级流转，形成了一些不必要的中间环节。扩大商品生产，搞活城市商品流通，客观上需要减掉这些不必要的中间环节。

改革开放30多年来，我国打破了传统的"三级批发、三个固定"的流通模式，工业品可以自由交换和流通。在工业品流通过程中，零售商可以自主选择供货商、自主选择进货渠道、自主选择价格，工业品生产企业可以自主销

---

❶ 发展和改革蓝皮书：中国改革开放30年［M］. 北京：社科文献出版社，2008.

售、选择代理人销售、选择不同的区域销售，使流通领域出现了新的活力。

"三多一少"流通体制改革目标提出后，国家通过放开城市市场准入和发展城市贸易中心、综合或专业商品交易市场以及各种形式的零售网点，逐步建立了国营商业、集体商业、个体商业、工业自销、贸易中心、零售商业网点等多渠道的商品流通。其中，城市贸易中心成为三级批发体系解体后十分重要的流通渠道。在城市贸易中心，商业、工业企业，全民、集体、个体企业，本地、外地企业，计划外、非计划商品都可以进入；既可以自营、联营，也可以代购代销、代储代运、代加工；既可以大批量与小宗买卖相结合，也可以自营业务与代理业务相结合。城市贸易中心的建立，对开拓城市市场，减少流通环节起到了重要作用。

"三多一少"是流通体制改革的重大突破，对城市商品流通的发展具有深远意义。"三多一少"流通模式，坚持以国营商业为主导，国营、集体、个体一起上的方针，打破了国营商业独家经营的局面。同时，允许零售商业多渠道采购，允许工业产品自销和农民短途贩运，开放城乡集市贸易等。这使商品流通不畅、经营方式呆滞、环节过多、渠道单一的局面得以改进，促进了城市工业品流通的快速发展，并使得城市商品流通体制改革得以顺利进行。

二、改革开放前我国工业品流通体系的构建与发展

新中国成立以后，我国工业品流通行政管理组织体系经历了多次调整与变革。新中国成立初期，由于流通混乱，经济崩溃，客观上要求国家凭借政权力量，迅速集中资源，建立一种高度集中的工业品流通行政管理体系；但自成体系、自给自足的自然经济观念在我国有很深的社会历史基础，我国自成体系、部门分割式的流通管理模式的形成与此有很大联系；对苏联高度集权的计划经济模式的模仿，产品经济与计划经济理论的盛行，为我国形成全能直接干预型的流通行政管理组织模式提供了理论基础。

(一) 流通机构变革历程

从1949年至1979年，我国工业品流通行政管理组织体系经历了多次分化整合，逐步形成了一种高度集中的部门分割式的流通行政管理组织体系。

(1) 1949—1952年，集中统一的流通行政管理模式。新中国成立之初，流通领域秩序混乱，投机横行，物价飞涨，国家迫切需要将流通统管起来。1949年，中央人民政府成立了贸易部，统一管理国内外贸易；在贸易部领导

下，国家成立了 15 个全国性专业总公司，这些公司既是行政管理组织，也是经营单位；同时成立了中华合作社联合总社，并在地方建立了各级相应机构，分别受本级政府和上级主管部门双重领导。

（2）1952—1957 年，形成部门与城乡分割的管理体制。我国从 1953 年开始了大规模的经济建设。此时的流通行政管理组织体系已不能适应国家流通管理的要求：首先，贸易部的设置专业分工不够细，不能有效覆盖需要管理的领域；专业公司按照行政区划逐级调拨商品，造成商品迂回运输，同时由于兼有行政管理与经营双重职能，造成经营效益差；国家合作社系统与其他行政管理机构在职能上有重复交叉。对此，国家对流通行政管理体系进行了一系列变革：将贸易部拆分为商业部、外贸部，并分设粮食部、农产品采购部、水产部、城市服务部。其次，将专业公司的行政管理与经营职能分开，在各级公司下分别设一级批发站（中央级）、二级批发站（省级）、三级批发站（县级）和零售业务部，按照"三固定"（固定供应区域、固定供应对象、固定倒扣作价方法）的办法，层层分配商品，形成了国营商业独家经营、"三固定"、"三级批发"的单渠道、封闭式流通格局。

（3）1957—1970 年，流通行政管理职权的放与收。在社会主义改造基本完成后，国营流通企业大量增加，对他们实施直接的行政管理仅靠中央部门是不行的，需要发挥地方政府在流通行政管理中的作用。1957 年，国家又对流通行政管理组织体系进行调整：首先将一级、二级批发站层层下放到地方政府管辖；其次将各专业公司并入商业部系统，成为其专业贸易局；最后商业部系统、城市服务部系统与供销总社系统合并为一个商业部系统。在后来的三年困难时期，工农业减产，由于专业公司撤销，企业下放，出现了地区间的商业封锁，加剧了市场供应紧张。因此，又恢复了专业公司，将行政权力集中回来，并恢复了供销社系统和集市贸易，重新肯定了国营商业、供销社商业、集市自由贸易三条商品流通渠道。

（4）1970—1975 年，流通管理出现停顿。"文革"期间，由于专业管理干部下放改造，生产流通停顿，需要管理的业务减少，因此进行了机构合并和权力下放：商业部、粮食部、供销社、工商行政管理局合并，撤销专业公司，关闭集市贸易；一级批发站、部管商品下放，计划、财务、基建管理权和物资分配权也逐一下放。

（5）1975—1978 年，流通行政管理机构恢复。由于权力下放过多，机构与人员精简过多，而流通管理方式与政府职能并未转变，因此流通行政管理出现混乱，国家只好将行政权力上收，原来合并的机构重新恢复。传统计划经济时期，由于生产资料工业品不是"商品"，因此主要采取计划经济手段进行计划调拨，同时生产资料产品又具有"商品"的外壳，即在全民所有制经济、集体所有制经济中间进行流通时，因为所有制的不同，因此要进行相应的"核算"。

计划经济体制下的三级批发站几乎垄断了整个城市工业品流通市场，是产品由生产领域进入消费领域的唯一途径。批发商品贸易额占社会商品销售总额的比重达到90%以上。因此，在改革开放前，我国城市工业品流通一直处于高度集中和封闭的状况。这种流通体系由于按行政区域组织体系并按隶属关系分配商品，不仅导致机构重叠、部门分割、地区封锁现象十分普遍，而且由于这种流通体系环节多、流转慢、占压大、费用高、效益低，严重阻碍了商品经济的发展，特别是随着工农业生产的迅速增长，商品市场规模不断扩大，客观上要求进行进一步的变革。

（二）计划经济体制时期的流通体系特征

计划经济时期，我国流通行政管理建成了一套在产品经济理论基础上按部门原则建立起来的高度集中的组织体系，这与当时我国的计划经济运行机制和政府职能是相适应的。

（1）全能型政府。此时的流通行政管理机构不是以弥补市场失灵的身份出现的，而是完全替代了市场。政府不仅管理宏观流通体系，还直接控制微观经济，管理机构几乎控制了从生产到消费的全部流通过程，每个环节都渗透着行政力量的垄断与集权，政府是全能型的政府。

（2）纵向垂直的部门流通行政组织体系。这时期的流通行政管理组织体系是一种纵向部门化的行政组织体系，各部门对体系内的流通企业实行严密的纵向行政控制，部门体系间在管理上呈严重的行政分割。国家中央、省、县三级流通行政管理组织是垂直管理的；在各级管理部门下建立的按产品分工的专业公司也是总公司、省公司、县公司三级纵向管理，批发零售经营也按一级批发、二级批发、三级批发、零售等垂直分工；供销社系统与国营商业系统在城乡进行分工，各自的纵向体系也覆盖全国。这种纵向组织体系具有强烈的等级行政管理特征。

（3）主体管理为重心、部门利益为出发点，形成城乡分割的流通管理体制。管理的重点在于对系统内的流通主体进行人与事的管理，而不是从社会角度管理企业的流通行为。流通主体按照行政隶属关系划分，形成了一种自上而下分配调拨、靠行政手段统购包销的运行机制。这样的企业与其所属行政管理部门必然形成荣辱与共的部门利益，国家利益被分割为部门利益，国家所有制被具体化为部门所有制，所以，流通行政管理组织的一切管理活动必然以维护本部门的利益为出发点。与此同时，按城市与农村、工业品与农产品划分流通管理部门，是今天最终形成城乡市场分割的原因之一。

三、改革开放后我国工业品流通体系的构建与发展

改革开放以来，为适应从高度集中的计划经济向社会主义市场经济体制转变，我国政府机构进行了多次调整改革。相应地，伴随流通体制的变革，我国流通行政管理体系也经历了多次变革，逐步从部门分割式的行业管理向公共规制管理转变，流通行政管理组织的职能与流通企业的关系也发生了重大变化。

（一）我国工业品流通行政管理机构的变革历程

（1）以精简、规范为核心的第一次机构改革（1982年）。"文革"时期的机构合并是由于经济建设的全面停顿。1978年后，国家行政机构恢复正常运转，并将工作重心转向经济建设，但是行政管理职能与管理方式没有改变，因此流通行政管理部门的机构、人员数量很快膨胀起来，并伴随产生一系列问题，迫切需要精简机构，组织规范化。1982年3月开始的机构改革，主要是规范年龄、素质要求与精简机构。原商业部、粮食部和供销总社再次合并为商业部；17个专业局调整为18个专业公司，但仍行使行政管理与企业经营两项职能；国家进出口管理委员会、对外贸易部、对外经济联络部、外国投资管理委员会合并为对外经济贸易部。

（2）以转变政府职能为目标的第二次机构改革（1988年）。1988年4月开始的机构改革，提出政府的经济管理部门要逐步淡化微观管理职能。随着集中计划式的流通管理体制被打破，部门分割式的流通管理暴露出许多问题：政出多门、缺乏统一规划与宏观指导、流通秩序混乱、行政系统内流通与系统外流通不平等竞争等。因此，在1988年的改革中，提出商业部要改变只管国营商业、粮食、供销社的状况，逐步由部门管理向统一管理社会商业转变，行使制定商业政策、宏观指导、统一协调各种经济成分与渠道流通活动的职能。

（3）以精简部门、规范行政制度为方向的第三次机构改革（1993 年）。1993 年的改革加强了综合经济部门职能，精简了专业经济部门，有些改为行业总公司、集团公司，有些撤并，并建立完善国家公务员制度。商业部与物资部合并，成立国内贸易部，统管全国各类商品和物资的流通，国家对外经济贸易部更名为对外贸易经济合作部。此次改革流通行政管理部门继续缩减，但由于市场调控机制不完善，流通企业仍都有一个上级主管部门，部门行政管理的架构未完全打破。不管由哪个部门统管流通，以部门分割为特征的多头流通管理问题没有得到解决。而且随着国家行政权力向地方逐步下放和相应的财税体制改革，地方利益得以形成和深化，在地区利益驱使下流通中出现了严重的地方保护和市场割据现象。

（4）结束专业经济部门管理方式的第四次流通机构改革（1998 年）。伴随着市场经济体制的逐步建立和行政改革的深化，1998 年开始的机构改革撤销了一大批专业经济管理部门和行政性公司，国务院组成部门由 40 个减至 29 个。为彻底转变政府职能，全国推行政府机关与所办经济实体和所管理的直属企业脱钩的政策，将社会可以自我调节与管理的事务交给社会中介组织。国家撤销国内贸易部成立国内贸易局，与其他撤部建局的专业经济管理机构一起，并入国家经济贸易委员会。国家经济贸易委员会成为统管工业商贸，通过制定产业政策对各行各业协调发展进行调控的管理机构。

（5）着力构建新型流通行政职能体系的第五次机构改革（2003 年）。1998 年的改革为完成政府职能彻底转变提供了组织保障，但是流通行政管理中政府越位、缺位、错位现象仍然同时存在，流通秩序混乱，其主要原因在于政府和市场的定位还没有完全理顺，机构撤并后新的职能体系与政府行为规范没有构建起来。2003 年 3 月开始的新一轮机构改革中，撤销了外经贸部和国家经贸委，组建商务部。新的商务部作为主管国内外贸易和国际经济合作的部门，其主要职责是：研究拟定规范市场运行和流通秩序的政策法规，促进市场体系的建立和完善，深化流通体制改革，监测分析市场运行和商品供求状况，组织开展国际经济合作，负责组织协调反倾销、反补贴的有关事宜和组织产业损害调查等。

（二）我国工业品流通组织体系变革的主要特点

（1）组织职能的转变以市场为取向。我国的多次流通行政管理改革始终沿着一条"发挥市场机制在资源配置上起基础作用"的路线向前推进，逐步缩小政府对流通企业经营的直接干预。政府对市场的管理由直接参与商品的收购、分配、调拨定价等活动，向通过建立完整的市场规则，对市场主体和主体行为依法进行规范的方向转变。实践证明，这种做法有利于提高商品流通效率，有利于促进商品市场的繁荣。

（2）在组织架构上，实行机构收缩与向地方分权。为减少政府对流通的干预并打破部门分割，我国流通行政管理改革采取先破后立的方法，先是逐步收缩合并流通管理部门，将对流通企业的管理权逐步下放给地方政府，在时机相对成熟后，实现政府与企业的彻底脱钩，完成流通行政管理机构与职能的重新构建。

（3）政府在变革过程中履行主导过渡的特殊职能。西方发达国家市场经济经历了较长的发育过程才渐趋成熟，而我国要在短时间内实现从计划经济向市场经济的根本转变，只能由政府执行市场化改革的推进职能，即政府要承担培育市场、建立健全市场机制、向公众灌输市场经济观念、调整改革中的利益冲突等职能，必要时还需在一定程度上替代市场配置资源。流通行政管理组织在我国流通领域改革中承担的这种主导过渡职能，在市场发育日渐完善后，要逐步撤销和弱化，否则无法改变政府主导型流通经济。

（4）由于渐进式改革的不完善而存在转型问题。试点式、梯度化、非均衡的改革造成地区间流通发展的不均衡，向地方放权而又未能对地方进行有效规范，财政分权形成了地方利益，这些都是形成市场割据的源头。在渐进式改革的过渡期内，各种双轨制的流通行政管理方式为"寻租"提供了机会，并形成了新的既得利益者，成为进一步改革的阻力。有些政府部门表面上退出行政序列，用公司换下部、局的牌子，但仍利用行政权力从事经营活动，掩盖了实质上的政企不分，与市场化改革的初衷背道而驰。许多管理者由于能力不足和腐败造成的过失，很容易推诿给市场机制的不健全，而法制建设的滞后，也使得形成依法规制型行政管理模式还有待时日。由政府部门转化而来的行业协会等中介组织仍带有行政色彩，这是民间市场主体自律组织发育缓慢的原因之一。虽然流通行政管理机构已逐步放弃传统的"划桨"职能，但尚未建立"掌舵"职能；社会化组织还未有效承担起"划桨"职能，造成政府缺位和社会公共服务组织的不到位。

第四节 批发流通与零售的相关理论

一、流通产业内涵的界定

流通产业的概念目前还很不统一，不同的国家或地区均有自己的标准，我国学术界对流通产业的认识也有较大分歧。中国人民大学林文益教授（1995）认为流通产业是指整个流通领域里所包含的产业部门，主要有商业、物资贸易、仓储业、邮电通信业、金融业、保险业等❶；张绪昌教授（1995）认为：流通产业是一个完整的产业体系，包括流通加工业、流通配送业、流通信息业、流通仓储业、流通科技业以及其他相关的行业❷。东北财经大学夏春玉教授（1998），对照国际产业标准，认为流通产业相当于联合国国际标准产业分类中的"批发与零售商业及运输业与仓储业"❸。

首都经贸大学祝合良教授认为，应区分商业服务业、商务服务业、商贸流通业和商贸服务业四个概念的联系与区别。①商业服务业，是指商业活动中直接关系人们日常生活的服务业，是现代商业和服务业的重要组成部分，包括两大部分：一是通过营业设备或劳务技术为人们生活提供商业服务，主要有旅店业、理发业、美容业等；二是利用一些原材料，通过技术加工、制作和修理，为人们生活提供商业服务，主要有照相业、洗染业、修理业等。对照我国《国民经济行业分类》（GB/T4754—2002）标准，商业服务业包含在第三产业中的"住宿和餐饮业""居民服务和其他服务业"两大门类中。②商务服务业，是指各种商业主体为交易活动提供生产性服务的服务业，对照我国《国民经济行业分类》（GB/T4754-2002）标准，商务服务业包含在"租赁和商务服务业"门类中，主要包括企业管理服务、法律服务、咨询与调查、其他商务服务如会议及展览服务、包装服务等。③商贸流通业，是在国务院 2007 年3 月 19 日下发的《关于加快发展服务业的若干意见》中首次正式提出来的，至今还没有明确的定义，一般认为是指国民经济中从事商品和服务交易活动的产业。具体包括专门从事商品或服务的批发、零售、物流、餐饮业以及工农业

---

❶ 林文益. 贸易经济学 [M]. 北京：中国财政经济出版社，1995.

❷ 张绪昌，丁俊发. 流通经济学 [M]. 北京：人民出版社，1995.

❸ 夏春玉. 现代商品流通与政策 [M]. 北京：东北财经大学出版社，1998.

领域自行开展的购销活动。④商贸服务业，从我国实际情况看，商贸服务业可以概括为从事商品流通、商业服务和商务服务活动的产业。具体包括三大类：一是从事商品流通的批发、零售、电子商务和物流业；二是从事商业服务的住宿和餐饮业、居民服务业；三是从事商务服务活动的商务服务业。

根据《国民经济行业分类》（GB/T4754-2002），流通产业包括：①批发与零售业；②住宿与餐饮业；③租赁与商务服务业；④居民服务和其他服务业。此外，商品的物流分别包括在交通运输、仓储和邮政业中，电子商务（网上交易）包括在信息传输、计算机服务和软件中。

笔者认为流通产业是专门从事商品流通活动的经济组织或部门的集合，是第三产业中的重要产业，是制造商的制成品经过批发商、零售商至消费者的流通过程。按照从生产到消费的流转过程中所提供的服务范围不同，可将流通产业划分为广义和狭义的流通产业。广义的流通产业是指商品所有者一切贸易关系的总和，是商流、物流、信息流和资金流的集合，包括批发、零售、物流、餐饮、信息和金融等诸多行业。狭义的流通产业仅仅指批发、零售、餐饮和物流四个产业。统计上所说的流通产业一般只是包括狭义流通产业概念的前三项，因此，笔者认为现阶段的流通业产值仅指批发、零售和餐饮业，是不完全的流通产值。

二、批发的功能与作用

批发（wholesale）是把商品和服务销售给以转售为目的的商业机构或产业用户的流通活动。与零售商直接向最终消费者销售商品不同，批发商的顾客是排除个人或家庭这些最终消费者以外的消费主体。包括向零售商销售商品的活动；向工厂、饭店等销售原材料、生产资料的活动；向学校、企事业机构等销售办公用品的活动；向国外出口商品时，非直接向最终消费者销售的出口活动，等等。零售与批发的区别依据与销售者无关，而取决于他们的销售对象。

由于批发在商品流通过程中扮演着制造商和用户之间的中间人角色，从而决定了它在商品流通过程中具有如下功能。

（一）供求结合、集散商品、节约成本[1][2]

批发商首先具有的功能就是供求结合功能。这是具有买卖集中和社会化性

---

❶ 铃木武. 现代流通论［M］. 东京：多贺出版社，2001：104-105.

❷ 久保村隆佑. 商学通论［M］. 东京：同文馆，1999：84-85.

质的商业必然承担的职能，即形成中间结合部门，使社会的交易次数减少，这是交易次数节约或交易次数简化原理。该原理以其提出者玛格丽特·霍尔（Margaret Hall）的名字被命名为霍尔第一原理（Hall First Principle）。

在发挥这项功能时，批发商从许多生产者（供给者）那里购入商品，再向许多零售商（顾客）销售。一般来说，制造商的生产批量大且品种单一，而零售商或产业用户的一次需要量要小于制造商的生产批量，且品种也较多。为了调节生产与需要之间存在的品种与数量的矛盾，在制造商与零售商之间、制造商与产业用户之间就需要一个中间调节者——批发商。因此，集散商品是批发的首要职能。另外，调节供求也是商品流通的重要职能。在社会化、专业化生产条件下，生产（供给）与消费（需求）不仅在时间上是分离的，在空间上也是分离的，为了调节生产与消费在时间与空间上的矛盾，客观上就需要有专门的流通机构，而作为重要的流通机构的批发商正是调节这一矛盾的主体。

从全社会来说，流通成本是指花费在商品流通过程中的各种费用，包括商流和物流费用。商流费用是指用于商品交易即商品所有权转移的费用，主要有搜寻费用、谈判费用、签约及履约费用等；物流费用是指用于商品实体流通的费用，主要有运输费用、储存保管费用等。批发商的存在，不仅可以节约商流费用，因为批发商的存在可以节约商品交易次数；而且可以节约物流费用，因为批发商的存在可以节约储存保管费用。

（二）信息提炼与传递

批发商作为市场信息的"蓄水池"，担当着重要的职能角色，其能够担负起信息传递职能是由其在商品流通过程中的地位决定的。在集散商品的过程中，批发商既可以获得来自制造商（商品供给者）的信息，也可以获得来自零售商（商品需求者）的信息，从而可以进行供求信息的比较分析，并将分析、加工后的信息分别传递给制造商和零售商，进而有利于制造商或零售商制定科学的生产经营决策。一般来说，批发商向制造商提供的信息主要是从零售商那里收集来的有关商品流行趋势的变化和最终消费者的需求动向等，制造商据此制定产品开发计划、产品生产计划及价格策略；批发商向零售商提供的信息则主要是关于制造商的新产品信息和商品流行趋势等。

（三）流通加工

批发商在进行批发业务时，不是单纯地将从制造商那里采购的商品原封不动地再销售出去，而是要对采购的商品进行分类、分级、分等、整理、编配、包装和初加工，即流通加工（processing），以增加商品的可流通性，适应再销售者或其他产业用户的需要。批发商加工能力的强弱，直接影响其对用户的服务质量，进而直接制约批发商的竞争能力和经营水平。实践证明，具有竞争实力的批发商，其流通加工能力也很强。

（四）物流运输与配送

批发商在执行供求结合功能时，只有契约和文件，并不等于发生了实际的消费活动，不把实物送到消费者和用户手里，就没有意义，因此，运输、配送活动就必不可少。批发商对供求的调节不仅要通过商品所有权即商流来实现，而且还要通过商品实体的转移来实现，将商品送到用户手里。尽管从全社会来看，大部分商品的运输要由专业化的运输商来承担，但是，对批发商来说，具备一定的商品运输能力，以便向零售商提供及时、便利的运输和配送服务仍是十分必要的。

（五）库存调整

批发商通过集中储存，并按实际需要向零售商及时补充库存，不仅可以降低用户的库存量，降低零售店库存的不确定性风险，而且可以降低全社会的商品库存量。批发商的这种社会存储功能或"蓄水池"功能，也被称作霍尔第二原理（Hall Second Principle）。批发商通过"蓄水"（从制造商采购商品）与"供水"（向用户销售商品）来调节商品供求，保证商品流通的顺利进行。为保证商品在存储过程中的安全，批发商不仅需要一定的储存场所与设施，而且还要实施科学的仓库管理，承担商品保管的职能。

（六）流通金融与风险分担

流通金融就是指批发商向制造商、零售商或个人消费者提供的商业信用，具体形式有分期付款、赊销、信用卡、各种购物券及消费信贷等。批发商向制造商特别是中小型制造商和零售企业提供金融支持，可以解决制造商和零售商在生产经营资金上的困难，有利于制造商、零售商建立长期、稳定的合作关系，巩固自己的货源和销售基地，从而保证经营的持续、稳定，增强竞争力。

商品在流通过程中，既存在破损、腐烂、变质、潮湿等物理化学风险，也有被盗、欺骗、伪造、模仿等道德风险，还有价格下降、商品过时、呆账、坏账等经济风险。由于批发商是商品的集散者，自然也是这些风险的主要承担者。批发商可以利用自己的经营经验、专业知识和管理能力，有效地利用社会保险机制对上述风险进行防范与规避，因而也是上述风险的主要化解者。

（七）销售支援

即批发商为了促进零售商的订货，通过诊断、咨询帮助零售商研究、制订营销方案并指导零售商的经营活动。随着商业竞争的日益激烈，能否向零售商提供销售支援，以及提供销售支援的质量如何，已经成为批发商能否维持生存与发展的重要手段，因此已经成为批发商业的一项必备功能。

批发商向零售商提供的销售支援主要有：①根据零售商的店铺条件和顾客阶层帮助零售商选择、确定商品；②根据实际情况指导零售商的店铺设计和商品陈列；③指导零售商进行有效促销；④派人协助零售商进行销售等。❶

三、零售相关理论❷

零售是向最终消费者个人或社会集团出售生活消费品或非生产性消费品及相关服务，以供其最终消费之用的全部活动。零售的功能是组织货源、提供服务、安全保障、提供环境、金融功能、收集与传递市场信息。

零售商是指以零售活动为基本职能的独立的中间商，介于制造商、批发商与消费者之间，以营利为目的从事零售活动的组织（见图3.3）。

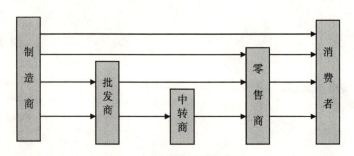

图3.3　消费品流通路径

零售商活动的特点是交易规模小，交易频率高；即兴购买多，且受情感影响较大；去商店购物仍是顾客的主要购物方式；对店铺选址和设计有较高的依赖度；经营活动受制于商圈大小。图3.4为零售商活动要素组合。

❶ 铃木武. 现代流通论［M］. 东京：多贺出版社，2001：107.

❷ 巴里·伯曼（Barry Berman），乔尔·R. 埃文斯（Joel R. Evans）. Retail Management：A Strategic Approach［M］. 北京：中国人民大学出版社，2004：109-126.

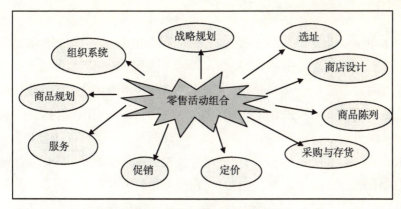

图 3.4　零售商活动组合要素

（一）零售轮转理论（Wheel of Retailing Hypothesis）

零售轮转理论又被称作零售车轮理论、零售之轮理论，是美国哈佛商学院零售专家 M. 麦克尔教授提出的。他认为，零售组织变革有着一个周期性的像一个旋转的车轮一样的发展趋势。如图 3.5 所示，新的零售组织最初都采取低成本、低毛利、低价格的经营政策。当它取得成功时，必然会引起他人效仿，结果，激烈的竞争促使其不得不采取价格以外的竞争策略，诸如增加服务、改善店内环境，这势必增加费用支出，使之转化为高费用、高价格、高毛利的零售组织。与此同时，又会有新的革新者以低成本、低毛利、低价格为特色的零售组织开始问世，于是轮子又重新转动。超级市场、折扣商店、仓储式商店都是沿着这一规律发展起来的。

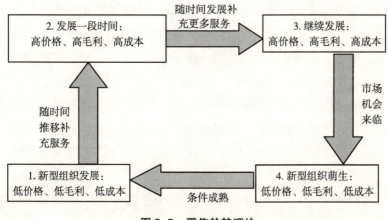

图 3.5　零售轮转理论

63

（二）手风琴理论（Retail Accordion Hypothesis）

由 E. Brand 于 1963 年首先提出，再经 S. C. Hollander 于 1966 年加以发展并命名。手风琴理论又称为综合—专业—综合循环理论、手风琴模式和伸缩模式，它是用拉手风琴时风囊的宽窄变化来形容零售组织变化的产品线特征。手风琴在演奏时不断地被张开和合起，零售组织的经营范围与此相似地发生变化，即从综合到专业，再从专业到综合，如此循环往复，一直继续下去。它是一种关于零售商演变的周期性理论。零售企业经营范围是不断从综合化向专业化再向综合化方向循环发展的，每一次循环不是过去的重复，而是赋予新的内涵，从而出现了不同的零售组织。按这一理论，美国等西方国家零售业大致经历了五个时期：一是杂货店时期，二是专业店时期，三是百货店时期，四是超市、便利店时期，五是购物中心时期（见图 3.6）。

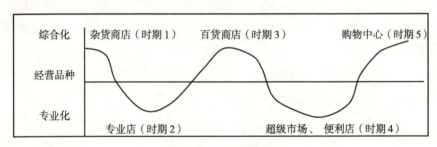

图 3.6　手风琴理论

（三）自然选择假说（Natural Selection Hypothesis）

自然淘汰理论是直接从达尔文的自然选择理论派生出来的。这一理论的主要内容是：零售组织的发展变化必须要与社会经济环境相适应，诸如生产结构、技术革新、消费增长及竞争态势等。零售组织越能适应这些环境变化，越是能生存至永远，否则将会自然地被淘汰或走向衰落。适者生存的思想，是公认的真理。对于某种零售组织来说，总是产生在一个与其环境相适应的时代，但环境不是僵化不变的。当环境变化时，就极有可能与零售组织的发生不协调。因此，任何一种零售组织都难以永远辉煌。要生存和发展，就必须不断进行自我调整，适应变化的环境。当然，调整也不是无限的，当调整冲破了原有零售组织的局限，就表明这一类型组织将消亡。例如，在第二次世界大战后，美国社会经济环境发生了巨大变化，城市人口向郊区转移，这使得位于市中心的百货商店由于地理限制、交通拥挤、停车困难、客流量减少等原因，业务经营遇到了困难，而在市郊的购物中心则蓬勃发展。

（四）辩证过程理论（Dialectic Hypothesis）

这是根据黑格尔哲学中的正、反、合的原理来说明零售组织发展变革的规律。就零售业来说，辩证模型是指各零售组织面对对手的竞争相互学习并趋于相同。"正"是指旧零售组织，"反"指其对立面，"合"则是前两者竞争的产物。在新旧零售组织竞争过程中，两者相互融合，最后产生了兼有前两者零售形式的经营特点，但又与它们有明显不同的一种更新的零售组织。当一个企业遇到具有差别优势的竞争者的挑战时，将会采取某些战略和战术以获取这一优势，从而消除创新者的部分吸引力，同时革新者也不是保持不变。革新者总是倾向于按其否定的企业的情况改进或修正产品和设施。这种相互学习的结果，是两个零售企业逐渐在产品、设施、辅助服务和价格方面趋向一致。他们因此变得没有差别，至少是非常相似，变成一种新的零售企业，即合题。这种新的企业会受到新的竞争者的"否定"，辩证过程又重新开始。辩证过程理论带有普遍性，它揭示了零售组织发展变化的一般规律，即从肯定到否定，再到否定之否定的变化过程。但是，这一规律描述得过于抽象，并把不同程度的变化等同起来。实际上，不少正、反、合的变化并没有引起组织形式的更替，只是各种零售组织自身进行了反向调整。

（五）生命周期理论（Retail Life Cycle Hypothesis）

这种理论认为，如同产品生命周期一样，零售组织也有生命周期。随着时代的发展，每一个零售组织都将经历创新期、发展期、成熟期、衰退期四个阶段。这种理论分析了各零售组织从创新到成熟的间隔期，并对各个阶段零售组织的特点做了描述，提出了处于不同阶段的各零售组织可采取的相应策略。在创新期，经营方法的革新和改良促使新的业态产生，但新业态的经营特点还未被消费者理解，市场占有率很低。另外，由于新业态的开发成本、店铺投资费用较高，往往很难获得利润。在发展期，新业态在这一阶段开始被消费者接受，也得到业内的理解，市场占有率迅速提高，但模仿者也显著增加，导致现存业态与新业态之间即异业态竞争日益激烈。这时先进入者开始迅速扩张，利润率上升。在竞争阶段，竞争企业进一步增加，新业态之间的竞争加剧，同时伴随组织规模扩大造成的间接费用增加，利润率开始下降，在这一阶段主要表现为同业态竞争。到成熟期以后，业界主要企业市场占有率已开始出现滑坡，销售额仍很大但是利润率下降，新业态的特征逐步丧失，为另一种新业态的产生提供重要的契机，业界主要以差别优势进行竞争，市场趋于稳定。衰退期，由于消费者购买行为的变化和新业态的出现，市场明显萎缩，整个行业地位都在下降，最终退出市场。

(六) 商品攀升理论

商品攀升理论是从零售组织的产品线角度解释其发展变化的。它说明的是零售组织不断增加其商品组合宽度的规律，当零售组织增加相互不关联的或与公司原业务范围无关的商品和服务时，即发生了商品攀升。商品攀升现象的发生源于以下原因：零售商希望扩大销售规模；卖得快的和毛利高的商品和服务不断加入；消费者的购买冲动越来越多；消费者热衷于一次购齐；竞争对手的压力。此外，零售商原经营产品线的需求可能下降，使其不得不增加产品线宽度以稳定顾客基础。

四、发达国家零售业态演进规律

结合对零售业态演进原理、演进动因的分析以及美、日、德等市场经济发达国家零售业发展经验的借鉴，可以对零售业态结构变动演进规律做出如下概括。

(1) 多业态并存发展是现代零售业态结构的一般特性和基本属性。

(2) 零售业态结构是一种动态均衡。在相对稳定的业态形式和外部环境条件下，业态结构会形成均衡的态势；而随着新型业态的导入、成长或原有业态的规模扩张，原有均衡态势会被打破，并在新的结构水平下形成新的均衡。

(3) 在零售业的发展中，以连锁和自我服务为主要特征的现代零售业态将逐步取代传统零售业态，成为最终消费品的主要供给方式，从而占据零售业态结构中的主导地位。

(4) 业态结构会受到所在国家或地区的经济、社会环境的影响。一个国家或地区在经济发展的不同阶段，业态结构会有所不同；而在同一经济水平上，国与国之间、地区与地区之间的业态结构也会存在差异。

总之，零售业态结构的生成与演进是有前提条件的：每一次业态结构的变动都与人口、购买力之间保持着合理的互动关联；业态之间比例结构的变动，是各业态发挥各自特色、承担不同功能、形成协同经济效应、推动零售业整体强化效率取向、更好地满足消费需求的过程；零售业结构不以大小多少论优劣，只要生成的业态结构能保持竞争合作关系，保持各业态并存共荣的互动局面，产生良性循环的运作效果，就是合理有效的业态结构。

五、中国零售业发展趋势

中国零售业曾以每年翻番的门店扩张速度，开启了中国零售业高速增长的"黄金十年"。但经历一番粗放式的野蛮增长后，传统零售业遭遇瓶颈。随着电子商务的冲击，靠传统店铺物理网络布局的零售模式已难以为继。零售企业扩张店铺的模式开始暴露风险，整个传统零售业呈现增速放缓、利润下滑的趋势。造成传统零售业的困境不是偶然的，其原因可归纳为资本对零售业的兴趣下降、电子商务的冲击、传统零售业模式弊端渐显、成本增加四个方面。自2008年国际金融危机爆发以来，世界经济跌宕起伏，贸易保护主义和反区域经济一体化的倾向逐步抬头，实体经济面临错综复杂的环境，世界经济前景难以乐观，我国经济也受到了前所未有的挑战。除成本、资金等因素外，面临三方面压力，即重复建设、扎堆上马；需求萎缩、市场低迷；国际竞争对手的打压。面对严峻形势，我国必须实现经济转型升级。随着行业竞争的不断加剧，大型零售企业间并购整合与资本运作日趋频繁，国内优秀的零售企业愈来愈重视对行业市场的研究，特别是对产业发展环境和消费者购买行为的深入研究。

未来五年，我国零售百货行业发展的着力点不在于追求更高的增速，而在于正确处理好增长速度与结构、质量、效益、环境保护等的重大关系，改善和提升产业整体素质，着力提高技术创新能力、国际竞争力和可持续发展能力。零售百货行业应积极培育和健全企业创新机制。加大研发投入和人才储备，提升创新能力，重点突破制约产业价值链提升的关键环节，加快发展研发、设计、标准、物流、营销等生产性服务环节，促进生产服务化和服务知识化。建立新的技术和生产体系，以生产效率的提升抵消、对冲成本上升带来的压力。

六、流通渠道理论[1]

在现代市场经济条件下，生产者与消费者之间在时间、地点、数量、品种、信息、产品估价和所有权等多方面存在矛盾和差异。企业生产出来的产品，只有经过一定的渠道才能在适当的时间、地点，以适当的价格提供给广大消费者，从而克服生产者与消费者之间的差异和矛盾，满足市场需要，实现企

---

[1] 菲利普·科特勒. Marketing Management [M]. 北京：清华大学出版社，2006：490-516.

业的市场目标。分销渠道理论涉及分销渠道的概念、职能、类型等内容。

（一）分销渠道与市场营销渠道

①分销渠道（Distribution Channels）是指某种产品和服务在从生产者向消费者转移的过程中，取得这种产品和服务的所有权或帮助所有权转移的所有企业和个人。分销渠道包括经销商（因为它们取得所有权）和代理商（因为它们帮助所有权转移），还包括处于渠道起点和终点的生产者和最终消费者或用户，但是不包括供应商和辅助商。②市场营销渠道（Marketing Channels）是配合或参与生产、分销和消费某一生产者的产品和服务的所有企业和个人。即市场营销渠道包括某种产品产销过程中的所有有关企业和个人，如供应商、生产者、经销商、代理商、辅助商以及最终消费者或用户等。

（二）分销渠道的职能（Distribution Channel Functions）

分销渠道的职能有：①调研信息（Information），是收集制订计划和进行交换所必需的信息。②促销（Promotion），即进行关于所供应物品的说服性沟通。③接洽（Contact），即寻找可能的购买者并与之进行沟通。④配合（Matching），即使所供应的物品符合购买者需要，包括分类、分等、装配、包装等活动。⑤谈判（Negotiation），是为了转移所供物品的所有权而就其价格及有关条件达成最后协议。⑥物流（Physical Distribution）即从事产品的运输、储存。⑦融资（Financing），是为补偿渠道工作的成本费用而对资金的取得与支出；⑧风险承担（Risk Taking），是承担与渠道工作有关的全部风险。

（三）分销渠道的层次与宽度

按流通环节的多少，可以将分销渠道划分为直接渠道和间接渠道、短渠道和长渠道；按各流通环节中间商数目的多少，又可将分为宽渠道和窄渠道两大类型。

1. 直接渠道和间接渠道

这是按生产者是否利用中间商为标准来划分分销渠道类型。①直接渠道是指产品从生产领域转移到消费领域时不经过任何中间环节的分销渠道，是企业采用的产销合一的经营方法。直接分销渠道主要用于分销产业用品。该销售形式有：推销员上门推销、邮寄以及自设销售门市部等。在特定条件下由生产者直接销售，其优越性是销售及时、节约费用、增强推销效率、提供服务、控制价格和了解市场。②间接渠道是指产品生产者不直接面向消费者，而是经过中间商向消费者销售产品的分销渠道。采用这种让中间商介入的具体销售形式有：只经过零售商的、同时经过零售商和批发商的，以及经过零售商、批发商和代理商的渠道。采用间接渠道，能够发挥中间商广泛提供产品和进入目标市场的最高效率。间接渠道利用中间商的销售网络、业务经验、专业化和规模经济优势，通常会使生产者获得高于自营销售所能获得的利润。此外，利用中间商能减少交易次数，达到节约经济的目的。间接渠道的弊端主要表现在生产者和消费者之间有中间商介入，从而把产品生产者和消费者隔离开来，使他们不能直接沟通信息，使生产者不易准确地掌握消费者的需求，消费者也不易掌握生产者产品的供应情况和产品的性能及特点。

2. 长渠道和短渠道

当企业采用间接渠道时，按照经过的流通环节或层次的多少，有长渠道和短渠道之分。连续经过两个以上中间商的分销环节，如同时经过批发商和零售商两个或两个以上环节的渠道就是长渠道；只通过一个中间商的分销环节，如只经过零售商或只经过批发商一个环节的渠道就是短渠道（见图3.7）。

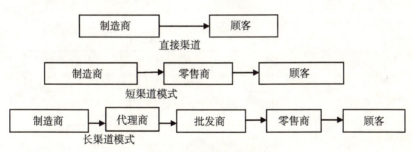

图 3.7 渠道模式类型

3. 宽渠道和窄渠道

生产企业在决定通过运用中间商建立间接分销渠道时，还应根据有关因素来决定中间商的多寡，即在间接分销中是采取宽渠道还是窄渠道的决策。产品生产者通过两个或两个以上的中间商同时并行地销售自己的产品，称为宽销售渠道，如密集分销和选择分销。只选用一个中间商单纯地来销售自己的产品，称为窄销售渠道，如独家分销。

密集分销（Intensive Distribution）指制造商尽可能通过许多负责任的、适当的批发商、零售商推销其产品。消费品中的便利品和产业用品中的供应品通常采取密集分销，使广大消费者和用户能随时随地买到这些日用品；选择分销（Selective Distribution）指制造商在某一地区仅仅通过少数几个精心挑选的、最合适的中间商推销其产品。选择分销适用于所有产品，但相对而言，消费品中的选购品和特殊品最适合采用；独家分销（Exclusive Distribution）指制造商在某一地区仅选择一家中间商推销其产品。通常双方协商签订独家经销合同，规定经销商不得经营竞争者的产品，以便控制经销商的业务经营，调动其经营积极性，占领市场。

（四）分销渠道的类型❶

构成分销渠道的不同环节的企业和个人，叫渠道成员。按渠道成员结合的紧密程度，分销渠道可以分为传统渠道系统和整合渠道系统两大类型，如图3.8所示。

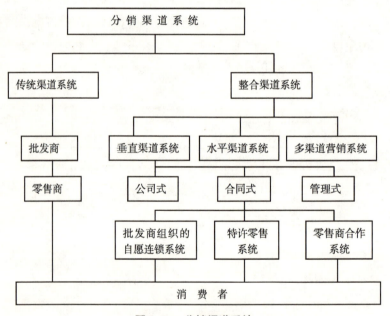

图3.8　分销渠道系统

1. 传统渠道系统

传统渠道系统是指由各自独立的生产者、批发商、零售商和消费者组成的分销渠道。传统渠道成员之间的系统结构是松散的。由于这种渠道的每一个成员均是独立的，他们往往各自为政，各行其是，几乎没有一个成员能完全控制其他成员。随着市场环境的变迁，传统渠道面临严峻挑战。

---

❶ 纪宝成. 商品流通渠道分析［J］. 中国社会科学，1991（6）：105-126.

2. 整合渠道系统

整合渠道系统是指渠道成员通过一体化整合而形成的分销渠道系统，包括：

（1）垂直渠道系统。由生产者、批发商和零售商所组成的一种统一的联合体。某个渠道成员拥有其他成员的产权，或者是一种特约代营关系，或者某个渠道成员拥有相当实力，使其他成员愿意合作。垂直营销系统可以由生产商支配，也可以由批发商或者零售商支配。垂直营销系统有利于控制渠道行动，消除渠道成员为追求各自利益而造成的冲突。在日用工业消费品销售中，垂直营销系统已经成为一种占主导地位的分销形式，占全部市场的64%。垂直渠道系统具体又分为公司式、管理式和合同式三种形式。①公司式。指由一家公司拥有和统一管理若干工厂、批发机构和零售机构等，控制分销渠道的若干层次，甚至控制整个分销渠道，综合经营生产、批发和零售业务。这种渠道系统又分为两种：一种是由大工业公司拥有和管理的若干生产单位和商业机构，采取一体化经营方式。如美国胜家公司在美国各地设有缝纫机商店，自产自销，并经营教授缝纫等服务项目；另一种公司系统是由大零售公司拥有和统一管理若干批发机构、工厂等，如美国零售业巨头西尔斯、罗巴克、大西洋和太平洋茶叶公司等，采取工商一体化经营方式，综合经营零售、批发、加工生产等业务。②管理式。即通过渠道中某个有实力的成员来协调整个产销通路的渠道系统。如名牌产品生产者以其品牌、规模和管理经验优势出面协调批发商、零售商业务和政策，共同采取一致的行动。在西方国家，许多制造商即使是某些大制造商也不可能耗费巨资，建立推销其产品所需要的全部商业机构，因此有些素有盛誉的大制造商，为了实现其战略计划，往往在销售促进、定价、库存供应、商品陈列、购销业务等问题上与零售商协商一致，与零售商建立协作关系，这种渠道系统就是管理系统。例如，美国克拉夫特（Krah）公司积极改善产品包装，广泛开展销售促进，对食品杂货商提供购销业务指导，帮助他们改进商品陈列。③合同式。即不同层次的独立的生产者和中间商，以合同为基础建立的联合渠道系统。如批发商组织的自愿连锁系统、零售商合作系统、特许零售系统等。（A）批发商倡办的自愿连锁。其特点是：首先，自愿连锁（契约连锁）是若干独立中小零售商为了和大零售商竞争而自愿组成的联营组织，参加联营的各个中小零售商仍保持自己的独立性和经营特点。其次，自愿连锁实际上是参加联营的各个独立中小零售商的进货要在采购中心的统一管理下统一进货，但分别销售，实行"联购分销"。再次，西方国家的自愿连锁通常是由一个或一个以上独立批发商倡办的。如英国和德国的自愿连锁是由一个独立批发商和一群独立中小零售商组织的。这些独立批发商为了和大制造商、大零售商竞争，维护自己的利益，帮助与其有业务往来的一群独立中小零售商组成自愿连锁，统一进货，推销批发商经营的商品。（B）零售商合作社。这是一群独立中小零售商为了和大零售商竞争而联合经营的批发机构，参加联营的独立中小零售商要缴纳一定的股金，各个成员通过这种联营组织，以共同名义统一采购货物（如向国内外制造商采购），统一进行宣传广告活动以及共同培训职工等，有时还进行某些生产活动。如荷兰中小零售商组成"采购联营组织"，直接向国外订购货物，并有自己的仓库，这种组织实际上是中小零售商联合经营的进口批发机构；瑞典的 ICA 是由 5000 多家零售商联合经营的批发机构；美国联合食品杂货商公司实际上也是一个零售商合作社。（C）特许经营系统。这种渠道系统也可分为两种。一种是制造商或饮食公司、服务公司倡办的零售商特许经营系统。例如，美国福特汽车公司、麦当劳公司、肯德基公司、艾维斯·荷尔兹汽车出租公司等素享盛名的大制造商、大饮食公司、服务公司和一些独立零售商签订合同，授予经营其流行商标的产品或服务项目的特许权，这是大制造商、大饮食公司、大服务公司与独立零售商的联营。还有一种是制造商倡办的批发商特许经营系统。例如，美国可口可乐公司与某些"装瓶者"（批发商）签订合同，授予其在某一地区分装和向广大零售商发运可口可乐的特许权，这是大制造商与独立批发商的联营。

（2）水平渠道系统。是由两家或两家以上的公司横向联合，共同开拓新的营销机会的分销渠道系统。很多企业出于种种动机，或因资本、人力、生产技术、营销资源不足，无力单独开发市场机会，或因惧怕承担风险，或因与其他公司联合可实现最佳协同效益而组成共生联合的渠道系统。他们积极寻找合作伙伴，以取长补短、发挥资源的协同作用，目的是通过联合发挥资源的协同作用或规避风险。

（3）多渠道系统。是对同一或不同的细分市场，采用多条渠道的分销体系。大致有两种形式，一种是制造商通过两条以上的竞争性分销渠道销售同一商标的产品；另一种是制造商通过多条分销渠道销售不同商标的差异性产品。此外，还有一些公司通过同一产品在销售过程中的服务内容与方式的差异，形成多条渠道以满足不同顾客的需求。由于所有市场都可以进一步细分，仅依靠单一分销渠道不可能覆盖整个市场需求，所以为有效占领多个细分目标市场，扩大产品市场覆盖面，降低渠道成本，更好地适应顾客要求，多渠道系统便成为许多企业的选择。

七、工业品流通渠道的发展趋势

（1）渠道组合多元化。越来越多的工业品企业开始采取混合渠道模式，进行渠道组合，以多种渠道创新提升产品销量与市场占有率。

（2）渠道功能复合化。新型渠道力量出现，追求展示、销售、服务、配件、信息等多功能一体化，这既是企业经营的需要，也是满足客户多元化服务的需要。

（3）渠道形象规范化。新型渠道商追求渠道形象，包括经销商/代理商的经营店面视觉形象、人员形象、服务形象等方面。

（4）第三方、第四方渠道崛起。所谓第三方、第四方渠道是指独立于工业品企业、独立于客户的产品流通通路，但又不同于传统的经销商/代理商。对于新兴的第三方、第四方渠道，以规模化经营、连锁化发展、标准化治理为特征。尤其是以工业品超市（大卖场）、工业品交易市场为核心的渠道力量，成为工业品营销的亮点。

第四章　我国工业品流通体系的现状与问题

第一节　我国工业品流通体系的现状

新中国成立以来，经过 60 多年的建设，特别是改革开放 30 多年的快速成长，我国流通业呈现产业规模不断扩大、主体和业态多样化、基础设施日趋完善、产业融合升级加快的趋势特点。

一、流通主体多元化、批发形式多样化，流通业成为国民经济的主导产业

自 1978 年年底我国实行改革开放政策以来，我国的工业品批发体系发生了巨大而深刻的变化，传统的工业品批发体系已经基本解体，批发的主体与经营形式、批发的职能与组织化程度、批发商与零售商的关系等方面都发生了前所未有的变化。处于经济转轨变革时期的我国工业品批发业体系，正在向适应社会主义市场经济体制发展需要的现代新型工业品批发体系转变。目前我国已经初步建立了多层次多样化的工业品批发体系，具体表现是：从批发的开放性角度看，已经从封闭式的批发体系逐步演变为开放式的批发体系；从批发范围看，已经从综合批发为主演变为综合批发与专业批发相结合的批发体系；从批发主体来看，已经从以国有制经济为主的批发体系演变为多种经济成分并存的批发体系，出现了制造业批发商、批发代理商、批零兼营批发商和连锁批发商等；从批发渠道来看，已经从单一渠道的批发体系演变为多渠道、多区域、分层次的现代批发渠道体系；从批发方向来看，已经从纵向的、自上而下的一、二、三级批发体系演变为横向的、纵横交错的多种形式并存的批发体系和多要素、立体式的批发体系；从批发功能来看，已经从等客上门为主的被动批发方式演变为送货上门且强调服务功能的主动批发方式；从批发内容来看，已经从以实物批发为主演变为实物批发与虚拟批发和网络批发相结合的批发方式；从批发职能来看，已经从以专职批发为主演变为专职批发、代理、多种批零兼营

74

等形式的现代批发体系；从批发技术手段来看，已经从传统的技术含量低的批发体系演变为应用现代流通手段、辅助现代物流设施、配备现代配送中心的技术含量较高的批发体系。从批发的组织角度看，已经从单店批发发展为连锁批发。

表 4.1　我国批发业情况（2005—2009）●

年　份 指　标	2005	2006	2007	2008	2009
法人企业（个）	26 963	28 125	29 046	59 432	52 853
年末从业人数（万人）	224.4	224.9	249.6	315.4	312.3
商品购进额（亿元）	71 650.6	83 379.9	104 832.5	152 557.5	143 008.7
进口额（亿元）	6 832.4	7 164.2	8 466.4	14 009.1	12 699.1
商品销售额（亿元）	75 510.7	87 594.3	105 619.9	170 260.2	157 834.6
出口额（亿元）	8 461.6	9 535.4	11 100.1	13 819.9	11 152.0
期末商品库存额（亿元）	5 274.8	5 632.6	6 649.9	11 675.8	11 848.3

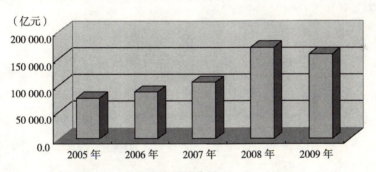

图 4.1　批发业商品销售额（2005-2009）

从 2005 年到 2009 年我国批发企业从 26 963 个增加到 52 853 个，年均增加 18.3%；从业人员从 224.4 万人增加到 312.3 万人，年均增加 8.6%。商品销售额从 75 510.7 亿元增加到 157 834.6 亿元，年均增加 20.2%，批发业快速发展。2013 年年底，批发零售业法人企业 95 468 个，从业人员 749 万人，其中批发法人企业 52 853 个，从业人员 312.3 万人，零售法人企业 42 615 个，从业人员 436.7 万人。批发零售业实现商品购进额 179 202.9 亿元；销售额 201 166.2

---

❶ 数据来源：《中国统计年鉴（2013）》，国家统计局网站.

亿元，相对 2009 年增长 15.5%。2010 年社会消费品零售总额再次保持高速增长，达到 15.7 万亿元，生产资料销售总额突破了 36 万亿元。无论是从流通能力、流通从业人员还是从流通规模来看，我国流通产业日益壮大，已成为国民经济的主导产业。

经过 30 多年改革和调整，特别是加入 WTO 以来，我国相继推出了股权分置改革和对外资从事商贸流通限制的解除等政策，我国商贸流通国有垄断的格局进一步被打破。2013 年，我国限额以下批发零售企业中国有法人企业和就业人员占比已分别下降到 7.08% 和 13.13%，集体法人企业和就业人员占比仅为 3.82% 和 3.02%，私营法人和就业人员占比分别高达 55.47% 和 30.27%，外商投资企业和就业人员占比分别提高到 2.47% 和 7.33。❶ 在登记注册类型上，我国流通主体呈现国有企业、集体企业、股份合作公司、有限责任公司、股份有限责任公司、私营企业和港澳台公司及外资企业等主体多元化的发展态势。零售业作为流通的最终通道对上游产业的拉动作用和主导化趋势日益明显。国内市场对国民经济增长的贡献率稳步提高，经济增长由原来的投资驱动、生产导向逐渐转向消费驱动和市场导向，流通产业对国民经济和产业结构调整的相关作用增强。

二、流通业态多样化，零售业呈现持续高速增长的发展态势

目前我国零售业已从百货单体店发展到多业态单体店，并进入连锁化多业态并存的时期。我国零售业市场的业态包括百货商店、购物中心、便利店、超市、专卖店、多功能购物中心等（见图 4.2）。不同的零售业态有特定的战略优势和消费群体，多业态的竞争局面推动着零售业的革新和零售市场的发展。在我国经济社会发展战略调整过程中，伴随着原有流通格局的打破和流通主体多元化的形成，流通业态也由过去比较单一的百货业逐步向便利店、折扣店、超市、大型超市、仓储会员店、百货店、专业店、专卖店、家居建材店、厂家直销中心等多业态转变，呈现出流通业态多样化态势。从业态整体看，2013 年，连锁零售企业各业态总店数 2 536 个，门店总数 205 022 个，从业人员近 237 万人。从业态分布看，专业店无论是总店数、门店数还是就业人员占比都远远高于其他业态，我国流通业业态单调的状态已经改变，商业错位经营、多

---

❶ 数据来源：《中国统计年鉴（2013）》，国家统计局网站.

样化的竞争格局已经形成。

"十一五"期间，我国零售业在复杂的国内外经济环境条件下，实现了高速增长，全国消费品零售总额年均增长 18.1%，发展规模逐步扩大，2010 年，全国社会消费品零售总额达到 15.7 万亿元。国有股份制企业、民营企业、外资企业共同形成了零售业多元化发展的格局。2010 年年底，我国外资零售企业达到 2 836 家，比 2005 年增长 34.5%。零售业作为流通的重要领域，为促进消费、拉动内需、吸纳就业做出了巨大贡献。2010 年全国消费对经济增长的贡献率为 37.3%，零售业内部结构和城乡市场结构进一步得到优化。据中商联信息部、中华全国商业信息中心统计，2011 年第一季度，全国百家重点大型零售企业商品零售额同比增长 28.5%，增速比去年同期提高 4.6 个百分点，比 2010 年全年提高 5.2 个百分点。百家重点大型零售企业商品零售额同比增速比社会消费品零售总额提高 12.2 个百分点，比限额以上企业零售额增速提高 6 个百分点。❶

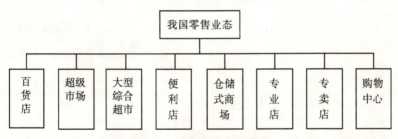

图 4.2　我国零售业态类型

连锁经营方式成功导入，超级市场、便利店、专卖店、仓储式商场等新的业态层出不穷，近几年连锁经营在大中城市、沿海经济发达地区发展很快，并受到消费者和经营者的普遍认同。

如表 4.2 所示，零售法人企业从 2005 年的 20 735 个增加到 2009 年的 42 615个，年均增加 19.7%；从业人员从 295.1 万人增加到 436.7 万人，年均增加 10.3%；零售企业销售额从17 640.5亿元增加到43 331.6亿元，年均增加 25.2%，发展速度很快。社会消费品零售总额从 1978 年的 1 558.6 亿元，增加到 2008 年的108 487.7亿元，年均增加 15.2%（见表 4.3）。

---

❶　中国商业联合会网站 http：//www.cgcc.org.cn.

表 4.2 我国零售业情况（2005—2009）❶

指　标　　　　年　份	2005	2006	2007	2008	2009
法人企业（个）	20 735	23 663	26 691	41 503	42 615
年末从业人数（万人）	295.1	319.4	355.3	422.1	436.7
商品购进额（亿元）	15 880.3	19 759.1	24 080.1	31 481.9	36 194.2
进口额（亿元）	228.6	282.7	405.3	464.0	608.8
商品销售额（亿元）	17 640.5	22 460.5	27 121.0	37 969.6	43 331.6
出口额（亿元）	31.5	34.4	54.3	17.6	22.1
期末商品库存额（亿元）	1 786.2	1 997.0	2 543.3	3 692.4	4 175.7
年末零售营业面积（万平方米）	7 375.8	12 397.6	16 091.1	19 075.5	22 727.9

表 4.3 社会消费品零售总额（单位：亿元）❷

年　份	社会消费品零售总额	按销售单位所在地分			按行业分		
		市	县	县以下	批发和零售业	住宿和餐饮业	其他行业
1978	1 558.6	505.2	380.4	673.0	1 363.7	54.8	140.1
1980	2 140.0	733.6	399.4	1 007.0	1 768.0	80.0	292.0
1985	4 305.0	1 874.5	737.2	1 693.3	3 272.2	196.9	835.9
1990	8 300.1	3 888.6	1 337.4	3 074.1	6 127.4	419.8	1 752.9
1991	9 415.6	4 529.8	1 491.2	3 394.6	6 903.9	492.0	2 019.7
1992	10 993.7	5 470.3	1 689.8	3 833.6	7 922.2	589.7	2 481.8
1993	14 270.4	7 138.1	2 090.1	5 042.2	10 892.8	817.8	2 559.8
1994	18 622.9	9 387.8	2 558.7	6 676.4	14 903.4	1 201.4	2 518.1
1995	23 613.8	12 979.4	3 366.3	7 268.1	19 454.3	1 614.7	2 544.8
1996	28 360.2	16 199.2	3 759.7	8 401.3	23 747.5	2 070.0	2 542.7

---

❶ 数据来源：《中国统计年鉴（2010）》，国家统计局网站.
❷ 数据来源：《中国统计年鉴（2010）》，国家统计局网站.

续表

年　份	社会消费品零售总额	按销售单位所在地分			按行业分		
		市	县	县以下	批发和零售业	住宿和餐饮业	其他行业
1997	31 252.9	18 499.5	4 011.6	8 741.8	26 169.9	2 488.2	2 594.8
1998	33 378.1	20 294.1	4 220.2	8 863.8	27 859.2	2 878.8	2 640.1
1999	35 647.9	22 201.8	4 460.8	8 985.3	29 708.8	3 270.3	2 668.8
2000	39 105.7	24 555.2	4 831.1	9 719.4	32 697.3	3 836.1	2 572.3
2001	43 055.4	27 379.1	5 251.4	10 424.9	36 014.8	4 465.2	2 575.4
2002	48 135.9	31 376.5	5 566.5	11 192.9	40 926.6	5 547.1	1 662.2
2003	52 516.3	34 608.3	6 011.8	11 896.2	44 659.4	6 191.4	1 665.5
2004	59 501.0	39 695.7	6 636.0	13 169.3	50 256.8	7 550.4	1 693.8
2005	67 176.6	45 094.3	7 485.4	14 596.9	56 589.2	8 886.8	1 700.6
2006	76 410.0	51 542.6	8 477.9	16 389.5	64 325.5	10 345.5	1 739.0
2007	89 210.0	60 410.7	9 943.8	18 855.5	75 040.3	12 352.0	1 817.7
2008	108 487.7	73 734.9	12 212.8	22 540.0	91 198.5	15 403.9	1 885.3

　　根据钱德勒《全球零售力量 2011 年度报告》，世界 188 家披露业绩盈亏的零售商中，净利润下降的企业数量从 2008 年的三分之二减少到 2009 年的三分之一。2009 年仅有 13 家公司处于经营亏损的状态，少于上年亏损企业数量的一半。各产品行业的盈利水平均有所改善，尤其以时装零售商业绩最为突出，利润率由 4.1% 上升到 7.6%，远高于整体 0.7% 的增长速度。2009 年，中国的零售企业保持了强劲的增长势头，虽然名列全球 250 家最大零售商的中国企业数量依旧为 2008 年的 8 家，但是大部分企业的排名均有所提高。百联集团首次跻身亚洲区十大零售商名单，列第八位。中国连锁经营协会"2010 年度行业发展状况调查"显示❶，中国连锁百强第一位的是销售规模达到 1 562 亿元的苏宁电器集团，排名第二位至第五位的分别归属于销售额为 1 549 亿元的国美电器、1 037 亿元的百联集团、862 亿元的大商集团有限公司和 718 亿元的

---

❶　中国连锁经营协会网站 http：//www.ccfa.org.cn.

华润万家有限公司。2010年，三分之一的百强席位被以主营百货的连锁企业所占据。主营百货的35家连锁企业销售额平均增幅为23.2%，店铺数量平均增幅为18.5%，均明显高于超市连锁企业。2010年，以超市为代表的快销品百强销售额增幅高于2009年的10.2%，达到13.8%；门店数量增幅为4.5%，低于2009年的9.5%。报告显示，2010年有34家百强企业的销售业务中包含网络销售，销售规模大约30亿元，其中家电和百货企业网络运营平台的销售额和访问量较大，网络销售初具规模。

据《国民经济和社会发展统计公报（2013）》显示，2009—2013年全年社会消费品零售总额分别为132 674亿元、156 998亿元、183 919亿元、210 307亿元和237 810亿元，分别比上年名义增长15.5%（扣除价格因素实际增长16.9%）、18.3%（扣除价格因素实际增长14.8%）、17.1%（扣除价格因素实际增长11.6%）、14.3%（扣除价格因素实际增长12.1%）和13.1%（扣除价格因素实际增长11.5%）。从统计数据来看，我国的社会商品零售总额每年保持增长态势，已成为亚太地区乃至全世界最具增长潜力的市场之一。（见图4.3）

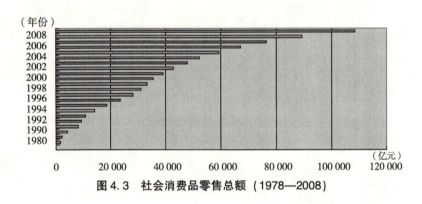

图4.3 社会消费品零售总额（1978—2008）

三、电子商务发展突飞猛进

新的经营理念、营销方式、管理手段和管理技术被零售业率先采用，并向整个流通业传播，POS系统、电子订货系统的业务流程、管理方式发生了变化，引发了国内以流通社会化、现代化和逐步与国际市场接轨为主要内容的流通革命。我国于1994年接入国际互联网，在十几年的发展过程中，中国互联网产业经历了门户、SP、搜索、网游、WEB2.0和电子商务六大主流，互联网业务逐渐从服务、新闻、娱乐向以电子商务应用为主转变。进入 21 世纪，我国互联网市场更是发生了显著变化，基础设施进一步完善，用户成倍增长，互联网在全国范围内广泛普及，形成了庞大的产业规模，间接带动了信息、金融、物流等行业的发展，其中对电子商务的贡献尤为突出。目前，电子商务已经与国民经济制造业领域、流通领域和服务业密切相关，它一方面形成了规模庞大、经济带动性强、从业人数众多的产业，另一方面促进了我国制造业、流通业和服务业的转型升级。

中国 B2B❶ 研究中心将我国电子商务的发展史大致分五个发展阶段：①萌芽与起步阶段（1997—1999 年），这期间国内创办了第一批电子商务网站；②冰冻与调整期（2000—2002 年），互联网泡沫破裂使得主要依赖外部投资、自身盈利模式不成熟的企业经历了严峻考验；③复苏与回暖期（2003—2005 年），电子商务在"非典"爆发后呈现快速复苏势头，电子商务网站对企业的赢利模式和低成本经营更为谨慎；④崛起与高速发展期（2006—2007 年），电子商务平台在互联网普及的大趋势下迅速增加，大部分 B2B 行业电子商务网站实现赢利，其中网盛生意宝和阿里巴巴的成功上市引发了巨大的财富效应，极大地激发和鼓舞了创业者和投资者对电子商务的信心和热情。这一时期，我国电子商务行业进入高速发展的新阶段，电子商务网站的数量明显增加，商业模式创新显著，赢利模式与服务形式多样化；⑤转型与升级期（2008—2009 年），全球金融危机严重冲击了我国诸多中小企业尤其是外贸出口企业。外贸在线 B2B 受影响较为严重，阿里巴巴、慧聪宁波网、沱沱网等出口导向型电子商务服务商面临增长放缓、裁员重组甚至关闭的境地。在外贸转内销与扩大内需、降低销售成本的引导下，内贸在线 B2B 与垂直细分 B2C❷ 获得了新一轮高速发展，不少 B2C 服务商获得了数目可观的风险投资的资本青睐，传统厂商也纷纷涉水，B2C 由此取得了前所未有的发展与繁荣；而 C2C（Consumer-to-Consumer）领域，随着搜索引擎巨头百度的进入，使得网购用户获得了更多的选择空间，行业竞争更加激烈化。❸

---

❶ B2B 是 Business-to-Business 的缩写，指企业对企业之间的营销关系，它将企业内部网，通过 B2B 网站与客户紧密结合起来，通过网络的快速反应，为客户提供更好的服务，从而促进企业的业务发展.

❷ B2C 是 Business-to-Customer 的缩写，而其中文简称为"商对客"。"商对客"是电子商务的一种模式，也就是通常说的商业零售，直接面向消费者销售产品和服务.

❸ 1997—2009 年中国电子商务调查报告，中国电子商务研究中心，2010.1.

2010年是我国电子商务的新元年，丰富多样的网络销售培训、实战操作等课程不断开展，越来越多的企业加入到了企业化电子商务的运用阶段。2010年我国电子商务市场交易额达到了4.5万亿元，同比增长22%。其中，B2B电子商务交易额比重最大，达到3.8万亿元，同比增长15.8%，保持了总体稳定的发展态势。我国B2B电子商务服务企业数量也有较快增长，达到9 200家，较去年增长21.3%。B2B电子商务企业营业收入更是达到95.5亿元，同比增长35%，企业营业收入规模比去年同期增长态势明显。我国使用第三方电子商务平台的中小企业用户规模突破1 400万家。根据中国电子商务研究中心监测各电子商务企业已经披露的数据，截止到2010年12月，以阿里巴巴、网盛生意宝等上市公司为代表的我国第三方电子商务市场企业全年"网络融资"贷款规模首次突破百亿大关，达到140亿元，远超前三年相关数据的总额，而此数据在2007年、2008年、2009年分别仅为2 000万元、14亿元和46亿元。在各B2B服务商市场占有率方面，2010年国内主要B2B服务商市场份额分别为：阿里巴巴63.5%、环球资源7.3%、中国制造网3.4%、网盛生意宝2.9%、慧聪网2.5%、金银岛2.2%、铭万网1.9%、敦煌网1.3%、其他15%。近些年，在B2C网站不断增多的同时，一些大型传统企业也迅速进入B2C领域。B2C电子商务市场呈现出"井喷"的现象，并呈现出逐步替代C2C成为网购第一大主流的趋势。在产品质量、品牌、售后等环节上，B2C平台比C2C平台有明显的竞争优势。C2C平台认识到了存在的差距，也着手布局代表网络未来趋势的B2C业务，C2C与B2C融合的趋势越来越明显。为避免对单一行业的依赖，当当网、卓越亚马逊等垂直B2C企业纷纷从细分领域转型到相关行业或者突破原有产品品牌，寻求多样化的经营方式，在减少行业周期性风险的同时，实现企业规模扩张，寻求更多的利润。当当网等在行业内领先的B2C企业为了缩短资金周转周期，从依托第三方物流逐步加大对自建物流的资金投入，开始向产业链下游扩张。此外，海信等传统制造商和苏宁等传统实体渠道商纷纷大规模介入B2C市场，自建网上商城并进军网络直销领域。

当前，我国电子商务发展正在进入密集创新和快速扩张的新阶段，日益成为拉动我国消费需求、促进传统产业升级、发展现代服务业的重要引擎。一是我国电子商务仍然保持快速增长态势，潜力巨大；二是企业、行业信息化快速发展，为加快电子商务应用提供坚实基础；三是电子商务服务业迅猛发展，初步形成功能完善的体系；四是跨境电子交易获得快速发展。在国际经济形势持续不振的环境下，我国中小外贸企业跨境电子商务仍逆势而为，近年来保持了30%的年均增速。有关部门正加紧完善促进跨境网上交易对平台、物流、支付结算等方面的配套政策措施，促进跨境电子商务模式不断创新，出现了一站式推广、平台化运营、网络购物业务与会展相结合等模式，使得更多中国制造产品得以通过在线外贸平台走向国外市场，有力推动了跨境电子商务纵深发展。此外，电子商务发展环境不断改善。全社会电子商务应用意识不断增强，应用技能得到有效提高。相关部门协同推进电子商务发展的工作机制初步建立，围绕电子认证、网络购物等主题，出台了一系列政策、规章和标准规范，为构建良好的电子商务发展环境进行了积极探索。

总之，我国电子商务发展态势良好，并呈现出纵深化、专业化、区域化、融合化与国际化的发展趋势。电子商务服务已经全面覆盖了商业经济的各个方面，电子商务的应用呈现出常态化、普及化态势。电子商务交易额迅速增长，用户数量明显上升，电子商务大规模的发展改变了企业的经营管理模式，优化了企业的资源配置，提升了行业整体的创新力和竞争力。

四、产业链融合化、产业升级快速化，对国民经济的贡献度不断提高

流通主体的多元化和业态的多样化致使市场竞争日趋激烈，正逐步由单一企业的竞争向产业链之间的竞争转变。为了应对市场竞争的变化，零售商与生产商由原来的零和博弈开始走向合作共赢，推动生产、流通及其他相关产业的产业融合。掌握市场需求信息的流通企业为合作生产企业提供生产决策参考；掌握货源的生产企业依据流通企业提供的市场需求信息及时生产、提供适销对路的产品，减少库存，加快商业周转。生产和流通企业通过合作，整合供应链，降低流通成本和交易成本，提高整体竞争力和赢利能力。我国流通业在与上游生产企业融合的同时，还开始与现代金融服务业融合发展。

国际金融危机的爆发和欧美债务危机的扩散，加大了我国转变经济发展方式和调整经济结构的压力，促使我国经济加快升级转型。同时，信息技术的推广和互联网的普及，为电子商务应用提供了良好的技术基础。在调整经济结构政策的指引下，特别是在政府相关部门相继出台了一系列促进电子商务发展政策的推动下，我国商贸流通业升级加速，电子商务交易规模由 2010 年的 1.4

万亿元提高到 2013 年的 4.6 万亿元，年均增长超过 50%，增速迅猛。在电子商务应用的促进下，我国流通业转型升级加速，呈现出实体市场和虚拟市场加快融合的趋势。

在国内外就业形势不容乐观的情况下，2013 年我国在国内贸易业就业的人数就已经突破 1 亿人大关，这是不应被忽视的重大贡献。我国批发零售住宿餐饮业增加值占国民生产总值比重由 2007 年的 9.8% 上升到 2013 年的 10.6%，对经济增长的贡献居第三产业首位。2013 年国内贸易的税收约 1.4 万亿元，占全国税收总额的 18.6%，在"十一五"期间保持了年均 21.5% 的增长速度，高于同期全国税收年均增速。企业电子商务应用已呈现出产业链与供应链全流程化的趋势，电子商务企业在行使信息发布和交易平台功能的同时，也扮演着"第三方行业综合服务商"的角色。电子商务在采购、销售和人力资源管理等领域的广泛应用，也必将进一步向企业内部深层次延伸，并与企业内部价值链深度整合，深化与传统产业的融合。

五、物流业与供应链管理取得长足进步

我国物流业近年来实现了高速增长。国务院颁布的《物流业调整和振兴规划》，是对物流业地位的充分肯定。伴随着国民经济整体回升向好的势头，物流业总体运行状况良好，物流需求显著增加，运行效率不断提高，物流业增加值快速增长。2010 年我国社会物流总额实现了较快增长，物流总额达到 125.4 万亿元，同比增长 15%，增幅比 2009 年提高 3.7 个百分点。从构成上看，工业品物流总额达到 113.1 万亿元，按可比价格计算，同比增长 14.6%，增幅较上年提高 0.5 个百分点，工业品物流占社会物流总额比重的 90.2%，成为带动社会物流总额增长的首要因素。

如表 4.4 所示，2010 年全国社会物流总费用总额 7.1 万亿元，同比增长 16.7%。其中，运输费用 3.8 万亿元，同比增长 14%，占社会物流总费用的比重为 54%，同比下降 1.3 个百分点；保管费用 2.4 万亿元，同比增长 20.5%，占社会物流总费用的比重为 33.9%，同比提高 1.1 个百分点；管理费用 0.9 万亿元，同比增长 19%，占社会物流总费用的比重为 12.1%，同比提高 0.2 个百分点。❶

---

❶ 中国物流采购联合会网站 http://www.chinawuliu.com.cn.

表 4.4　2010 年社会物流总费用❶

项目	绝对数（万亿元）	比上年增长（%）	比重（%）
社会物流总费用	7.1	16.7	100
运输费用	3.8	14	54
保管费用	2.4	20.5	33.9
管理费用	0.9	19	12.1

2010 年，我国物流运行效率略有提高，社会物流总费用与 GDP 的比率为 17.8%，比上年下降 0.3 个百分点。此外，2010 年物流业增加值同比增长 13.1%，达到 2.7 万亿元，增幅较上年提高 2.5 个百分点。物流业增加值分别占 GDP 和服务业增加值比重的 6.9% 和 16%，均与 2009 年基本持平。

我国物流业持续发展，符合社会主义市场经济体制要求的物流体系已经初步建立，物流业已成为我国国民经济的重要基础和支撑力量。市场上已产生了一批有实力的物流企业，现代化的物流服务网络布局也基本形成。政府有关部门建立了适应物流发展的组织协调机制，建立了以国家发改委牵头的现代物流部际联席会议机制，各地方政府也相继明确了发展现代物流的牵头部门，初步形成了以政府为主导的现代物流管理与组织协调机制。诸如中国物流与采购联合会等物流组织在政府和企业间发挥了桥梁和纽带作用，提高了我国物流协调管理水平。随着我国物流业的需求不断增加，FedEx、DHL、TNT 等国际著名物流公司纷纷进入中国物流市场，我国初步形成了物流对外开放的基本格局。外资的涌入带来了大量的资金支持、先进的物流理念、现代化的运作模式、科学的管理制度和人才培养模式，极大地加速了我国物流业的市场化进程，促进了我国物流业的结构升级。然而，我国的物流企业在规模上与世界一流物流企业还存在相当大的差距，在第三方物流和基于供应链管理的第四方物流的发展上还远远落后于美国等发达国家。此外，我国物流成本过高，物流成本占 GDP 的比重较大，物流成本在商品价格中的比例较高，因此，提高物流效率迫在眉睫。

我国 2001 年颁布的国家标准《物流术语》将供应链定义为：生产与流通过程中，涉及将产品或服务提供给最终用户的上游与下游企业所形成的网链结

---

❶ 数据来源：《中国统计年鉴（2011）》，国家统计局网站.

构。将供应链管理定义为：利用计算机网络技术全面规划供应链中的商流、物流、信息流、资金流等，并进行计划、组织、协调与控制。随着全球经济一体化的发展和国民经济的不断壮大，我国的供应链管理水平得到了显著提升，部分企业通过高效的供应链管理降低了生产成本，提高了物流配送效率，增强了市场竞争力。但与西方发达国家相比，我国供应链管理起步较晚，在供应链管理的广度和深度上还不够彻底，大部分企业的关注点仅仅停留在供应链的一小段上，研究内容主要局限在供应商的选择、质量控制和经济性等问题上，没有充分考虑从供应商、分销商、零售商到最终用户的完整供应链，缺乏供应链管理的战略研究。受传统观念影响，许多企业的管理模式只是一个封闭系统，企业习惯于管理从产品设计、原料采购直到产品销售、服务的全过程，不愿意把某些增值不大的环节外包出去，也不习惯于同其他企业合作甚至建立战略联盟。在技术方面，我国企业供应链管理需要的条码技术、EDI 技术、电子商务技术的资金投入不足，使用不规范、管理功能不配套，严重制约了供应链管理的现代化发展。由于涉及诸多领域的技术，供应链管理需要精通相关领域专业知识以及管理方法的复合型人才，而我国在物流等专业的人才培养上远不能满足实际需要。

采购活动是供应链上的一个重要环节，在采购中尽可能地缩减无谓成本，在存在价值增值的过程中深度发掘潜在价值具有重要的战略意义。因此，企业需要提高研发效率，实现供应链的集成化管理，提高企业在整个供应链中的市场竞争力。集成采购是在企业长期战略目标的前提下，在物流、商流、信息流和资金流互相集成的基础上，通过信息和资源的共享，让采购部门参与企业管理，并建立供应商与企业上下游之间的长期稳定合作关系，提高企业采购工作效率，以实现准确及时的供应，为企业创造新的价值。与传统采购相比，集成采购有意识地控制供应商的数量，在供应商数目方面做到少而精。也因为如此，企业和供应商在更大程度上把自身风险转换成共同风险来承担，企业也会在新产品开发等方面积极和供应商合作，在集成管理的要求下，加强组织内部以及与供应商之间的协调，形成一种紧密的团队关系并保持其稳定性，共享创新成果。在选择供应商的过程中，集成采购在考虑价格的同时，更注重供应商在产品质量、服务效率、创新能力和企业文化中所体现的价值，要求供应商在供应链中表现出优秀的协同能力。在长期的合作过程中，厂商和供应商会提高信息共享程度，任何偏离共同目标的欺骗行为都会得到相应的报复，这样有利于建立基于信任的运转机制。传统的采购商与供应商的沟通往往仅限于采购实物，而集成采购将双方关系从销售员和采购员扩展到工程技术人员等，增加了发现对方潜在发展的机会。集成采购不单纯是完成交易的环节，更重要的是将采购纳入企业的战略目标中，实施以流程为导向的战略职能。美国宝洁公司与沃尔玛公司的合作是集成采购的成功范例。

六、现代工业品流通体系的各项基础设施条件不断改善

我国交通运输硬件设施建设近年来取得了突飞猛进的发展，交通设施的改善幅度堪称全球范围内最突出的国家之一。经过多年建设，我国流通基础设施日趋完善。截至 2013 年年底，运输线路中铁路运营里程达 9.1 万千米，铁路网密度达每万平方千米 95.0 千米。公路网"五纵七横"主干线全部建立，总里程突破 400 万千米，公路密度达到每百平方千米 41.75 千米。农村公路里程达 350.66 万千米。内河航道通航里程 12.42 万千米，港口生产用码头泊位 31 634 个，万吨级及以上泊位 1 661 个。随着铁路网、公路网、内河航道和码头泊位的快速发展与专业化、规模化升级，我国流通基础设施日趋完善。随着我国流通基础设施的不断完善，流通能力也不断提升。

信息技术快速发展并在流通业中得到大规模深度应用的一个重要方面就是"高效消费者响应"（Efficient Consumer Response，ECR）系统。高效消费者响应，是 1992 年从美国食品杂货业中发展起来的一种供应链管理战略。作为一种经营管理理念，ECR 重新检讨上游、中游和下游企业间的生产、物流与销售流程，主要目的是消除整个供应链中不能给消费者增加价值的成本，将供给推动系统，转变为更富有效率的需求拉动系统，并将这些效率化的成果反馈给消费者，以期望能更快、更好地把商品送到消费者手中，最大限度地满足消费者需求。[1]

ECR 的实施重点包括需求方面的品类管理改善和供给方面的物流配送方式改进等，它的最终目标是使分销商和供应商建立联盟，共同为消费者的最大满意度和最低成本而努力，建立一个敏捷的消费者驱动系统，使整个供应链内高效的实物流和精确的信息流的传递更为有效。ECR 包括高效的店铺配置、有效的补货系统、高效促销和新产品导入四个具体领域。ECR 的预期收益也

---

[1]　赵皎云 . ECR 需在多方面推动下前行［J］. 物流技术与应用，2008（9）.

体现在减少存货成本、降低商品售价、减少缺货率、提升销售量四个方面。2001 年，中国物品编码中心发起成立了中国 ECR 委员会，后者主要由供应商和零售商组成，并于同年 7 月正式加入亚洲 ECR 委员会，旨在帮助国内企业及时引进全球最先进的供应链管理理念和最佳实践方式，促进供应链管理技术的普及应用和实践经验的推广。由于 ECR 理念属于舶来品，该系统的巨大市场效果还不明显，因此中国的零售企业和消费品制造企业没有给予足够的重视，ECR 理念没有在中国得到广泛普及，反倒是西方零售巨头积极宣传推广。但是仍有一部分中国企业在逐步探索 ECR 系统的发展，北京华联与宝洁中国的高效零售执行案例、光明乳业与联华超市供应商管理库存系统案例等多个中国 ECR 优秀案例在亚洲大会案例评选中胜出，北京联华等大型零售商通过宝洁的支持配合，在品类管理、360 度客户调查等方面成效显著。更值得注意的是，这些企业通过 ECR 实践切实提高了供应链管理的运作效率，降低了整套系统的成本。国美、苏宁等中国知名家电连锁卖场均与供应商签订了 ECR 计划。2007 年 7 月，苏宁电器与海尔集团签署了 ECR 合作协议。在具体实施过程中，顾客的需求可以通过数字化平台第一时间由苏宁信息系统传递到海尔信息系统，海尔产品研发部收到信息后在第一时间内设计研发消费者所需求的新产品并及时供货，从而最大限度地满足消费者需求。

我国有数量极其庞大的商品交易市场和商业地产。就商品交易市场而言（见表 4.5），2009 年，我国工业消费品综合市场的市场数量为 286 个，成交额约 3 653.8 亿元，分别占全国综合市场比重的 22.34% 和 31.12%。纺织、服装、鞋帽市场的市场数量为 531 个，成交额为 8 525.1 亿元，分别是全国专业市场数量和成交额的 15.6% 和 18.4%，而日用品及文化用品市场的两项数据占全国专业市场的比重分别为 3% 和 1.9%。从成交额看，纺织、服装、鞋帽市场远远大于日用品及文化用品市场，成交额是后者的近 10 倍。从纺织、服装、鞋帽市场内部看，76 个布料及纺织品市场创造了 42.5% 的成交额，略高于 319个服装市场的 40.2%。鞋帽市场成交额最低，仅占纺织服装、鞋帽市场成交额的 4%。从日用品及文化用品市场内部看，小商品市场占 37.3%，成交额占31%，低于其他日用品及文化用品市场成交额的 41%，高于第三位箱包市场成交额比重的 21.2%。从经营方式来看，以批发业为主的市场数量、总摊位数、年末出租摊位数、营业面积和成交额均明显大于以零售业为主的相应数据，前

者的成交额达到 48 308.3 亿元, 是后者成交额的 5 倍多。❶

表 4.5　2009 年中国亿元以上商品交易市场基本情况❷

市场	市场数量 (个)	摊位数 (个)	营业面积 (万平方米)	成交额 (亿元)
总计	4 687	2 994 781	23 230.3	57 963.8
综合市场	1 280	1 086 242	5 562.9	11 741.2
生产资料综合市场	53	53 386	807.2	1 173.2
工业消费品综合市场	286	396 749	1 883.6	3 653.8
农产品综合市场	657	396 452	1 493.6	4 582.4
其他综合市场	284	239 655	1 378.6	2 331.7
专业市场	3 407	1 908 539	17 667.5	46 222.6
纺织、服装、鞋帽市场	531	603 438	2 277.8	8 525.1
布料及纺织品市场	76	100 854	660.3	3 620.5
服装市场	319	358 604	1 101.1	3 430.6
鞋帽市场	43	24 477	125.9	338.7
其他纺织服装鞋帽市场	93	119 503	390.5	1 135.3
日用品及文化用品市场	102	77 400	312.3	868.7
黄金、珠宝、玉器等首饰市场	15	6 934	59.1	283.8
电器、通信器材、电子设备市场	151	63 164	300.5	1 011.9
医药、医疗用品及器材市场	24	21 756	114.0	365.5
家具、五金及装饰材料市场	430	195 537	3 190.3	3 109.3
汽车、摩托车及零配件市场	257	63 686	1 044.4	3 641.6
花、鸟、鱼、虫市场	28	17 761	610.7	234.9
旧货市场	25	8 564	56.7	140.0
其他专业市场	38	22 262	165.7	287.2

七、一系列优化流通体系的政策措施相继出台

改革开放以来, 我国流通政策大致分为三个阶段: 第一阶段是 1979—1992 年, 流通政策的重点是调整流通领域的所有制结构, 转换国有企业经营

---

❶ 数据来源:《中国商品交易市场统计年鉴 (2010)》.
❷ 数据来源:《中国统计年鉴 (2010)》, 国家统计局网站.

机制以及实现流通现代化。❶这个时期颁布了《中华人民共和国标准法》（1988
年）、《城市商业网点建设管理暂性规定》（1991 年）、《关于商业零售领域利
用外资问题的批复》（1992 年）等一系列法律法规和规章制度。第二个阶段是
1993—2001 年，这一时期的流通政策围绕流通秩序规范化、流通领域的对外
开放和流通现代化展开。《中华人民共和国合同法》《全国商品市场体系规划
纲要》《全国商业电子信息技术开发应用"九五"规划要求与中长期发展纲
要》等政策相继出台。第三个阶段从 2002 年起，针对入世后流通领域将全面
开放的形势，进一步制定了流通业对外开放和产业发展的政策。这一阶段出台
了《"十五"商品流通行业结构调整规划纲要》《流通业改革发展纲要》《关
于促进我国现代物流业发展的意见》等流通政策。为了实践入世承诺，对外
商投资的开放制定了一系列的政策，尤其是商务部于 2006 年颁布的《外商投
资商业领域管理办法》，在业务领域、股权比例、外资审批制度等方面都有了
重大变化，成为我国目前流通国际化政策的标杆。在开放外资的同时，国家也
在积极促进国内资本进入流通领域。"非公经济 36 条"颁布 5 年后，国务院于
2010 年 5 月再次发布鼓励和引导民间投资健康发展 36 条意见。其中，商贸流
通成为"新 36 条"新增的鼓励和引导民营资本进入流通领域的新措施，进一
步凸显了商贸流通在国民经济中日益重要的地位，对促进流通行业的发展起到
积极的作用。"新 36 条"第六条第 19 款规定，鼓励民间资本进入商品批发零
售、现代物流领域。支持民营批发、零售企业发展，鼓励民间资本投资连锁经
营、电子商务等新型流通业态。引导民间资本投资第三方物流服务领域，为民
营物流企业承接传统制造业、商贸业的物流外包创造条件，支持中小民营商贸
流通企业协作发展共同配送。

　　针对零售商与供应商矛盾日益突出等问题，商务部联合相关部委于 2006
年制定并出台了《零售商、供应商公平交易管理办法》和《零售商促销行为
管理办法》，对六种不合理收费进行了规范。2011 年，商务部起草《规范零售
商、供应商交易行为意见》和《零售商、供应商商品供销合同规范》。在《中
华人民共和国国民经济和社会发展第十二个五年规划纲要》中，更是专门提
出要"优化发展服务业"，其基本精神包括：优化城市综合超市、购物中心、
批发市场等商业网点布局，支持便利店、中小超市、社区菜店等社区商业发

---

❶ 张闯. 流通国际化背景下的流通政策比较研究［J］. 财贸经济，2005（2）.

展。鼓励和支持连锁经营、物流配送、电子商务等现代流通方式向农村延伸，支持大型超市与农村合作组织对接，改造升级农产品批发市场和农贸市场。引导住宿和餐饮业健康规范发展。支持发展具有国际竞争力的大型商贸流通企业。

八、大数据广泛应用于零售业

随着计算机和互联网在全球范围内的大范围普及，全世界每天产生数以亿计的数据，Cisco 公司 2013 年发布的《全球云指数年度报告》预测，2017 年全球数据中心流量将增长 3 倍，累计达到 7.7ZB。大数据时代（The Big Data Times）已经来临，从 2008 年以来，学术界、企业界和政府机构开始大量关注大数据。《Science》在 2011 年 2 月推出专刊讨论科学研究中大数据问题，说明大数据对科学研究的重要性。同年，麦肯锡咨询公司发布一份报告，分析了大数据的关键技术、影响及应用等；美国政府开始启动大数据发展计划；2013 年 11 月，我国十多位院士向高层建议制定我国的大数据国家战略。大数据技术是指从各种各样类型的巨量数据中，快速获得有价值信息的技术，解决大数据问题的核心是大数据技术。目前所说的"大数据"不仅指数据本身的规模，也包括采集数据的工具、平台和数据分析系统。维基百科对大数据的定义是：大数据是由于规模、复杂性、实时而导致的使之无法在一定时间内用常规软件工具对其进行获取、存储、搜索、分享、分析、可视化的数据集合，可用来察觉商业趋势，判定研究质量，避免疾病扩散，打击犯罪或测定实时交通路况等。国际数据公司（IDG）将大数据定义为：为更经济地从高频率的、大容量的、不同结构和类型的数据中获取价值而设计的新一代架构和技术。大数据特点，可将其归纳为四个"V"，即多样性（Variety）、海量（Volume）、速度（Velocity）和价值（Value）。

随着大数据时代的到来，大数据将被广泛应用在零售业的营销中。IT 技术的发展及社交网络的流行，为大数据发展提供了更好的平台。在新浪上进行浏览和阅读，在百度、谷歌搜索问题，在淘宝、京东商城等电子商务网站收藏、秒杀、购买宝贝，这些都会被记录下来，这些数据将对零售业进行营销分析提供良好的依据。在竞争激烈的零售业中，产品的同质化已成为了普遍现象。瞄准特定的顾客群体来进行营销和服务是商家一直以来的追求。海量数据和大数据的分析技术使得对消费者细分的成本和效率提高。通过大数据系统了解消费者心理对零售业有很大的作用，特别是对营销来说更具有特别重大和实际的意义。例如有些追求新鲜个性的消费者，零售企业通过大数据分析每个顾客的购物记录为其提供个性化的购物体验，并调整正在进行的各种市场营销活动。大数据更可量化并细分消费者，为零售企业和消费者之间提供真正互动的交流平台，从而更有利于深度了解并吸引消费者参与。

对于零售业来说规模虽然很重要，但是更重要的是数据的规模，也就是说要掌握大量的数据而且要有能力轻松地获得更多的数据。在过去零售业分析企业的数据是信息系统自动产生的，这些数据大多数是结构化数据，零售企业依赖于这些片面数据，并且纯粹依赖经验理论假设和价值观应用于零售企业的营销中。这样不仅导致了人力、物力、财力的浪费，还降低了企业的竞争力。随着非结构化数据成为零售企业数据的主力军，传统商业智能的方式方法显然已经落伍。大数据分析是基于结构化和非结构化数据的总和，在数据分析的全面性上是传统商业智能所不能比拟的，数据不再是单纯意义上的数据，它被挖掘出了新的价值。大数据应用于零售业营销中有很多优势，首先，大数据能够在零售业营销中提高收集到的数据的准确性和及时性；其次，能够在帮助零售企业收集分析海量数据的同时进一步挖掘细分市场，提升营销水平，降低零售企业风险。目前大数据已成为许多零售企业竞争力的来源，其背后蕴藏着不可低估的价值。

第二节　我国工业品流通体系存在的主要问题

一、批发业集中度过低，影响批发业的集约增长

改革开放以来，我国批发市场取得很大发展，批发市场结构也随之发生变化，表现在其集中度的提高或降低上。改革开放初期，由于我国的流通体制改革还没有展开，所以批发进入的制度性壁垒比较高，批发企业基本都是国有大型批发企业，所以市场集中度较高。随着我国改革开放的推进和流通体制的改革，进入批发业的制度性壁垒逐渐降低，投资主体逐渐多元化，市场竞争日益激烈，市场集中度也随之降低。如表 4.6 和表 4.7 所示，我国批发市场的集中度从整体趋势上看是降低的，1992 年的 CR_4 是 17.7%，2007 年的 CR_4 是 5.9%，1992 年的 CR_8 是 30.1%，2007 年的 CR_8 是 8.3%。根据贝恩的市场集

中度标准，我国批发业市场集中度，无论是 1992 年还是 2007 年 CR_4 都远小于
30%，CR_8 远小于 40%，所以我国的批发市场结构是竞争型的。过低的集中度
水平、生产的极度分散化必然影响我国批发业的集约增长。

表 4.6　我国批发市场集中度（1992—2007）[1]

年份	批发业销售总额（亿元）	前四家大型批发企业销售额（亿元）	前八家大型批发企业销售额（亿元）	CR_4（%）	CR_8（%）
1992	9 988.3	1 763.1	3 008.2	17.7	30.1
1994	28 086	4 117.6	6 815.0	14.7	24.3
1999	22 055.8	1 085.7	1 537.2	4.9	7.0
2 000	25 977.9	1 908.0	2 753.6	7.3	10.6
2001	28 131.1	2 243.7	3 071.4	8.0	10.9
2002	31 591.5	2 315.5	3 159.5	7.3	10.0
2003	37 974.3	2 142.4	3 245.0	5.6	8.6
2005	74 921.3	3 916.9	5 314.6	5.2	7.1
2006	86 834.8	5 624.0	7 673.1	6.5	8.8
2007	104 362.7	6 148.7	8 706.4	5.9	8.3

表 4.7　贝恩市场结构分类表[2]

市场结构	CR_4（%）	CR_8（%）
寡占Ⅰ	$85 \leqslant CR_4$	—
寡占Ⅱ	$75 \leqslant CR_4 < 85$	$85 \leqslant CR_8$
寡占Ⅲ	$50 \leqslant CR_4 < 75$	$75 \leqslant CR_8 < 85$
寡占Ⅳ	$35 \leqslant CR_4 < 50$	$45 \leqslant CR_8 < 75$
寡占Ⅴ	$30 \leqslant CR_4 < 35$	$40 \leqslant CR_8 < 45$
竞争型	$CR_4 < 30$	$CR_8 < 40$

[1]　根据历年《中国统计年鉴》计算.
[2]　J.S. 贝恩. 产业组织［M］. 丸善, 1981：141-148.

二、流通业内部产业结构失衡，批发行业萎缩，物流成本偏高

在一个稳定的经济结构中，批发商业的存在表明了交易费用的节约，商品经济规模越大，越需要批发商业并且批零比总体应维持在 2 左右，这已被世界经济发展实践所证明。由于许多生产企业自建销售网络，大型零售企业自行采购以及连锁企业的发展，近几年我国批发行业处于萎缩状态，明显地滞后于零售业的发展。物流与商流的协调发展，是流通产业自身发展的客观要求，物流是继劳动力和资本之后的第三利润源，它的重要性已经为人们所认识。虽然我国物流的基础设施和装备已初具规模，但内在质量差，物流环节衔接不畅，物流的专业化和社会化水平不高，这些因素导致物流运作成本较高、效益不佳。据有关资料统计，美国的物流成本占 GDP 的比重低于 10%，欧洲占 10% 左右，而我国在 2007 年的物流总费用与 GDP 比率为 18.4%，标准化、信息化水平差距明显。在物流总费用中，保管费、管理费比重过大，两项在 2010 年占物流总费用的 46%（见表 4.4），显示我国库存太大，周转过慢，体制性约束较为严重。

我国目前的工业品批发体系已经呈现出多种所有制形式共同发展的格局，但与西方发达国家的工业品批发体系相比，我国的工业品批发业流通体系还存在着比较严重的问题，尤其是二元经济的特征比较明显，发达水平与低水平同时并存，具有现代化水平的专业批发商非常缺乏而低水平的传统批发商却相对过剩，初级原始的摊位制和现代化的超市并存，现货交易与期货交易并存。存在问题的主要表现如下。

（一）批发业研发投入不足，创新发展受到限制

目前我国批发业的发展主要是模仿外国批发业的形式，缺乏自我创新能力。根据国外发达国家的现状，跨国批发商正在从以劳动力密集型为主向技术密集型为主发展，主要通过高科技手段把企业的商流、资金流、信息流与物流紧密结合起来，提高批发业的流通效率。处于新技术学习和应用阶段的我国批发企业用于技术研发及应用的投资比重很低，只占批发业总投资的 3% 左右，远远低于发达国家 30% 以上的投资水平。由于研发资金投入不足，我国批发业的创新发展能力受到很大影响。

(二) 批发流通业合作共赢意识较差

由于经济全球化和世界经济一体化，现代市场竞争逐步演变为供应链与供应链之间的竞争，而不是个别企业之间的竞争。生产厂商、供应商、批发商与零售商之间的竞争关系，已逐渐发展成为相互依赖、相互协作的战略联盟。实行供应链管理，提高产业整合能力，实现双赢、共赢已经成为发达国家批发零售业的主流方向。而我国的生产厂商、供应商、批发商与零售商之间的矛盾还比较突出，相互之间的利益争夺还很严重，这已成为制约我国流通业发展的一大瓶颈。

(三) 批发企业缺乏核心竞争力

主要表现为：①商品价格居高不下。由于我国的批发企业在买方市场条件下，常常以代销形式经营，因而在与供货商的博弈过程中总是处于不利地位；而外资批发企业主要采用大批量买断进货的方式降低进货成本，这就使得外资批发企业同国内的批发零售商相比具有明显的价格优势。②销售与扩张能力不强、经营管理水平低。我国目前缺少跨地区的全国性大批发商，更缺少能与国外大型批发企业相抗衡的世界级批发商。由于国内批发企业规模小、分布不合理，使得我国的批发商没有能力在更大的范围内合理配置资源。③企业融资能力差。批发业是资金流动迅速的行业，目前我国的资本市场还不完善，存在着企业信誉不良等诸多问题，致使我国批发商的融资能力较差。

(四) 批发企业规模化、信息化与网络化水平较低

我国工业品批发业网络化水平较低主要表现为批发业组织关联度低。由于我国批发企业之间的市场关系只局限于简单的供求关系，没有长期交易行为，因此造成批发主体之间没能形成强有力的渠道网络。再有就是批发规模小、批发利润率低，批发业管理粗放、市场集中度低，缺乏经济实力与竞争能力。我国批发业一直存在内外贸分离和条块分割的问题，这极大地限制了跨地区、跨部门、跨所有制的批发商的发展。

(五) 现代代理批发方式没有普及、现代化的专职大批发商数量不足、批发技术严重落后

现代化的专职批发商数量不足，但以中小商贩为主体的传统批发市场则相对过剩；特别是能够运用现代科技、经营管理和财务结算手段的大批发商非常匮乏。摊位制的一手交钱、一手交货的落后交易方式，是限制中国绝大多数市场批发功能的发挥，使其难以形成竞争力的重要原因。中国的大多数

批发交易市场是这种落后的交易方式。这种交易方式存在交易成本高、交易速度慢、交易范围小等致命缺点，这是中国批发企业先天不足的缺点，而代理作为一种现代批发方式，在我国还没有得到推广普及。而在美国，代理形式的批发机构占商业批发机构总数的9%，代理批发销售额占全部批发销售额的11%。❶

（六）大额采购和联盟采购

批发企业是联系厂商和终端卖场的中间商，批发商之所以存在，是因为商品从厂商通过批发商走向终端零售商的过程中，批发商可以获得利润，这无疑就缩减了零售商的利润。一些大型的零售商由于其采购量非常大，完全可以越过批发商直接从厂商进行采购，而且大多数厂商为了能够进入一些大型商场也非常希望和这些零售商进行合作，这无疑就缩减了批发商的市场份额，使批发商的生存环境进一步恶化。像沃尔玛、家乐福等大型超市，都是不通过批发商而是直接从厂商进货。许多中小型的零售终端，为了缩减货物流通成本，采取了联合采购的方式——许多商家结成联盟进行采购，这对批发企业形成了巨大的压力。

（七）缺乏品牌意识，经营档次普遍较低

一个市场也和一个企业一样，品牌就代表着管理、服务和质量。像法国巴黎的伦吉斯农产品市场，荷兰阿姆斯特丹的花卉市场，其知名度之高，品牌之响亮，其辐射半径不仅横跨欧盟，而且一直延伸到亚洲和美洲地区，甚至成为一道亮丽的旅游风景线，其直接和间接的效益都十分可观。我国的知名市场还比较少，跨国度、跨洲际有影响的市场更是凤毛麟角。更为严重的是我国的批发企业经营者连基本的批发业品牌意识都没有，这是影响我国批发企业发展的一个很重要的因素。另外，我国批发业一个突出的问题是批发市场与大百货零售相互分离，甚至相互竞争。其结果是：批发市场得不到大百货业的商品质量要求与质量反馈，加之对摊位租赁的急功近利，使相当一部分批发市场对进驻商家不注意资质审查，对进货渠道难以控制，久而久之就形成了批发市场商品价格低但质量不好的不良口碑，极个别市场甚至成为假冒产品藏污纳垢的庇护所。这种情况十分不利于构建我国新的批发与零售的商品营销体系，也成为我国批发企业发展的一个很大阻碍。

---

❶ 祝合良. 进一步发展我国工业品批发业的基本思路 [J]. 中国商贸, 2009 (10).

三、流通渠道效率低，秩序混乱

我国工业品批发领域的批发环节过于分散，进货渠道混乱、不稳定；厂家经营行为不规范，零售价格有时等于甚至低于批发价；批发交易中的假冒伪劣行为屡禁不止，资金互相拖欠；由于信用体系不健全、不完善，使得佣金代理等批发方式无法健康发展。流通秩序的混乱和假冒伪劣商品的肆行，严重侵害了消费者的利益。不同经济成分的流通企业之间竞争条件不平等、不公正，税收负担相差悬殊，致使国家税收大量流失。

流通效率偏低其主要表现在：①流通速度低。来自中国商业联合会的数据显示，我国国有商业流动资本年平均周转次数为 2.3 次，日本的非制造业（包括批发、零售业）流动资本年平均周转次数为 15~18 次，一些跨国连锁公司如沃尔玛、麦德龙等的流动资本周转次数年均可达到 20~30 次。②库存率高。社会库存总额占社会商品销售额的比重也能够影响流通效率。据有关资料显示，1990—1998 年美国、日本、德国制造业库存总额平均只占销售额的 1.3%~1.5%，非制造业（含批发、零售业）库存平均只占销售额 1.1%~1.3%。我国 2004 年年末限额以上批发、零售业商品库存占其当年销售额的比重为 6.37%，与发达国家相比差距较大。

计划经济时期，国有流通企业是商品流通的主渠道，政府对其实施强有力的行政控制，保证了流通秩序的有效运行。社会主义市场经济体制改革使得流通产业发生了许多新的变化，诸如所有制结构多元化、价格形成市场化、投资主体多元化等，但是与市场经济体制相适应的流通产业管理体制却未到位，流通产业政策不健全、流通管理体制不完善、流通管理方式和手段落后，流通行业协会发育不足等，使得流通秩序比较混乱。主要表现是：①假冒伪劣商品泛滥，制假售假活动肆虐，一些地方甚至出现了假冒伪劣商品产供销"一条龙"。②商业欺诈行为较为普遍。有的以最低价、季节降价、清仓大甩卖等名义误导消费者；有的在商品上伪造或冒用认证标志、名优标志、政府批号，对商品的质量、成分、性能、用途、有效期、产地等做出引人误解的诱导等。③普遍存在商业贿赂现象，恶性价格竞争问题突出。④未经登记注册，非法从事流通经营活动的无照经营现象比较普遍。⑤限制竞争情况时有发生。一些地方政府以行政手段阻碍外地产品进入本地销售，或者以歧视性的质检、准销手续，抬高外地产品进入本地的"门槛"，等等。流通秩序的混乱，增大了交易成本，降低了全社会的福利水平。

四、流通企业规模小、现代信息技术应用不足，竞争力薄弱

（1）目前我国没有世界级零售企业，规模优势无法体现。我国流通企业由于自身实力及体制障碍等原因，经营规模受到很大限制，而进入国内的跨国流通企业，无论是沃尔玛还是家乐福、麦德龙，各自的大型连锁超市均达到数千家之多，销售额一般都在数百亿至上千亿美元。

（2）我国流通业传统技术占主导地位，现代信息技术应用不足。尤其突出的是没有高科技的支持，主要是信息化程度低。企业治理没有运用现代化的电子信息技术。国外的商业企业以治理信息系统、电子数据处理系统、决策支持系统为核心，形成了以网络为辅助的自动化治理，这与传统的零售业运作方式截然不同。长期以来，我国一直视流通产业为劳动密集型产业，忽视技术的开发与应用。商业企业目前基本没有形成自动化信息网络，物流等部门的机械化和自动化程度也偏低。而发达国家的流通产业早已显示出技术密集型特征，是高科技与高投资相结合的产业，如沃尔玛投资 7 亿多美元建立了商业卫星网络通信系统。20 世纪 80 年代，发达国家的 EDI 技术、供应链管理技术得到广泛应用；90 年代，出现了基于因特网的电子商务技术。我国的流通产业技术结构亟待改善。

（3）缺乏经营特色优势。我国流通企业由于管理水平低下，大多未开发出独具特色的经营模式，商品筹集、业态选择、促销服务、店面设计等基本雷同，甚至有些不同业态的企业却以相同的价格经营相同的产品，给顾客造成"千店一面"的印象，无法满足顾客个性化需求。而国外的流通企业如沃尔玛的仓储式卖场、麦德龙的批发式零售、家乐福的综合超市、日本的 7-11 便利店等，都具有鲜明企业特色的商业运作模式。

（4）没有集群经济优势。国外流通企业之间通过相互参股、战略联盟、人员互派、技术信息交流等多种合作方式形成稳定的企业关系，减少了企业之间的摩擦成本，实现了双赢甚至多赢，流通企业还与各种供应商之间通过供应链形成稳定的产销关系，把传统的企业之间的竞争上升为企业结合体或者供应链之间的竞争，弱化了竞争风险。而国内大中小企业各自为政，"大而全""小而全"的现象依然很严重，只是眼睛向内，管好自己的企业，供应链的思想意识还不强烈。

（5）整体规模偏小，各项成本较高。从零售结构整体来看，中国的零售结构以小规模的商店居多，特别是个体商店的比重高，即使是大型零售企业，其组织规模仍然偏小。这种零售企业的小规模经营，严重阻碍了零售业规模经营优势的发挥。国内企业的规模扩张更多的是一种外延式扩张，更看重的是网点资源的抢占，规模效益没有充分体现，只在一定程度上提高了综合毛利率，但各类经营费用居高不下，导致净利润率大大低于家乐福、沃尔玛等国际巨头。过高的运营成本归因于两个方面，外部是因为我国物流费用偏高，内部因素则缘于销售成本和治理成本偏高。商品周转速度慢、采购配送水平低造成高库存和断货共存等问题。外商的这种规模化优势和低价销售策略大大提高其市场占有率，使国内零售企业市场份额不断缩小，直接影响国内零售企业市场地位。

五、流通产业体制不健全

我国目前的流通产业体制脱胎于计划经济体制，期间虽然经过几次大的变动，但计划体制的本质属性没有得到根本改变，突出弊端是流通空间分割和流通要素分割，以及在此基础上形成的流通管制混乱。

（1）地区分割。目前各种形式的地方保护主义和区域贸易壁垒层出不穷。国内市场不仅存在省（自治区、直辖市）际之间的商品贸易障碍，而且同一省（自治区、直辖市）内，各个市和市之间、县和县之间的贸易壁垒同样非常严重。地区分割还表现为城市商品流通与农村商品流通的分离等。

（2）部门分割。各种形式的部门保护主义和行业贸易壁垒非常严重，除粮棉、石油、成品油、食盐、药品等特殊商品外，其他众多商品流通仍然处于分割状态，一个行业一个系统。如农产品流通和工业品流通相分离，消费资料流通与生产资料流通相分离，有店铺商品流通与无店铺商品流通分离，等等。尽管近年来国家行政体制改革取消了若干主管部委办局，但实际上目前的行业协会、集团公司仍具有"主管部门"的职能，起着分口把手、"铁路警察各管一段"的作用。

（3）所有制分割。国有流通企业目前仍然享有较为优越的政策优势，政策资源乃至一些市场资源仍然比较多地集中在国有流通企业中，例如，上市融资、某些特殊商品流通的市场准入权等。这样，非国有流通企业和国有流通企业之间就不能处于平等的竞争地位，WTO 框架下的国民待遇问题就不能得到根本解决。

（4）国内市场与国际市场分割。2003 年 4 月起，尽管取消了国家经贸委，使内贸和外贸行政管理机构合并，在原对外经济贸易合作部的基础上新组建了商务部，有了类似于日本的通产省、英国的工贸部、美国的商务部的组织，但在形式上统一的商务部中，内贸和外贸工作仍然存在"两张皮"的状况，二者的有机融合仍需要一个较长的时间过程。

（5）生产和流通的分割。从整个国民经济来看，生产没有纳入流通之中，各自仍处于独立运行状态，长期以来，我们重视了生产领域的大公司、大集团建设，而忽视了流通领域的大公司、大集团建设，更忽视了将生产和流通合二为一的以流通为主导的大公司、大集团建设。

六、缺乏对中小流通企业的保护政策

2007 年 8 月 30 日我国颁布了第一部《反垄断法》。《反垄断法》中的 57 个条文，结合中国实际，除了禁止垄断协议、禁止滥用市场支配地位和控制企业合并外，还对阻碍中国经济发展的行政垄断行为加以规制，在程序上明确了垄断行为的法律责任。商务部也发文指导地级以上城市制定了《城市商业网点规划》，这在一定程度上有助于规范我国零售业的合理布局，但主要是针对重点项目的建设，一些与规划配套的具体控制措施或行为准则尚未出台，因此，目前我国的零售业由于规制不到位，仍存在过度竞争或低效竞争的现象。以反垄断法、反不当竞争法和消费者权益保护法为主体的流通竞争政策，还缺乏对中小流通企业的保护政策。随着大企业销售额占商品总销售额比例的逐渐扩大（见表 4.8 和图 4.4），有可能形成大企业的垄断，造成竞争的低效率，阻碍技术进步，从而导致社会总福利的损失。

表 4.8 日用品类批发零售销额❶（2006—2010 年）

年份	合计（万元）			大型企业（万元）			大企业所占比例（%）
	商品总销售	批发额	零售额	商品总销售	批发额	零售额	
2006	1 834 041	911 818	922 223	609 669	137 488	472 181	33.24

❶ 根据 2006—2011 年《中国统计年鉴》计算.

续表

年份	合计（万元）			大型企业（万元）			大企业所占比例（%）
	商品总销售	批发额	零售额	商品总销售	批发额	零售额	
2007	2 151 333	1 090 206	1 061 127	934 429	275 765	658 664	43.43
2008	2 508 858	1 213 921	1 294 937	1 174 053	314 483	859 570	46.78
2009	3 153 198	1 650 326	1 502 872	1 492 940	583 729	909 211	47.35
2010	3 559 147	1 859 128	1 700 019	1 758 508	662 978	1 095 530	49.41

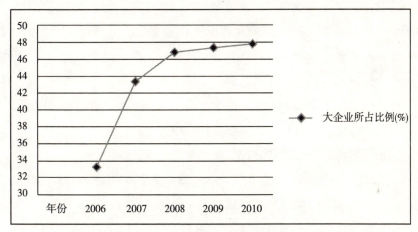

图4.4　日用品类批发零售销额大企业所占比例（2006—2010年）

七、工商企业矛盾突出、关系不和谐

　　我国工业品流通体系近年来虽然获得了快速增长，但由于种种原因，还存在着商业采购功能下降、批发业发展滞后等突出问题，集中表现为工商联动效应不够显著，流通业对工业品生产的引导作用弱化，市场经济条件下流通应有的基础作用、先导作用和主导地位未能充分发挥，也未能实现工商联动促进内需的效果。制造商与流通商本是同一个供应链/价值链上的利益分配者，从理论上讲，生产厂商应按照流通商提供的市场信息，研发、生产商品，流通商应为制造商的产品积极构建销售网络和渠道，制造商与流通商应实现共生共荣、互利双赢。但是，由于种种原因，在现实生产与销售活动中远没有达到这种良性互动的格局，制造商与流通商之间关系的不和谐有愈演愈烈的趋势。这不仅损害了其中一方的利益，也严重损害了工商合作关系的进一步深化，从而损害了双方的长期利益。

制造业与流通业之间联动效应不明显，主要表现在以下几个方面：

(1) 商业采购功能不断弱化。许多商业企业靠出租柜台进行经营，当流通企业放弃对商品市场的经营与管理、放弃对成本的控制以及服务水平的提升时，就必然导致商业功能与商业发展水平的退化。

(2) 零售终端通道费用不断上涨。通道费是供货商为使自己的商品进入超市零售终端的销售区并陈列在货架上而事先支付给零售商的费用，主要包括进场费（新品进场所需支付的一次性费用）、维持费（为维持产品销售业绩所支出的费用）和折扣。通道费的表现形式比较复杂，大体包括合同内收费和合同外收费。无论是合同内收费还是合同外收费，多少都有其合理性。问题在于在这些合同内和合同外的费用之外，可能会有一些与商业腐败相关联的额外费用，这不仅增加了供货商的供应成本，而且增加了供应商的不确定性。更为重要的是很多企业的通道费用都呈现出快速增长之势，不透明和不断上涨的通道费是影响零售商与供应商建立稳定合作关系的主要问题。

(3) 拖欠货款常态化。由于相关制度的缺失以及管理不到位，使得部分卖场肆意拖欠货款、暗箱操作和诈骗等现象泛滥，同时，我国目前信贷评价体系不健全，导致不少企业通过拖欠货款变相融资，以支持其高速扩张的势头，使得资金链非常紧张，拖欠货款几乎成为流通业制度化、常态化的潜规则，这必然影响供货商的正常运营，从而也影响了供货商降低成本、改善质量的努力。

(4) 价格主导权争夺导致的纠纷层出不穷。当厂家要求涨价而零售商不同意时，就会造成零售商与供应商之间关系的紧张。特别是当零售商占据了市场强势地位并掌握话语权时候，零售商与供应商关系的矛盾就会凸显出来，诸如霸王条款、乱收费、扣押货款等问题层出不穷，昔日荣辱与共、唇齿相依的关系，逐渐演化成不可调和的利益纷争，而通货膨胀造成的压力进一步加剧了零售商与供应商之间的矛盾，成为矛盾激化的"催化剂"。

根据表4.9和表4.10，对比数据计算结果可将工业品划分为三种情况：①弱批发依赖型（批零比值平均在0.3~0.9），包括金银珠宝、化妆品、家电、家具、计算机及机动车等，典型地表现为对批发具备较弱依赖性的短渠道流通。基本判定批发商在此类工业品流通中的渠道作用较弱。②强批发依赖型（批零比值平均在 12~150），主要是机电产品及设备、木材及制品、煤炭及制品、化工材料及制品、金属材料、农业生产资料等生产资料工业品，典型地表现为对批发具备较强依赖性的长渠道流通，批发商的专业化优势具备较大空间。③批零兼营型（批零比值总体上略大于 1），包括食品、饮料、烟酒、纺织服装、鞋帽、日用小商品、文教及体育用品、医药及医疗器械等，但其中却存在两种不同的渠道特征需要区分。

表 4.9　根据工业品市场批发和零售交易额计算的批零比值

年份 \ 类别	2004	2005	2006	2007	2008	2009	平均
计算机市场	—	1.50	0.43	0.48	0.37	0.32	0.62
机动车市场	1.56	1.18	0.48	0.38	0.25	0.24	0.68
家具市场	0.80	1.19	0.89	0.92	0.88	0.77	0.91
通信器材市场	—	2.67	1.50	2.09	0.26	1.24	1.55
建材装饰材料市场	2.91	3.11	1.69	1.94	1.33	1.37	2.06
文化音像书报杂志市场	1.87	1.74	5.46	3.54	1.26	0.92	2.47
药材药品及医疗器材市场	1.45	1.27	1.99	1.82	8.27	7.42	3.70
工业品综合市场	4.21	4.21	3.94	5.06	3.86	3.84	4.19
木材市场	11.85	4.79	2.25	2.13	2.81	！	4.77
纺织品服装鞋帽市场	10.74	7.66	6.42	8.37	8.64	9.05	8.48
小商品市场	5.54	10.55	9.26	9.10	8.37	12.36	9.20
食品饮料烟酒市场	34.36	15.92	9.10	6.12	4.59	8.27	13.06
农业生产资料市场	41.43	43.44	7.78	17.34	15.41	23.30	24.78

续表

年份 类别	2004	2005	2006	2007	2008	2009	平均
金属材料 市场	53.44	19.26	13.18	11.79	57.86	！	31.11
煤炭市场	65.50	27.07	！	！	！	！	46.29

数据来源：根据《2002—2010 年中国统计年鉴》计算，原始数据取自"亿元以上商品交易市场基本情况"；计算时，依据公式"工业品流通批零比值＝工业品批发成交额/工业品零售成交额"。"—"表示数据缺失，"！"表示零售额为零从而认为批零比值无穷大。

表 4.10　根据批发和零售企业工业品销售类值计算的批零比

年份 类别	2001	2002	2003	2004	2005	2006	2007	2008	平均
金银珠宝类	0.21	0.25	0.17	0.22	0.37	0.32	0.36	0.47	0.30
化妆品类	0.48	0.39	0.35	0.33	0.46	0.45	0.46	0.62	0.44
电子及音像制品类	0.59	0.67	0.64	0.73	0.78	0.82	1.04	0.97	0.78
家具类	0.64	0.70	0.71	0.81	1.10	1.09	0.91	0.70	0.83
家电及音像器材类	0.95	0.93	0.94	0.95	1.26	1.18	1.28	1.09	1.07
书报杂志类	1.45	1.35	1.29	1.19	1.15	1.06	0.95	0.86	1.16
汽车类	2.35	1.90	1.27	1.06	0.84	0.75	0.69	0.69	1.19
日用品类	1.02	1.12	1.11	1.16	1.35	1.38	1.39	1.17	1.21
体育、娱乐用品类	1.08	0.91	0.84	0.89	1.65	1.79	1.99	1.69	1.35
服装鞋帽纺织品类	1.86	1.79	1.75	1.61	1.89	1.69	1.45	1.28	1.67
中西药品类	1.16	1.29	1.54	1.68	2.20	2.30	2.17	2.26	1.82
文化办公用品类	1.71	1.96	2.40	2.47	3.38	3.14	3.28	2.96	2.66
建筑及装潢材料类	2.92	2.50	2.80	2.82	4.15	3.87	3.29	5.22	3.45
通信器材类	5.43	3.80	2.59	2.33	3.45	3.57	3.39	3.22	3.47
食品饮料烟酒类	4.44	3.86	3.72	3.51	3.57	3.45	3.13	2.99	3.58
五金电料类	3.00	4.05	4.13	4.18	4.84	4.90	5.07	5.70	4.48
石油及制品类	7.78	6.75	6.24	5.69	5.50	4.63	4.57	4.00	5.65
机电产品及设备类	4.04	3.09	2.22	1.97	19.20	21.29	22.42	22.28	12.06
木材及制品类	13.71	20.81	17.55	12.18	20.71	24.38	22.15	20.52	19.00
煤炭及制品类	38.17	53.59	57.85	110.66	95.80	90.02	61.09	59.69	70.86
化工材料及制品类	—	121.78	117.92	134.03	116.73	124.95	115.25	119.78	121.49

续表

年　份 类　别	2001	2002	2003	2004	2005	2006	2007	2008	平均
金属材料类	—	109.44	145.84	151.86	126.88	139.30	178.86	190.71	148.98

数据来源：根据《2002—2009 年中国统计年鉴》计算，原始数据取自"限额以上批发和零售企业主要商品分类销售额"；在计算时，依据公式"工业品流通批零比值＝工业品批发总额／工业品零售总额"。

第一，一种是渠道长度相对稳定的工业品，比如文教体育用品及器材类、药品药材及医疗器械类。批零比值在不同年份之间波动幅度不大，并且依据批零企业和工业品市场的数据分别计算的批零比值也表现出较高的一致性，可以初步判定批发商在此类工业品流通中的渠道作用相对稳定，其现有定位也基本代表了未来方向。

第二，需要注意和说明的是另一种情况，也即对批发商的依赖性不太稳定的工业品，包括食品、饮料、烟酒、纺织服装、鞋帽、日用品等。根据批零企业的销售额计算，这类工业品的批零比值较低（略大于 1），而如果根据工业品市场的成交额计算，这类工业品的批零比值又较高（为 8~15），且不同年份之间的批零比值波动也较大，表明批发商在这类工业品流通中的渠道作用仍无法通过结构性的数据描述予以明确。

零售商与供应商矛盾产生的原因主要是：供应商与零售商的市场竞争以及整体社会的不充分竞争，不按市场规律办事。前者使零售商与供应商市场实力产生了差距，话语权不一致，后者使矛盾具有了中国特色，偏离了正常的零售商与供应商矛盾范畴。

总之，传统的"重生产、轻流通"等观念的影响、社会诚信状况的恶化、流通企业谈判地位的改变以及批发业水平滞后等原因，使得工业品流通体系中的工商关系不协调，矛盾冲突不断。必须采取有力措施尽快扭转这一不利局面，否则损害的不仅是流通业的利益，也会损害制造业乃至整个国民经济的利益，最终会牺牲全体民众的福利。

第三节　对工业品流通体系存在问题的进一步剖析

20 世纪 80—90 年代，我国工业品流通体制改革不断深入，工业品流通市场出现了批发市场经营模式和零售企业经营模式等多渠道并存的局面，由于商品流通渠道复杂多样，工业品流通出现了新情况、新问题。

一、小生产与大流通模式

工业品的小生产与大流通模式指工业品的生产制造商规模小、品牌知名度低，而工业品流通商的规模大、品牌知名度高。目前世界范围内有一些规模巨大的零售企业，如德国的麦德龙、法国的家乐福、美国的沃尔玛等，它们控制了商品流通的零售环节，能了解更多的消费者信息，拥有强大的市场力量，零售行业的市场集中度不断提高。这种小生产与大流通模式可以进一步分为批发市场模式和超市流通模式。

（一）工业品批发市场模式存在的主要问题

（1）规划滞后，重复建设导致资源浪费。当前我国批发市场的产权结构存在国有、私营及其他所有制等多元化主体，比较复杂。产权主体的多元化使得批发市场不能进行统一规划，由于批发市场的建设和规划缺乏前瞻性、系统性，因而不能适应批发市场规模迅速扩大的需要，同时批发市场规模的扩大也给周边的交通、市容管理带来一定压力。尽管一些城市已着手对批发市场进行统一规划管理，并有计划地将城内批发市场迁往城外，但总体上的批发市场建设仍处于落后状态。同时，有些地方政府为追求表面 GDP 等政绩，不顾本地的产业基础和市场条件，不遵循市场客观规律，盲目扩大工业品批发市场的建设规模，导致有场无市，形成巨大资源浪费。

（2）交易方式落后，不能实现可持续发展，批发市场管理水平落后。其表现是工业品批发市场的交易方式简单，电子信息化水平低。许多批发市场采取出租和出售摊位的方式经营，管理者不了解批发市场的经营状况，不能对批发市场的经营实行规范管理，传统的低成本、低税费和低价格的"三低"经营模式，在形成批发市场竞争优势的同时，也导致了专业分工模式的僵化和一定的效率损失。由于生产厂商和市场经营户的规模偏小，导致生产和流通企业的组织化程度低。目前我国除进出口贸易和生产资料批发市场有少数规模较大的批发商外，其他各类批发市场几乎没有大批发商❶。

（3）市场秩序混乱。进货渠道不稳定，批发经营行为不规范，零售价格甚至低于批发价格，批发交易不仅存在假冒伪劣问题，而且信用体系也不健全，造成资金互相拖欠。由于流通秩序混乱，假冒伪劣商品横行，严重侵害消

---

❶ 赵萍. 重塑我国工业消费品流通模式 [J]. 时代商贸，2012（1）：34-39.

费者的权益，成为商品流通中的"毒瘤"❶。批发市场存在的这些问题除了容易诱发偷税漏税、销售假冒伪劣商品等不规范经营行为之外，还严重制约了批发市场组织功能的发展和提升，致使零售行为以及批发行为不规范❷。

（二）超市流通模式存在的主要问题

（1）零售商与供应商关系不对等。个别大型超市零售商凭借其占据流通终端的市场地位，乱收货架费、进场费，在交易合同中增加霸王条款，长期拖欠供应商的货款，影响供应商的正常运营，致使零售商与供应商关系恶化、矛盾扩大。

（2）现有超市零售商大多对工业品采用代销的方式，即由供货商提供商品，同时由生产厂家委派相关人员在超市销售，卖不出去的商品全部退回厂家，超市不承担任何责任与风险，而且售后服务也全部由供货方的生产厂家负担。超市零售商的这种不负责任的做法，实际上也影响到零售商自身的可持续发展能力，是"自废武功"。

二、大生产与小流通模式

这是指生产厂商的规模较大、品牌知名度也较高，而流通商的规模较小，品牌知名度也较低。在这种模式下，知名的大工业品生产厂商在交易过程中居于强势地位，而零售商则处于弱势地位。当工业生产制造商由于通货膨胀、成本上升等原因而要求商品销售价格上涨时，零售商只能听从处于上游的大生产制造企业的号令，其对价格的制定没有任何调控能力。在零售商对工业品的销售是以代销为主的情况下，更强化了零售商的弱势地位，致使零售商对价格的上涨无可奈何。大生产商的品牌知名度及其销量决定了其在百货店的地位，由于大品牌、知名品牌、强势品牌对消费者有巨大的吸引力，百货商店很欢迎大品牌入驻，希望通过大品牌的知名度、信誉度和美誉度来树立并提升自身的形象。大品牌制造商能够对零售企业颐指气使，要求零售商提供装修费并随意挑选店铺位置等。

大生产与小流通模式包括企业自建营销机构和代理两种模式。

（1）生产厂商自建销售渠道的问题。现在有许多生产厂商自建销售渠道，

---

❶ 王双进. 构建中国特色工业消费品批发体系 [J]. 江苏商论, 2006 (11)：11-13.

❷ 孟国强. 大力完善和提升批发市场的组织功能 [J]. 商业经济文荟, 2004 (5)：6.

采取自设销售门店直接经营和特许连锁加盟店的方式，目的在于掌握控制销售渠道终端，占领市场。但生产厂商自建销售渠道要具备一定的条件，即厂商有很强的品牌号召力且消费者的品牌忠诚度很高。在现实经济社会中，并非所有区域都能够采用厂商自建销售渠道的模式，原因在于：生产厂商自建销售渠道需要在技术、人才、仓储、物流管理等环节投入大量资金，这势必增加销售成本。生产厂商自设销售渠道并非未来渠道发展的主流趋势，制造商涉足销售领域，实际上是对社会分工的逆转，制造商只有专注于产品的研发和生产，零售商专注于产品的销售，才会使社会资源得到充分利用和节约。

（2）层层代理模式存在的各种问题。第一，代理种类少、品种单一。对新商品、时尚品、名牌商品、畅销品、进口商品等，层层代理模式的难度较大，进入门槛高，小代理商不容易取得这些商品的代理权；对品牌知名度较低的工业品而言，尽管能够取得代理权，但小企业的渠道运作能力相对较弱，不能建立有效的销售渠道网络，导致商品销售不畅，影响商品的流通。第二，由于从产业链上游的生产商到下游零售商的流通环节过多，层层加价，致使流通成本和商品的售价偏高，价格竞争力削弱，窜货、压货等现象时有发生。另外，中间商的反应迟钝，不便于直接沟通信息，可能导致顾客发生购买的转移。第三，基于保护品牌和对企业经营战略的考虑，很多生产厂商对渠道的控制过严，自主权受到很多限制的代理商，其市场经营能力很难得到正常发挥。

三、解决问题的思路

我们需要放开搞活工业品流通，但并不是让工业品流通完全自由放任地发展，要对工业品流通给予积极的扶持和引导，尽快形成多元化、高效率、低成本的工业品流通目标。实现批发市场与专业卖场模式向商场管理方向发展；层层代理模式向总代理、总经销方向发展；小生产与大流通的模式向大生产和大流通❶的超市模式发展。积极培育大批发商、大生产商、大零售商和大代理商，提高工业品生产商和流通商的组织规模，为工业品的流通发展奠定良好的产业组织基础，促进流通产业供应链的整体协调与创新。

---

❶ 大生产和大流通模式：即生产商和流通商的规模都比较大、知名度都比较高，两者处于平等地位.

第五章　工业品流通指标体系的构建
与实证分析

第一节　工业品流通指标体系的构建

一、构建工业品流通评价指标体系的原则

（一）科学性与系统性原则

指标体系应建立在科学的基础之上，指标的设计要考虑指标的量化数据的可获得性、可靠性和可行性，数据来源要准确，计算方法要简单，处理方法要科学，便于综合分析，具体指标应能够反映出工业品流通体系主要发展目标的实现程度。工业品流通指标体系的各项指标之间不是相互独立，而是相互联系和相互制约的，并且可能存在着一定的替代性，应选取那些具有较强代表性的、能够综合反映工业品流通体系发展程度的指标。

指标体系突出强调工业品流通体系作为一个系统的整体特征。本书所选取的工业品流通指标体系的饱和度、成熟度、繁荣度以及竞争度"四度"指标是在总结了国内外，尤其是国内对于流通产业的研究评价的方向与角度的基础上，突出流通产业体系系统性的特点而建立起的指标体系。本书追求流通产业体系之间的动态理论平衡关系，使流通产业体系的"四度"齐头并进，相互促进。工业品流通体系是一个较为复杂的综合系统，可分解为若干子系统，子系统再分解为若干个指标。指标体系所反映的内容，必须包含流通产业体系发展的经济效益及所导致的社会进步，即从更宏观、更系统的角度统筹评价工业品流通体系的发展水平。因此评价指标体系只有采用系统的方法来设计，才能全面地反映工业品流通体系发展的各个方面。

（二）可操作性与可比性原则

评价指标体系应充分考虑到数据的可获得性和数量化的难易程度，定量与定性相结合。既能反映现代流通产业体系构建的各种内涵，又尽可能地利用统

计资料和有关规范标准。设计的指标易于取得，便于操作，尽可能删除相互重复的指标，简化统计指标体系。此外，还要考虑收集数据的难易程度，以尽可能保证所设指标的可得性。另外，所建立的评价指标体系还必须具有广泛的适应性，即设立的指标能反映不同类别、批零行业的共性和特性。同时，建立的评价指标体系必须具有发展性，即可根据不同地区具体特征及流通产业环境的变化做出适当的调整，从而可以灵活应用。

从时间和空间尺度上看，现代流通产业体系的指标要具有统一的量纲，这样既可以形成现代流通产业体系的时间序列，分析同一区域内的流通产业体系建设的发展速度和效果，又可在空间范围上比较不同地区在同一时期流通产业体系建设的水平。指标体系的构建要充分考虑定量和定性分析的结合性。一般来说，评价指标要求尽量采用定量指标，而对一些不能定量化的指标，则用定性的描述来阐述其规律，从而可以对现代流通产业体系发展水平进行更加客观的分析评价。

（三）指标的选取

（1）反映商业企业核心竞争力的指标。赢利能力是企业生存的根本，核心竞争力评价指标要能够反映企业的经济效益和运营状况，这主要通过赢利能力指标和资本运营能力指标来体现。此外，实现收入增长和资本扩张是增强企业竞争力的根本途径，因此竞争力指标还应包括偿债能力、发展能力和增长能力等指标。

（2）体现流通产业发展方式转变的指标。品牌价值和高新技术的应用是商业企业竞争制胜的重要因素。高新技术的应用可以直接影响商业企业的经营业绩，利用新技术能力的大小是决定企业是否拥有核心竞争力的源泉，因而在评价体系中加入商业品牌价值指标和与新技术相关的指标具有明显的时代特征。

（3）体现流通对其他产业带动作用的指标。流通已经从国民经济的"末端行业"上升为"先导行业"，且日益具备"基础产业"的若干特征，商业对整个国民经济的带动作用以及对其他产业的拉动作用日益明显，因而加入商业贡献率指标具有现实合理性。

二、工业品流通指标体系的构成

建立一套科学实用的工业品流通指标体系，是进行流通现代化和流通业竞争力评价的前提。这一指标体系涉及饱和度、成熟度、繁荣度等指标。

（一）饱和度

饱和度主要是指流通业的资源供给与市场需求之间的比例关系。资源供给与市场需求相平衡为饱和；资源供给不能满足市场需求为不饱和；资源供给超过市场需求为超饱和。饱和度是一个动态的结构性概念，有两类指标：一类为规模指标，另一类为流通资源占有与贡献指标。一般来说，流通现代化的标志，是城市流通业（批发、零售、餐饮）创造的 GDP 占该城市 GDP 的比重达到12%～15%的份额。当城市流通业创造的 GDP 相对较低的时候，表明流通业的饱和程度较低，流通现代化的程度也较低；当城市流通业创造的 GDP 较高时，表明流通业饱和度较高，流通现代化的实现程度也较高。评价一个城市流通业的饱和程度，主要看流通业利润率。当一个城市的 GDP 达到现代化水平，流通所实现的利润率达到全社会平均利润率水平时，则意味着流通业达到饱和状态，实现了流通现代化。

（二）成熟度

成熟度是流通业运行质量高低的程度。一般是通过评价流通组织、流通结构、流通方式、流通效率与社会责任等方面实现的。流通组织集中度恰当、结构合理、方式先进、效率高，说明其成熟度高；反之，说明成熟度低。一般认为，巴黎、纽约、伦敦、东京等世界城市的流通业成熟度较高，是实现了流通现代化的城市。反映流通组织的指标主要是各类大型流通企业的市场集中度，如批发企业的市场集中度、零售企业的市场集中度等。衡量一个城市流通业的成熟度，首先看它是否形成了较高的组织化程度。

反映流通结构的指标主要有各级商业中心区销售额占社会商品零售额的比重、城区与郊区人均占有商业面积的比例、流通业态与业种的数量及比例。这些指标主要衡量流通的空间结构和业态结构的合理性。

反映流通方式的主要指标有：连锁企业实现的销售额占社会消费品零售额的比重、网上销售额占社会消费品零售额的比重、企业科技投入占营业收入的比重以及现代流通技术普及率。成熟度较高的城市流通业，现代连锁经营方式得到普及，连锁经营实现的销售额占社会消费品零售额的比重较大。目前西方发达国家城市流通业的连锁化程度多数超过50%。

反映流通效率的指标主要有：流通资本周转率、物流成本在 GDP 中的比重、流通业利润率、流通费用率。成熟的城市流通业表现为资本周转率高，如日本年周转次数达到 15~16 次；物流成本占 GDP 的比重低，世界城市的这一指标基本在 10%左右。这种高效率的流通是流通业整体供应链的每一个环节的高效率创造的，不仅物美价廉，而且时间成本较低。

反映社会责任的指标主要有流通业就业贡献率、流通业环保投入占社会消费品零售额的比重以及社会责任与义务的履行情况。成熟的流通业建立在流通资源饱和的基础上，在吸收社会就业上具有较大的贡献率，在节能减排、环境保护上肯于投入，在履行社会责任与义务方面能做出较大贡献。

(三) 繁荣度

繁荣度是指流通业发展的兴旺发达与和谐状态。繁荣度是城市流通现代化的综合表现，流通业的繁荣度越高，表明城市流通现代化水平越高。繁荣度指标主要有三类：流通主体、流通辐射力与吸引力、流通秩序。

流通主体指标包括中小流通企业数量及占流通企业总数的比重、非国有投资流通企业占流通企业总数的比重，这两个指标主要衡量城市流通业流通主体的多样性、竞争度与和谐度。

流通辐射力与吸引力指标包括批发企业销售收入与零售企业销售收入的比例、流动人口实现消费品零售额占社会消费品零售额的比重。一个向外辐射力很强的城市流通业，具有批发功能强大、辐射面广、销售半径长的明显特征，批发企业销售收入大大高于零售企业销售收入。流通业较为发达的东京，这一比例为 10∶1。流通吸引力大小是城市流通业繁荣度大小的直接反映，现代化的流通业不仅能满足本地的需要，而且对周边地区，甚至全球的消费者都具有吸引力。

反映流通秩序的指标有不正当竞争案件的比重、经济合同违约率、假冒伪劣商品案件发生率等。从繁荣与否的结果看，好的流通秩序，即既繁荣又有序的现代流通业，一定是顾客满意度最高的流通业。顾客满意度高、服务投诉率低，说明人们购物与接受服务的安全性高，市场规范，法制健全，商品和服务质量有保障，经营与服务的人性化程度高。这样的流通业，从流通秩序上看才是一种人本化的繁荣的现代流通业。

(四) 流通指标体系基本框架、构成与解释

流通指标体系基本框架如图 5.1 所示。

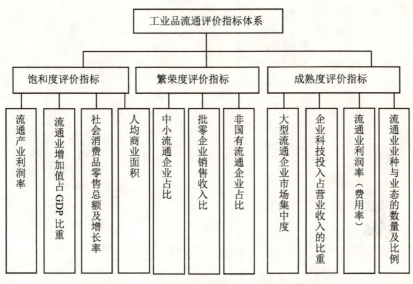

图 5.1　流通评价指标体系 "三度" 示意图

根据指标体系的基本框架和选取原则，可以初步得出商业经济增长的综合评价指标体系（见表5.1）。

具体指标的含义及解释如下。

1. 流通总规模指标

主要包括工业品的流通总产值、流通就业人员数量、流通资本规模、工业品固定投资总额、流通利润总额、物流总规模六个指标。工业品的流通规模指标是衡量一个国家工业品业规模大小的重要指标，既是一国工业品发展的最终表现，也是促进该国工业品不断发展的决定因素。根据表5.2[1]的资料，虽然中国在工业品方面的从业人数远超过日本、韩国，但中国工业品从业人员占就业人口比重，2009年仅为2.70%，是日本的1/5，韩国的1/3。中国工业品就业人员无论是占总人口的比重，还是占全国就业人口比重，都落后于日本、韩国。这说明在现代化进程中，中国的工业品业在吸纳劳动力、提供就业岗位方面还有很大空间。

---

[1]　2009、2010 年《国际统计年鉴》，国家统计局.

表 5.1 流通经济增长方式综合评价指标体系

一级指标	二级指标	三级指标
社会商品流通效益指标	社会商品流通速度 社会商品流通费用 社会商品库存率和产销率	社会商品总体流通费用 社会商品库存量
流通贡献率指标	对 GDP 的贡献率 对就业的贡献率 对其他产业的贡献率	
流通企业经济效益指标	赢利能力指标 资产运营能力指标 偿债能力指标 增长能力指标	主营业务利润率 总资产收益率 成本费用利润率 总资产周转率（次） 流动资产周转率 人均利润率和单店利润率 商品销售费用 批零企业库存适销率 资产负债率 流动比率 主营业务收入增长率 总资产增长率
流通品牌价值指标	品牌价值指标 品牌认知度指标 商业品牌效益评价指标	商品的自有品牌使用率 品牌费用率 名牌商品占全部商品的比率 自有品牌商品占全部商品的比率 新品牌推广成功率 品牌资产占企业总资产比率 每万元营销传播成本的销售增长率
新技术应用能力指标	新技术拥有程度指标 新技术经济效益指标	新技术拥有率 新技术使用率 新技术投资收益率 新技术投入增长率 新技术带来的收入增加额 新技术带来的成本降低额 新技术带来的劳动效率提高

表 5.2　2009 年日本、韩国、中国工业品业就业人员状况

国别	工业品就业人口（万人）	全国就业人口（万人）	工业品就业人口占就业人口比重（%）
日本	745.7	6 509	11.46
韩国	125.3	2 045	6.13
中国	2 352	87 213	2.70

2. 流通业贡献率指标

流通业贡献率是指一个国家或地区的流通业对国民经济的贡献，包括流通业增加值占 GDP 的比例、流通业的纳税额与总纳税额的比例、流通业就业人数占全国总就业人数的比例。流通业增加值是包括批发、零售和物流行业的增加值。流通业贡献率不仅是评价一个国家或地区流通业发展对国民经济贡献程度的主要指标，也是衡量一个国家或地区流通业发展实力的重要指标。因此，该指标的变化是衡量一个国家或地区流通现代化进程和竞争力强弱的重要宏观判断。

根据"行业对国民经济增长的贡献率＝某产业的增量/合计增量"和"对国民经济的贡献率＝（某产业当年 GDP 数额/当年 GDP 合计数）×100%"两个公式，可以推算出工业品行业对 GDP 的贡献率和对 GDP 增长的贡献率。对国民经济贡献率是流通业增加值的增加量与同期国内生产总值增长量的比率。该指标是评价工业品行业对国民经济发展所做贡献的重要指标，也是衡量一国工业品业发展实力的重要指标。从工业品业对国民经济增长的贡献率来看，美、日、英、法在 2010 年已经分别达到 28.3%、15.8%、17.4% 和 14.2%，而我国只有 8%。美国 2010 年的国民生产总值中，工业品为 8 911 亿美元，占 GDP 的 14.6%。工业品对 GDP 的贡献仅次于制造业（20.1%）。法国 2008 年国民生产总值为 20 500 亿美元，其中商业销售净值为 3 895 亿美元，占 19%。❶

3. 流通效率指标

流通效率指流通业的整体运行节奏，是判断流通业竞争力强弱的核心指标。流通效率的提高是一个国家或地区流通现代化进程的终极目的与核心。流

---

❶《中国统计年鉴（2011）》，国家统计局网站.

通效率是一个综合指标，可以通过流通速度、库存率、社会物流总成本占GDP 的比重三项指标体现出来。

从经济发达国家的工业品的发展情况看，工业品流通的作用不仅是增加了就业机会，拉动了地方财政收入，更重要的是从整体上促进了经济循环，优化了资源配置，加快了资本周转和经济运行的节奏。因此，要选择反映流通效率的库存率、流通速度、流通费用和物流成本占 GDP 的比重作为重要指标。2000—2008 年，美国、德国和日本的制造业库存总额平均只占销售总额的1.2%~1.7%，非制造业库存总额平均只占销售总额的 1.1%~1.2%。根据以往国际公认的库存商品和国内生产总值的比例，正常发达国家不应该超过1%，发展中国家不应该超过 5%。而中国 2008 年，当年新增库存就已占 GDP 的6.1%。如果加上 5 亿元的工业库存，占到 2008 年 GDP 的 39.8%。说明中国的工业品发展一直比较落后，生产和销售严重脱节，信息流通缓慢，这些导致了流通效率低下。控制物流成本被认为是企业的第三利润源。数据显示，从全行业物流成本占 GDP 的比重看，美国为 10%左右，加拿大为 9.5%，日本最低，仅为 6.0%，而我国高达 18%左右。❶

4. 流通方式（业态结构）指标

流通业态是指在一定的社会经济环境条件下，流通企业为满足不同的消费需求而形成的不同的经营形态。通过特定经营形态，采取不同的交易方式，向顾客提供产品和服务，该指标可以用连锁百强的业态构成加以体现。连锁经营是现代流通方式的体现。可以根据某一具体年度的社会消费品零售总额，计算出该年度全社会消费品零售连锁率；也可以根据某一年度区域市场口径，计算出该国或地区的连锁率。

流通方式决定流通主体的类型与构成，决定着商品流通规模的扩大和商品流通速度。从发达国家的发展趋势来看，现代化的流通方式主要表现为连锁经营、物流配送、电子商务的发展。从连锁经营情况来看，统计数据表明，2010年，我国连锁百强销售总额为 1.7 万亿元，同比增长 21.2%，增幅高出社会商品零售总额 2.8 个百分点。百强门店总数达到 15 万个，同比增长 9.8%。同时，连锁百强销售总额的增幅远远大于制造业的增幅，表明了工业品在近年来连锁发展的势头明显。零售连锁总店数量从 2005 年的 1 416 个增加到 2010 年

---

❶ 王成荣. 北京流通现代化 [M]. 北京：中国经济出版社，2009：119-124.

的 2 361 个，年均增加 10.8%，门店总数从 105 684 个增加到 176 792 个，年均增加 10.8%，商品销售总额从 2005 年的 12 587.8 亿元，增加到 2010 年的 27 385.4亿元，年均增加 16.8%（见表 5.3）。

表 5.3　我国连锁零售企业基本情况 ❶

年　份	总店数（个）	门店总数（个）	商品销售额（亿元）	商品购进总额（亿元）	统一配送商品购进额（亿元）
2005	1 416	105 684	12 587.8	10 734.6	8 409.4
2006	1 696	128 924	14 952.2	13 447.4	10 565.7
2007	1 729	145 366	17 754.3	15 917.0	12 542.4
2008	2 457	168 502	20 466.5	17 193.1	13 782.1
2009	2 327	175 677	22 240.0	19 343.7	14 723.1
2010	2 361	176 792	27 385.4	24 044.6	17 412.5

5. 流通企业信息化水平指标

流通企业信息化是根据信息化社会的总体特征和要求，广泛采用现代信息技术，降低流通成本、提高流通效率的过程。流通企业信息化程度可以通过固定资产投资比例、信息化研发强度、企业信息技术人员比例等指标反映出来。

工业品信息化水平的高低直接关系到流通现代化的进程。因此，网上交易额占全社会交易总额的比重，网上购物人数及其占全社会交易人数的比重，注册域名企业数量及其在企业总数量中的比重，网上广告数量及其在广告总量中所占比重，企业在信息化方面的投入及其增长幅度，物流系统标准化程度这八个方面能够反映工业品流通领域信息化的发展水平。

从 20 世纪 80 年代开始，条形码技术、财务管理软件等产品广泛进入工业品行业。特别是随着商业 ERP、商业智能 BI、供应链管理 SCM 与客户关系管理 CRM 等高端产品不断被企业应用，极大拓展了流通企业的信息管理范围，使大批量、多种类的统一采购和分销得以实现，并代替了传统的以手工制单和纸质化的交易方式。信息化是流通现代化的重要依托，也是流通现代化的重要标志❷。而我国工业品业信息技术的应用才刚刚起步，POS 系统、EOS 系统、

---

❶　根据《中国统计年鉴（2011）》整理.

❷　吴仪. 大力推进流通现代化，培育发展大型流通集团 [J]. 管理世界，2003（3）.

MIS 系统还没有普遍应用。一些企业虽然安装了 POS 系统，但仅仅发挥着计算器、打印机和出纳的功能，而整体信息编制、市场预测等功能均未得到发挥，严重制约了流通现代化的进程❶。

6. 流通业与工业品集中度指标

流通业集中度是指一定时期内（通常为一年）流通业中大企业的销售额所占市场份额的比重。流通业集中度是衡量一个国家或地区流通业竞争力和垄断力的通用指标。从商品经济发展的历程看，随着社会化大生产的发展，不同国家和历史时期的流通企业都表现出从小到大且大规模企业的地位逐步提升的趋势。随着流通现代化水平的不断提高，流通业集中度应随之不断提高，这既是流通现代化发展的要求，也是流通业竞争力水平的标志。

现代化的工业品行业需要有经营规模大、实力雄厚的骨干企业，以提高流通效率，取得规模效益，而我国的工业品行业分布较为分散，规模较小，同时资金与技术的限制也制约了流通企业的规模扩张，使工业品行业形成了以中小企业为主、具有国际水平的大型专业化流通企业严重缺乏的局面，流通产业集中度明显低于发达国家。2003 年，美国零售业市场集中度 CR_4 和 CR_8 分别为 10.7% 和 14.6%，分别是同期我国零售业市场集中度的 4.1 倍和 3.8 倍，我国零售业市场集中度与发达国家相比有较大差距，处于较低水平。❷

7. 批零比率

批零比率（W/R 比率）即批发商品销售总额与零售消费品销售总额之比，反映商品流通过程中批发业和零售业之间的经济联系和比例关系。批零比率的高低可以从总体上反映整个批发业与零售业的配比关系和经济联系：W/R 越大，则批发的层次越多，流通渠道越长，批发业相对于零售业的配置密度就越高；W/R 越小，则批发的层次越少，流通渠道越短，批发业相对于零售业的配置密度就越低（见图 5.2）。

保持合理的批零比例是流通业健康、协调与稳定发展的重要保障。我国的批零比值近年来总体维持在 3~4（见表 5.4），没有较大的波动，批零比与世界相比相对较高。说明我国的批发环节还较多，但批发并没有失去重要性，批零比例较高可能与我国幅员辽阔有关。

---

❶ 李保民，孙剑. 推进我国流通现代化的若干建议 [J]. 中国流通经济，2003 (4).
❷ 张弘. 以信息化加快中国流通现代化 [J]. 中国商人：经济理论研究，2005 (1).

表 5.4　批发和零售业商品销售额（2005—2009）[1]

指　标	2005 年	2006 年	2007 年	2008 年	2009 年
批发业商品销售额（亿元）	75 510.7	87 594.3	105 619.9	170 260.2	157 834.6
零售业商品销售额（亿元）	17 640.5	22 460.5	27 121.0	37 969.6	43 331.6
批零比	4.28	3.89	3.89	4.48	3.64

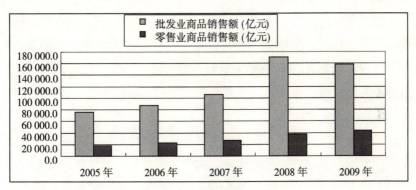

图 5.2　批零销售对比

8. 流通企业竞争力指标

流通业竞争力反映的是流通业的经济效益及其运行态势。该指标可以通过盈利能力和增长能力两个首要指标表现出来。具有竞争力的流通企业应该表现出较高的可持续成长性，成长性较好的流通企业在资产扩张能力方面也会比较强。同时，随着资产的扩张，成长性好的流通企业赢利水平也能够相应增加，并会支持企业的后续增长。赢利能力是核心竞争力的基本能力，包括：①主营业务利润率。反映企业以一定的主营业务收入获取利润的能力，是流通企业的重点发展方向。②总资产利润率。体现企业资产整体获利能力。

9. 资产运营能力指标

资产运营能力反映企业在商品经营过程中使用经济资源的效率性和有效性。包括：①总资产周转率。它是反映企业全部资产在一定时期内的周转速度及资产运营能力的指标。②存货周转率。是反映企业库存商品的周转速度的指标，既体现了企业的资产运作能力，也体现了企业在存货方面的管理能力。

---

[1]　数据来源：《中国统计年鉴（2010）》，国家统计局.

10. 偿债能力指标

偿债能力是反映企业经营风险的高低和利用负债从事经营活动能力强弱的指标。主要有：①资产负债率。这是反映企业资本结构，利用外借资金的程度和长期偿债能力的指标。②流动比率。是反映企业短期变现能力和偿债能力的指标。一般认为，资产负债率为50%，流动比率为2比较合适。

11. 增长能力指标

增长能力是反映企业实现收入与资产逐年增长的能力。具有竞争优势的企业应该表现出较高的成长性，成长性好的企业在资产扩张等方面的能力较强，盈利也保持相应的增长，增长能力直接反映了企业核心竞争力水平。主要包括：主营业务收入增长率、总资产增长率和净利润增长率。

12. 市场占有能力指标

企业市场占有能力包括营销服务指标和企业文化影响力指标。①营销服务指标包括：市场占有率、服务营销培训占企业培训时间的比例、服务增值占企业全部服务成本的百分比、顾客回头率、顾客满意率、顾客忠诚度等。②企业文化影响力指标包括：企业社会形象、企业文化亲和力、企业文化对组织效率及经济效益的贡献度、企业文化对创新的支持度等。

13. 流通业人员素质指标

流通业人员素质指标是指一定时期内（通常为一年）各类专业技术人员和大学以上学历者在流通业从业人员中所占的比重。流通业从业人员素质的高低，决定着流通现代化的水平和竞争力的高低，同时也反映出一个国家或地区流通现代化的水平与竞争力的强弱。该指标可以反映一国或地区流通业人才素质的现状、差距及人才培养的重点与方向。

14. 物流配送指标

物流配送水平是衡量一个国家或地区物流现代化程度的主要指标，也是衡量该国或地区流通现代化水平与竞争力高低的重要指标。

15. 电子商务发展指标

电子商务是近年来新兴的交易形式，在由工业化向信息化方向迈进的过程中，其发展程度标志着流通领域的现代化程度，是一个国家或地区流通信息化和竞争力强弱的重要体现。该指标可以通过电子商务交易额、网上购物人数等指标反映出来。

16. 竞争力系数

竞争力系数是测算企业规模与企业绩效之间关系的指标，用以衡量企业规模对竞争力的影响。其公式为：竞争力系数=企业资产占行业资产的比重/企业的市场份额。其参数为1，若竞争力系数=1，表明企业的竞争力处于行业中的中等水平，若竞争力系数>1，则表明企业的竞争力处于该行业的中等以上水平。

17. 流通环境指标

影响和制约商品流通活动的外部因素主要有国民待遇程度、市场开放度、市场规范度和社会诚信度四个指标。其中以诚信指标和信用等级评价体系最为重要。这里借用英国 EIU 机构所开发的全球商业排名来衡量不同国家商业环境的质量和吸引力。该排名主要根据吸引外商投资和自由的外贸环境等原则进行，由于美国经济下滑，其排名处于第二位。EIU 认为中国的商业环境正在逐步改善，目前排名第 41 位。❶

18. 消耗系数指标

直接消耗系数又叫投入系数，其经济含义是生产单位 j 产品所直接消耗的 i 产品的数量，用 a_{ij} 表示，$a_{ij} = X_i/X_j$。

完全消耗系数是某产业部门单位产品的生产，对各产业部门产品的直接消耗量和间接消耗量的总和，完全消耗系数等于直接消耗系数与间接消耗系数之和。

$$b_{ij} = a_{ij} + \sum_{k=1}^{n} b_{ik} a_{kj} \ (i, \ j=1, \ 2, \ \cdots, \ n)$$

第二节　流通产业结构度量指标

一、流通产业集中度

集中度是指产业内规模最大的前几位企业占整个市场的份额。设 N 为产业中的企业数量，X 表示产业总销售额，X_i 表示企业 i 的销售额，$i = 1, 2, \cdots,$ N，$X = \sum_{i=1}^{N} X_i$；企业 i 的市场份额表示为 $S_i \equiv (100X_i/X)$，其中，$0 \leqslant S_i \leqslant$

❶　宋则，张弘．中国流通现代化评价指标体系［J］．北京市财贸管理干部学院学报，2003（23）.

100，且 $\sum\limits_{i=1}^{N} S_i = \dfrac{100\sum\limits_{i=1}^{N} X_i}{X} = 100$。值得注意的是，用于衡量企业和市场规模大

小的指标除了销售额（量）以外，还可以利用产值（量）、资产、职工等其他指标。集中度是衡量市场结构状况的最基本、最简单的指标。计算公式如下：

$$CR_n = \sum\limits_{i=1}^{n} X_i \bigg/ \sum\limits_{i=1}^{N} X_i$$

其中，CR_n 即产业中规模最大的前 n 家企业的市场集中度；X_i 表示产业中第 i 位企业的销售额（量）、产值（量）、资产、职工等；n 可以根据测算的需要来确定，一些产业组织理论学者常常计算前 4、8 位企业的市场集中度，即取 $n = 4$ 或 $n = 8$。

利用集中度指标的优点在于容易获得相关统计资料，计算直观简单。但是该指标存在的不足在于：只反映规模最大的前几位企业的总体规模，忽略了其余企业的分布状况，也忽视了前几位企业内部的规模分布状况，因而难以全面反映整个产业的市场集中度状况。

二、赫芬达尔—赫希曼指数（Herfindahl-Hirschman index）

简称 HHI 指数，它是某特定行业市场上所有企业的市场份额的平方和，具体公式为：

$$HHI = \sum\limits_{i=1}^{n} \left(\dfrac{X_i}{X}\right)^2 = \sum\limits_{i=1}^{n} S_i^{\,2}$$

其中，X 是产业市场的总规模；X_i 是产业中第 i 位企业的规模；S_i 是产业中第 i 位企业的市场占有率；n 是产业内的企业数。

当市场由一家企业垄断时，$X_i = X$，$HHI = 1$；当市场上的企业数量趋于无穷大且规模都相同时，$X_i = X/n$，HHI 趋于 0，所以赫芬达尔—赫希曼指数的取值范围为 $0 \leqslant HHI \leqslant 1$，即产业内企业的规模越是接近，且企业数越多，$HHI$ 指数就越接近于零。理论界习惯上将求出的赫芬达尔—赫希曼指数乘 10 000。与集中度相比，由于赫芬达尔—赫希曼指数考虑到了所有企业的规模情况，因此能够更为全面地反映整个产业内企业之间的竞争状况。

利用赫芬达尔—赫希曼指数测算市场集中度存在的主要问题是需要收集的信息量非常大，成本相应较高。因为它需要获得每个企业的市场份额状况；尤

其是在测算比较不同产业的集中度时，需要获取相关产业所有企业的市场份额，这样做的难度和代价是非常大的。

三、熵指数

熵指数（Entropy Index，EI）的计算公式为：

$$EI = \sum_{i=1}^{n} S_i \log(1/S_i) = - \sum_{i=1}^{n} S_i \log S_i$$

其中，$\log(1/S_i)$ 表示每个企业市场份额占熵指数的权重。熵指数取值范围为：$0 \leqslant EI \leqslant \log N$。与赫芬达尔—赫希曼指数不同，熵指数赋予大企业的权重小、小企业的权重大。所以，熵指数的大小与实际情况恰恰相反，EI 的值越大，表明市场集中度越高，越是接近垄断和寡占；反之则表示市场集中度越低，越是接近于完全竞争状态。

四、罗森布鲁斯指数

罗森布鲁斯指数（Rosenbluth Index，RI）的计算公式为：

$$RI = 1/(2\sum_{i=1}^{n} iS_i - 1)$$

S_i 含义同前，其中，i 表示企业市场份额按照大小进行的排名次序。与 HHI 指数相反，这个指数能敏感反映规模较小的下位企业群的变化。

五、CCI 指数

通常也称为包括性集中指数（Comprehensive Concentration Index），用公式表示为：

$$CCI = S_i + \sum_{j=2}^{n} S_j^2 [1 + (1 - S_j)](i = 1, j = 2, 3, \cdots, n)$$

六、洛伦兹曲线与基尼系数

（1）洛伦兹曲线（Lorenz curve）。是表示市场中由小企业到大企业的数量累计百分比与这些企业市场份额的累计百分比之间关系的方法，如图 5.3 所示。横轴表示由小到大排列的企业累计百分比，纵轴表示企业市场份额的累计百分比。图中的对角线为均等分布线，如果洛伦兹曲线与对角线重合，表明所有企业所占市场份额相同；曲线距离对角线越远，表明该产业企业规模分布越不均匀，该产业的市场集中度越高。

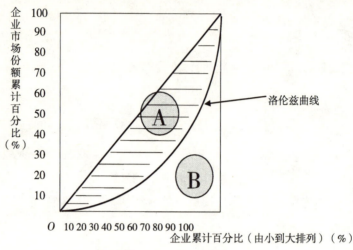

图 5.3 洛伦兹曲线

（2）基尼系数（Gini Coefficient）。是建立在洛伦兹曲线基础上的一个相对集中度指标，它等于对角线和洛伦兹曲线之间的面积与以对角线为斜边、以横轴为直角边构成的三角形面积的比。根据图 5.3，基尼系数的计算公式为：

$$GI = \frac{A}{A + B}$$

基尼系数的取值范围介于 0 和 1 之间，基尼系数等于 0，意味着所有企业规模完全相等；基尼系数趋于 1 意味着企业规模的分布越来越不均等。

洛伦兹曲线和基尼系数作为相对集中度指标，最大特点是比较直观，可以反映流通产业市场上所有企业的规模分布状况。但是它们也有一些局限性：首先，它们主要衡量的是产业内企业规模分布的相对状况，而不能够反映各个企业规模的绝对状况，也不能有效表现少数企业集中和垄断增长的情况。其次，基尼系数和企业规模分布状况并不是一一对应的关系，相反，不同的企业规模状况可以表现出同样的基尼系数，因为不同形状的洛伦兹曲线和对角线可以围成相同的面积。最后，测算洛伦兹曲线需要获得产业中所有企业市场份额的确切数据，这往往是很困难的。

第三节　生产企业与流通企业之间的纵向关系

一、纵向关系含义

纵向关系指两个企业之间的关系是价值链上的前后关系，生产商和零售商之间的纵向关系与生产商和最终消费者之间的关系有很大不同，把产品直接销售给消费者的生产商通常能控制决定消费者需求的绝大多数变量。但如果生产商是将产品销售给零售商，零售商之间会相互竞争，而消费者则不会。

不同产业或不同市场上的企业之间具有密切的经济联系，特别是位于产业链上下游的企业之间的关系更为紧密。企业生产需要原材料、中间产品等，生产出来的产品需要经过批发、零售等环节最终销售给消费者。产业链上下游企业之间的经济交易关系即纵向关系，其中，处于产业链上游的企业称为上游企业（Upstream Firms），处于产业链下游的企业称为下游企业（Downstream Firms），企业之间的纵向关系基本结构如图 5.4 所示。在图 A 中，上游制造商将产品销售给下游经销商，由经销商将产品最终出售给消费者；在图 B 中，上游制造商的产品由两家下游经销商销售，这两个经销商围绕制造商的产品展开竞争，即品牌内竞争；在图 C 中，两个经销商同时经销两个上游制造商的产品，上游两个制造商之间的直接竞争以及通过控制下游经销商展开的竞争属于品牌间竞争。企业纵向关系复杂多样，例如，上游制造商和下游经销商之间有的是纯粹的短期市场交易关系，有的制造商则与下游经销商签订包括供货价格、批量等以外更为复杂的限制性条款的长期合同，有的则进行了纵向一体化。纵向约束（Vertical Restraints）是上下游企业之间签订的具有约束力的长期合同，包括产品售价、销售方式、销售区域等。纵向约束分为前向约束和后向约束，前者是指上游企业对下游企业的约束，后者则指下游企业对上游企业的约束。

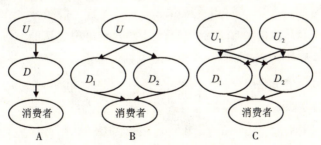

图 5.4　企业纵向关系结构

二、企业纵向约束行为的动因

流通企业与生产企业在经济性质和技术性质上都存在明显差异。从经济意义看，流通企业专职于交易，谋求交易的专业化利益，是交易的专业化提供者、生产者，它的产出直接表现为交换效率；生产企业主要从事生产，谋求生产的专业化利益。从技术意义上看，流通企业从事的各项交易活动之间没有明显的相互外部性；而生产企业从事的生产活动在技术上属于"互补活动"——各个阶段需要相互协调的活动，生产领域里的各个阶段之间、各道工艺之间都存在时序、节奏、数量等方面的协调要求，某一环节的故障可能导致整个生产过程无法继续。

流通企业与生产企业的性质差异造成了它们不同的规模约束和不同的扩张模式。生产企业规模约束主要在于组织成本递增，其规模扩张通常与垂直一体化问题有关。新制度主义企业理论在交易成本、契约、资产专用性、机会主义、剩余索取权、不完全信息等概念基础上对垂直一体化做了详细的解释。流通企业规模约束主要在于本地市场容量，其规模增大通常表现为异地分店扩张。尽管流通企业难以通过垂直一体化进入生产领域和消费领域，但它可以通过品牌、统一经营模式和现代信息技术进行有效的分店复制和分店控制。

纵向约束是具有一定市场势力的企业采取的一种策略性行为，其目的在于通过对上下游企业的控制，遏制竞争对手，提高潜在进入企业的进入壁垒，获取更高的垄断利润。如果不实施纵向控制，上下游企业之间的竞争可能会给对方造成损失，尤其会导致垄断企业的利润损失。上下游企业之间的竞争由于不考虑对对方的影响而存在外部性。垄断企业通过纵向约束在一定意义上可以将这种对自己不利的负外部性内部化，从而获得更高的垄断利润。这种外部性具体表现在以下几方面。

（1）双重加价（Double Marginalization）。是指上游垄断企业和下游垄断企业都根据成本加成的原则定价，导致最终产品售价过高的情况。假定如图5.4中A的一种企业纵向关系，一个上游制造商经由一个下游经销商将产品出售给消费者，两个企业都是各自市场上的唯一垄断企业。在图5.5中，制造商的边际成本为常数 c，经销商除了购买制造商货物支付的货款以外没有其他支出。D 表示制造商生产的产品的市场需求曲线，MR 表示垄断企业的边际收益曲线。制造商根据边际收益等于边际成本的原则出售产品和制定销售价格可以得到最大化的利润，它希望出售的产量为 Q^U，产品售价为 P^U，该价格高于其边际成本。但是它并非自己出售这些产品而是经由唯一的经销商出售，由于假定经销商除了购买货物的货款以外没有其他支出，因此购货价格 P^U 就是经销商的边际成本，经销商根据边际成本等于边际收益的原则，即 $MR = P^U = MC$，将最终销售价格在价格 P^U 的基础上进一步提高到 P^D，实际销售量仅仅是 Q^D。实际销售量 Q^D 远远小于制造商希望出售的量 Q^U。这样，垄断企业只能获得浅灰色区域表示的利润，损失了深灰色区域表示的利润。

从图中可以看出，制造商垄断的均衡产量 Q^U 低于完全竞争市场的产量 Q^e，价格高于完全竞争市场的价格；垄断链造成的损失更大，$Q^D < Q^U$，效率更低。

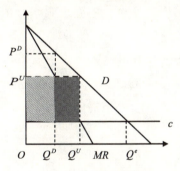

图 5.5　双重加价

在双重加价模型中垄断企业的定价公式为：

$$\frac{P - c}{P} = -\frac{1}{\varepsilon}$$

其中 c 为垄断企业的边际成本，ε 为需求的价格弹性，$\varepsilon<-1$。可以看出，垄断企业的价格为边际成本的一个加成，即企业根据需求弹性的大小，确定垄断价格和边际成本之间的差额，弹性越小则这个差额越大，弹性越大这个差额越小。

如果考虑制造商和销售商都是垄断企业的情况，那么每家企业都会增加一次垄断加成（即价格和边际成本的差为正），消费者将面对两次加成。最后的价格将大大高于生产企业的边际成本，企业的销售量也将大大减少，从而消费者得到更少的剩余，企业和消费者都受到很大的损失。

在双重加价情况下，市场价格更高，生产量更少，消费者剩余也比一体化情形下更少。对利润来说，双重加价情况下两企业利润总和要小于一体化情况下的总利润。在双重定价的结构中，正是由于下游企业的垄断加价导致了总的销售量的下降，从而影响到了上游企业的利润。如果上游企业能在契约中规定下游企业的最高销售价格，那么下游企业就不能再进行一次加价，那么就可以避免这种横向的外部性，从而达到一体化的利润。

在双重加价模型中，我们假设两家企业都是各自市场上的垄断者，但是在现实生活中这种情形比较少见，大多数企业都有竞争者，特别在零售市场，有时候竞争是比较激烈的。在零售企业存在竞争的条件下，零售企业的第二次加价将会受到很大的限制。

对于零售企业竞争及生产企业定价问题：市场结构的基本假定是，存在两家下游企业 R_1、R_2，上游企业 M 的边际成本为 c，除批发价格 P_1 外，每家下游企业均没有其他可变成本，两个企业的固定成本为 0，不存在生产能力限制。可以用古诺竞争来描述：由于两家下游企业除了批发价格 P_1 以外并没有其他可变成本，所以两个企业有着相同边际成本 P_1。假设最终产品的反需求函数为 $p=f(y)=a-by$，上游企业制定的中间产品价格为 P_1，同时 P_1 也是下游企业的边际成本。下游企业 R_1、R_2 的销售量为：$Y_{21}=Y_{22}=(a-P_1)/3b$

则整个下游企业总的产量为：$Y_2=Y_{21}+Y_{22}=2(a-P_1)/3b$

R_1、R_2 利润为：$\pi_{21}=\pi_{22}=\dfrac{a-P_1}{9b}$

考虑上游企业，其利润为：$\pi_1=(P_1-c)y_2$

由一阶条件有：$P_1=(a+c)/2$

这个价格等于垄断价格，即：$P_1=P^M=\dfrac{a+c}{2}$

因此如果下游企业进行古诺竞争，则上游企业最优的批发价格等于一体化情况下的垄断价格。其销售数量比一体化下要少，利润也有所下降。

如果假设下游企业进行伯特兰竞争，则均衡的市场价格就等于其边际成本。又因为零售企业的边际成本就是上游企业的批发价格，故市场最后的价格等于上游企业为中间产品制定的价格。在下游企业进行伯特兰竞争时，上游企业的最优定价就是垄断价格 P^M，这也是最终产品的价格，此时，产量为垄断产量 y^M，利润相当于一体化的利润，下游企业的利润为零。

（2）经销商竞争。经销同一制造商产品的经销商之间的竞争称为品牌内竞争。在销售商品过程中，除了产品价格以外，经销商提供的广告、产品展示、促销等各种销售服务影响着产品的需求。经销商的努力水平越高，消费者

128

的需求越大，产品销量越大，对制造商的正外部性越大。但是，制造商获取收益的同时，经销商却要承担努力的成本。在缺乏某种补偿机制的条件下，经销商提供优质高效服务的努力会不足。同时，经销商之间的竞争越激烈，上述双重加价问题可能越小，因为经销商一旦提价，可能引起消费者转而购买其他经销商的产品，这样，经销商之间更多的是通过竞相压价进行竞争，但是由此导致的后果是每个经销商的利润微薄甚至亏损，最终影响产品的销售。

（3）经销商搭便车。在多个经销商竞争的条件下，经销商提供的广告、产品信息、信誉等各种服务在彼此间会产生正外部性，外部性的存在导致经销商搭便车现象的发生。如一个经销商在售前向消费者传递了关于产品的广告信息，其他经销商如果不做广告，而是以略低于前者的价格吸引消费者，那么，消费者将从前者获得关于该产品的信息，从其他经销商处购买，这样，其他经销商的销售量增加，而做广告的销售商的销售量可能不仅不会因为做广告而增加，甚至有可能减少。既然如此，任何一个经销商都会失去做广告的动力。此外，在关于产品的信誉方面存在同样的问题，由于任何经销商花费代价创建产品的信誉都会为其他经销商所分享，经销商创建产品良好信誉的努力也会供给不足。每个经销商搭便车的机会主义企图和行为导致每个经销商服务供给不足，而这势必影响制造商的产品销售和利润。

（4）制造商竞争。生产不同品牌产品的上游制造商之间也存在竞争，这种竞争被称为品牌间竞争。制造商之间的竞争也存在外部性，而这种外部性导致制造商彼此之间的利益受损。如果一个制造商提高销售给经销商的产品的批发价格，经销多个品牌的经销商就可能转而更多购买其他制造商的产品，使其他制造商销售量增加，市场份额上升。也就是说，一个制造商的决策对于其他制造商产生了正外部性。因此，制造商倾向于收取较低的批发价格，但是由此获得的利润也较低。

（5）制造商搭便车。制造商之间的竞争会延伸至经销商。制造商在出售给经销商产品的过程中，为了刺激经销商的销售积极性，也会进行必要的投资，包括向经销商提供消费者的需求信息、销售培训、技术服务、售后服务等。但是有些投资不是提供服务的制造商的产品或品牌专用的，可以被经销商用于销售其他品牌。如果经销商同时经销其他品牌的产品，那么，这些竞争品牌的制造商就从这种投资中获得了好处。这就是制造商之间的搭便车问题。这种外部性会降低制造商的投资积极性，使得投资水平低于最优水平。

第四节 厂商、批发商及零售企业关系的实证分析

一、模型依据

（一）多元线性回归模型

$$y_i = \beta_0 + \beta_1 x_{1i} + \beta_2 x_{2i} + \cdots + \beta_k x_{ki} + \mu_i \quad i = 1, 2, \cdots, n$$

解释变量 x_1，x_2，$\cdots$，x_k 是确定性变量，不是随机变量；而且解释变量之间互不相关。

随机误差项具有 0 均值和同方差。即

$$E(\mu_i) = 0, \mathrm{Var}(\mu_i) = \sigma_\mu^2, i = 1, 2, \cdots, n$$

随机误差项在不同样本点之间是独立的，不存在序列相关。

$$\mathrm{Cov}(\mu_i, \mu_j) = 0, i \neq j \quad i, j = 1, 2, \cdots, n$$

随机误差项与解释变量之间不相关

$$\mathrm{Cov}(x_{ji}, \mu_i) = 0, j = 1, 2, \cdots, k, i = 1, 2, \cdots, n$$

随机误差项服从 0 均值、同方差的正态分布。

$$\mu_i \sim N(0, \sigma_\mu^2), i = 1, 2, \cdots, n$$

最小二乘法公式

$$\hat{\beta}_0 = \frac{\sum x_i^2 \sum y_i - \sum x_i \sum y_i x_i}{n \sum x_i^2 - \left(\sum x_i\right)^2}$$

参数估计的无偏性

$$\hat{\beta}_1 = n \frac{\sum y_i x_i - \sum y_i \sum x_i}{n \sum x_i^2 - \left(\sum x_i\right)^2}$$

$$E(\hat{\beta}_0) = \beta_0 \qquad E(\hat{\beta}_1) = \beta_1$$

参数估计的有效性

$$\hat{\beta}_1 = \frac{\sum \dot{x}_i \dot{y}_i}{\sum \dot{x}_i^2} = \frac{\sum \dot{x}_i (y_i - \bar{y})}{\sum \dot{x}_i^2} = \frac{y_i \sum \dot{x}_i}{\sum \dot{x}_i^2} - \frac{\bar{y} \sum \dot{x}_i}{\sum \dot{x}_i^2}$$

$$\mathrm{Var}(\hat{\beta}_1) = \mathrm{Var}\left(\beta_1 + \sum k_i \mu_i\right) = \frac{\sum \dot{x}_i^2 \sigma_\mu^2}{\left(\sum \dot{x}_i^2\right)^2} = \frac{\sigma_\mu^2}{\sum (x_i - \bar{x})^2}$$

$$\text{Var}\ (\hat{\beta}_0)\ =\ \frac{\sum x_i^2}{n\sum (x_i - \bar{x})^2}\sigma_\mu^2$$

模型的矩阵表示为：$Y = XB + N$

$$Y = \begin{bmatrix} y_1 \\ y_2 \\ \vdots \\ y_n \end{bmatrix}_{n \times 1} \qquad X = \begin{bmatrix} 1 & x_{11} & x_{21} & \cdots & x_{k1} \\ 1 & x_{12} & x_{22} & \cdots & x_{k2} \\ \vdots & \vdots & \vdots & \cdots & \vdots \\ 1 & x_{1n} & x_{2n} & \cdots & x_{kn} \end{bmatrix}_{n \times (k+1)}$$

$$B = \begin{bmatrix} \beta_0 \\ \beta_1 \\ \beta_2 \\ \vdots \\ \beta_k \end{bmatrix}_{(k+1) \times 1} \qquad N = \begin{bmatrix} \mu_1 \\ \mu_2 \\ \vdots \\ \mu_n \end{bmatrix}_{n \times 1}$$

（二）Cobb-Dauglass（柯布—道格拉斯）生产函数模型

$$Q = AK^\alpha L^\beta \mu \qquad\qquad \ln Q = \ln A + \alpha\ln K + \beta\ln L + \ln \mu$$

不变替代弹性（Constant Elasticity of Substitution，CES）生产函数模型

$$Q = A\ (\delta_1 K^{-\rho} + \delta_2 L^{-\rho})^{-\frac{1}{\rho}} \quad (\delta_1 + \delta_2 = 1)$$

Q：产出量，K：资本投入，L：劳动投入；ρ：替代参数，δ_1、δ_2：分配参数，

$$\ln Q = \ln A - \frac{1}{\rho}\ln\ (\delta_1 K^{-\rho} + \delta_2 L^{-\rho})\ + \ln \mu$$

（三）逻辑（Logistic）增长曲线模型

一般形式：$y_t = \dfrac{K}{1 + e^{\varphi(t)}}$ $\qquad \varphi(t) = \alpha_0 + \alpha_1 t + \alpha_2 t^2 + \cdots + \alpha_k t^k$

简化后：$y_t = \dfrac{K}{1 + ae^{-bt}}$

1. 逻辑增长曲线模型的线性化估计

$$\frac{1}{y} = \frac{1}{K} + \frac{a}{K}e^{-bt} \qquad \ln\ (\frac{1}{y} - \frac{1}{K}) = \ln\ (\frac{a}{K}) - bt$$

2. 逻辑增长曲线模型的"三和法"估计

$$S_1 = \sum_{t=1}^{r} \frac{1}{y_t} = \frac{r}{K} + \frac{a}{K}\frac{e^{-b}(1 - e^{-rb})}{1 - e^{-b}}$$

131

$$S_2 = \sum_{t=r+1}^{2r} \frac{1}{y_t} \qquad S_3 = \sum_{t=2r+1}^{3r} \frac{1}{y_t}$$

$$K = \frac{r}{S_1 - D_1^2/(D_1 - D_2)} \qquad a = K\frac{D_1^2}{D_1 - D_2} \cdot \frac{e^b - 1}{1 - e^{-rb}}$$

（四）时间序列分析模型

设时间序列为：y_1，y_2，y_3，$\cdots$，y_n

1. 滑动平均模型

$$\hat{y}_t = \frac{y_t + y_{t-1} + \cdots + y_{t-N+1}}{N} \qquad t \geq N$$

2. 加权滑动平均模型

$$\hat{y}_{tw} = \frac{a_0 y_t + a_1 y_{t-1} + \cdots + a_{N-1} y_{t-N+1}}{N} \qquad t \geq N$$

a_0，a_1，$\cdots$，a_{N-1} 为加权因子，满足 $\dfrac{\sum\limits_{i=0}^{N-1} a_i}{N} = 1$

3. 二次滑动平均模型

$$\hat{\hat{y}}_t = \frac{\hat{y}_t + \hat{y}_{t-1} + \cdots + \hat{y}_{t-N+1}}{N} \qquad t \geq N$$

4. 指数平滑模型

$$\hat{y}_t = \hat{y}_{t-1} + a(y_{t-1} - \hat{y}_{t-1}) \quad \text{或} \quad \hat{y}_t = ay_{t-1} + (1-a)\hat{y}_{t-1}$$

（五）模型检验方法

1. 一元线性方程的显著性检验

$$\hat{\beta} \sim N(\beta_1, \frac{\sigma^2}{\sum x_i^2}) \quad t = \frac{\hat{\beta}_0 - \beta_0}{\sqrt{\hat{\sigma}^2 \sum x_i^2 / n \sum x_i^2}} = \frac{\hat{\beta}_0}{S_{\hat{\beta}0}} \sim t(n-2)$$

$$t = \frac{\hat{\beta}_1 - \beta_1}{\sqrt{\hat{\sigma}^2 / \sum x_i^2}} = \frac{\hat{\beta}_1 - \beta_1}{S_{\hat{\beta}1}} \sim t(n-2)$$

$|t| > t_{\frac{\alpha}{2}}(n-2)$，则拒绝原假设，接受备选假设，变量显著，反之亦然。

2. 多元线性方程的显著性检验

F 检验的思想来自总离差平方和的分解式：$TSS = ESS + RSS$

$$ESS/RSS = \sum \hat{y}_i^2 / \sum e_i^2$$

$$F = \frac{ESS/k}{RSS/(n-k-1)}$$

若 $F > F_\alpha(k, n-k-1)$ 则拒绝原假设，原方程总体上的线性关系显著成立。

$$t = \frac{\hat{\beta}_i - \beta_i}{S_{\hat{\beta}0}} \cdot \frac{\hat{\beta}_i - \beta_i}{\sqrt{c_{ii}\dfrac{e'e}{n-k-1}}} \sim t \ (n-k-1)$$

若 $|t| > t_{\frac{\alpha}{2}}(n-k-1)$，则拒绝原假设，接受备选假设，变量显著，反之亦然。

3. 异方差检验

对于下列模型，如果出现：

$$Y_i = \beta_0 + \beta_1 X_{1i} + \beta_2 X_{2i} + \cdots + \beta_k X_{ki} + \mu_i$$

$\text{Var}(\mu_i) = \sigma_i^2$

即对于不同的样本点，随机误差项的方差不再是常数，而互不相同，则认为出现了异方差性（Heteroskedasticity）。

（1）帕克（Park）检验与戈里瑟（Gleiser）检验

帕克检验与戈里瑟检验的基本思想是：建立如下方程

$$\tilde{e}_i^2 = f\ (X_{ji})\ +\varepsilon_i,\ \tilde{e}_i^2,\ |\ \tilde{e}_i\ | = f\ (X_{ji})\ +\varepsilon_i$$

$$\tilde{e}_i = y_i - \ (\hat{y})_{0ls}$$

选择关于变量 X_j 的不同的函数形式，对方程进行估计并进行显著性检验，如果存在某一种函数形式，使得方程显著成立，则说明原模型存在异方差性。

帕克检验常用的函数形式是：

$$f(X_{ji}) = \sigma^2 X_{ji}^\alpha e^{\varepsilon_i},\ \ln(\tilde{e}_i^2) = \ln\sigma^2 + \alpha\ln X_{ji} + \varepsilon_i$$

若 α 在统计上是显著的，表明存在异方差性。

（2）戈德菲尔德-匡特（Goldfeld-Quandt）检验

G-Q 检验以 F 检验为基础，适用于样本容量较大、异方差递增或递减的情况。

G-Q 检验的步骤：

先将样本一分为二，对子样①和子样②分别作回归，然后利用两个子样的残差平方和之比构造统计量进行异方差检验。

由于该统计量服从 F 分布，因此假如存在递增的异方差，则 F 远大于 1；反之就会等于 1（同方差）或小于 1（递减方差）。

①将 n 对样本观察值 (X_i, Y_i) 按观察值 X_i 的大小排队；

②将序列中间的 $c=n/4$ 个观察值除去，并将剩下的观察值划分为较小与较大的相同的两个子样本，每个子样本容量均为 $(n-c)/2$；

③对每个子样本分别进行 OLS 回归，并计算各自的残差平方和；

④在同方差性假定下，构造如下满足 F 分布的统计量

$$F = \frac{\sum \tilde{e}_{2i}^2 / \left(\dfrac{n-c}{2} - k - 1\right)}{\sum \tilde{e}_{1i}^2 / \left(\dfrac{n-c}{2} - k - 1\right)} \sim F\left(\frac{n-c}{2} - k - 1, \frac{n-c}{2} - k - 1\right)$$

⑤给定显著性水平 α，确定临界值 $F_\alpha(v_1, v_2)$。若 $F > F_\alpha(v_1, v_2)$，则拒绝同方差性假设，表明存在异方差。也可根据两个残差平方和对应的子样的顺序判断是递增型异方差还是递减型异方差。

二、实证分析过程

(一) 对零售、批发业的产业结构分析

为考察多因素对流通产业产出的影响，借助柯布—道格拉斯生产函数来构造影响流通业产出的生产函数

$$Y = AK^\alpha L^\beta \mu$$

$$\ln Y = a + \alpha \ln K + \beta \ln L + \lambda \ln M + \mu$$

其中，产出 Y 用零售业（批发业）的主营业务利润表示，K 是零售企业（批发企业）总资产，L 是零售企业（批发企业）就业人数，M 是亿元以上零售企业（批发企业）个数。

1. 对零售企业的产业结构分析

以我国 31 个省、自治区、直辖市的数据资料作为横截面，将 2010 年的相关数据整理后用 E-views 软件进行回归分析，结果如表 5.5~表 5.7 所示。

表 5.5 零售业情况 (2010 年)❶

地区	商品销售额 （亿元）	主营业务利润 （亿元）	资产总计 （亿元）	年末从业 人数（人）	亿元以上市场 数量（个）
北 京	5 302.7	483.9	2 696.6	296 805	135

---

❶ 数据来源：《中国统计年鉴（2011）》.

续表

地区	商品销售额（亿元）	主营业务利润（亿元）	资产总计（亿元）	年末从业人数（人）	亿元以上市场数量（个）
天 津	1 491.8	135.9	545.4	88 548	81
河 北	1 345.9	92.1	634.4	171 882	281
山 西	1 251.5	83.9	540.7	141 711	44
内蒙古	998.1	127.2	421.8	86 042	71
辽 宁	2 332.7	187.5	1 098.4	208 393	222
吉 林	755.2	51.1	344.7	64 476	71
黑龙江	912.7	94.2	404.4	103 330	89
上 海	3 922.7	438.4	1 575.9	265 295	179
江 苏	5 102.0	448.7	2 196.3	412 511	553
浙 江	4 267.6	300.6	1 835.6	267 773	695
安 徽	1 371.1	106.4	639.7	158 781	135
福 建	1 929.4	140.9	746.1	158 242	159
江 西	567.2	58.7	258.3	68 394	93
山 东	5 267.3	573.7	2 196.2	541 065	543
河 南	2 072.4	168.4	786.4	296 437	170
湖 北	2 206.2	197.7	897.2	242 360	160
湖 南	1 756.9	133.1	667.0	169 521	290
广 东	6 099.8	690.7	2 510.9	482 138	378
广 西	650.4	59.2	284.4	71 226	89
海 南	336.2	26.0	116.8	23 276	7
重 庆	1 478.0	127.3	510.3	119 828	119
四 川	2 183.3	213.9	904.1	200 675	105
贵 州	487.4	41.7	212.9	38 154	33
云 南	994.6	93.5	466.8	88 882	53
西 藏	51.7	7.2	17.6	4 070	0
陕 西	1 200.1	182.0	536.2	132 947	41
甘 肃	376.4	32.4	143.8	44 142	42
青 海	89.6	8.7	39.7	9 920	9
宁 夏	190.1	15.9	99.3	17 581	26
新 疆	523.6	45.8	229.8	38 469	67

构建我国工业品流通新体系研究

在计算过程中，由于西藏亿元以上的市场数量为零，所以在实际计算过程中使用的是除西藏以外的30个省、市、自治区的数据。

表5.6 零售业函数变量

变量	符号	单位	定义
收入	Y_1	亿元	各地区限额以上零售企业主营业务利润
劳动力	L_1	人	限额以上零售企业年末就业人数
资本	K_1	亿元	各地区限额以上零售业企业总资产
市场	M	个	各地亿元以上市场数量

表5.7 零售业计算结果

Dependent Variable：LOG（Y_1）

Method：Least Squares

Sample：1 30

Included observations：30

Variable	Coefficient	Std. Error	t-Statistic	Prob.
C	−3. 256 483	1. 050 202	−3. 100 817	0. 004 6
LOG（K_1）	0. 906 924	0. 156 956	5. 778 190	0. 0 000
LOG（L_1）	0. 247 893	0. 171 184	1. 448 104	0. 159 5
LOG（M）	−0. 131 935	0. 074 111	−1. 780 237	0. 086 7
R-squared	0. 964 947	Mean dependent var		4. 721 338
Adjusted R-squared	0. 960 902	S. D. dependent var		1. 047 920
S. E. of regression	0. 207 207	Akaike info criterion		−0. 186 633
Sum squared resid	1. 116 301	Schwarz criterion		0. 000 194
Log likelihood	6. 799 491	F-statistic		238. 576 7
Durbin-Watson stat	2. 165 291	Prob（F-statistic）		0. 000 000

$$\ln Y = -3.256 + 0.907\ln K + 0.248\ln L - 0.132\ln M$$
$$(-3.1) \quad (5.78) \quad (1.44) \quad (-1.78)$$

从计算结果看，方程的拟合效果较好，Adjusted R-squared 约为 0.96，且 F-statistic 约为 238.58，说明方程有较高的拟合优度，所选变量也能有效解释零售企业主营业务利润的影响因素。从回归结果看出影响产出的重要因素——

136

资本和劳动在影响程度和范围上有较大差距。资产对主营业务利润有显著的正向影响，每增加 1 亿元的资产（包括固定资产和流动资产）能够带来约 0.91 亿元主营业务利润的增长，而劳动力数量对主营业务利润的影响在 20% 的显著水平下才发生作用，在 10% 的显著水平下不发生作用。亿元以上交易市场的数量在 5% 的显著水平下，对主营业务利润的影响也不显著，但在 10% 的检验水平下显著。这说明我国零售业利润增长的驱动力已经从依靠劳动力驱动转向资本驱动，零售业正在从劳动力密集型行业向资本密集型行业转移。

2. 对批发业的产业结构分析（见表 5.8~表 5.10）

表 5.8　批发业情况（2010 年）❶

地区	商品销售额 （亿元）	主营业务利润 （亿元）	主营业务收入 （亿元）	资产总计 （亿元）	年末从业 人数（人）	亿元以上市场 数量（个）
北　京	31 901.2	1 923.3	27 376.1	18 159.9	297 893	135
天　津	12 150.7	339.9	10 585.9	3 399.3	77 171	81
河　北	4 117.6	212.3	3 800.9	1 681.1	93 676	281
山　西	4 298.0	270.9	4 121.4	1 911.5	98 050	44
内蒙古	1 953.4	179.5	1 939.1	539.2	48 398	71
辽　宁	8 297.3	300.7	7 261.0	2 329.0	92 162	222
吉　林	1 475.2	100.7	1 423.0	447.4	43 275	71
黑龙江	2 121.4	167.6	1 955.1	931.2	51 937	89
上　海	27 755.5	1 720.9	25 517.9	8 724.1	271 171	179
江　苏	21 892.9	1 232.4	19 564.8	6 995.4	304 112	553
浙　江	19 204.6	834.0	17 155.2	7 842.5	248 954	695
安　徽	3 773.7	237.4	3 222.1	1 458.8	102 991	135
福　建	6 374.7	362.9	6 155.1	3 313.9	122 996	159
江　西	1 452.1	91.6	1 329.1	452.3	52 775	93
山　东	10 838.3	962.6	10 709.9	3 912.4	314 317	543
河　南	4 267.9	255.9	3 865.4	1 374.8	148 273	170
湖　北	5 806.9	323.6	5 137.8	1 721.9	117 740	160
湖　南	2 007.6	142.1	1 879.3	815.7	67 840	290
广　东	25 660.0	1 354.4	23 141.6	9 205.5	406 099	378

---

❶　数据来源：《中国统计年鉴（2011）》.

137

续表

地区	商品销售额（亿元）	主营业务利润（亿元）	主营业务收入（亿元）	资产总计（亿元）	年末从业人数（人）	亿元以上市场数量（个）
广　西	1 938.9	110.0	1 713.0	732.1	51 562	89
海　南	1 070.5	49.6	952.9	293.4	15 841	7
重　庆	4 132.1	232.7	3 740.2	1 205.5	102 453	119
四　川	3 325.3	263.6	3 074.5	1 316.1	101 525	105
贵　州	1 095.3	178.9	974.9	530.2	41 066	33
云　南	3 300.9	310.9	3 005.0	1 911.2	73 959	53
西　藏	40.4	8.0	37.1	23.9	2 082	0
陕　西	3 024.0	406.9	2 822.4	810.3	62 204	41
甘　肃	1 645.0	96.6	1 618.1	510.9	22 404	42
青　海	320.2	16.6	271.2	117.4	7 283	9
宁　夏	462.3	23.0	369.9	150.9	12 480	26
新　疆	3 417.5	125.9	3 039.0	1 180.4	56 722	67

表 5.9　批发业函数变量

变量	符号	单位	定义
收入	Y_2	亿元	各地区限额以上批发企业主营业务利润
劳动力	L_2	人	限额以上批发企业年末就业人数
资本	K_2	亿元	各地区限额以上批发业企业总资产
市场	M	个	各地亿元以上市场数量

表 5.10　批发业计算结果

Dependent Variable：LOG（Y_2）

Method：Least Squares

Sample：1 30

Included observations：30

Variable	Coefficient	Std. Error	t-Statistic	Prob.
C	−6.077 319	1.229 655	−4.942 298	0.000 0
LOG（K_2）	0.407 216	0.123 413	3.299 632	0.002 8
LOG（L_2）	0.852 990	0.199 604	4.273 415	0.000 2

续表

Variable	Coefficient	Std. Error	t-Statistic	Prob.
LOG (M)	-0.218 911	0.095 474	-2.292 887	0.030 2
R-squared	0.947 357	Mean dependent var		5.481 048
Adjusted R-squared	0.941 283	S. D. dependent var		1.135 921
S. E. of regression	0.275 253	Akaike info criterion		0.381 310
Sum squared resid	1.969 863	Schwarz criterion		0.568 137
Log likelihood	-1.719 655	F-statistic		155.963 9
Durbin-Watson stat	1.477 174	Prob (F-statistic)		0.000 000

$$\ln Y = -6.077 + 0.407 \ln K + 0.853 \ln L - 0.219 \ln M$$
$$(-4.94) \qquad (3.30) \qquad (4.27) \qquad (-2.29)$$

从计算结果看，方程的拟合效果较好，Adjusted R-squared 为 0.94，且 F-statistic 达到 155.96，说明方程有较高的拟合优度。从所选变量来看，批发业的资产总额、劳动力数量以及亿元以上商品交易市场数量在 5% 的显著水平上，都对主营业务利润有较为显著的影响，从计算结果表可以看出：批发业利润增长的驱动力仍然主要是劳动力，资产总额对利润的影响有较大影响，亿元以上商品市场数量不是影响批发业主营业务利润的主要因素。

（二）以时间序列数据对生产商与批发商、零售商的关系研究

表 5.11 生产企业、批发企业及零售企业利润表[1]   单位：亿元

年 份	工业企业利润总额 MP	批发企业销售利润 WP	零售企业主营业务利润 RP
1998	1 458.11	712.4	238.3
1999	2 288.24	740.4	242.4
2 000	4 393.48	862.4	265.5
2001	4 733.43	820.4	282.7
2002	5 784.48	1 111.5	319.3
2003	8 337.24	1 368.8	345.9
2004	11 929.30	3 795.3	1 043.1
2005	14 802.54	4 231.3	1 360.0

[1] 根据《2004—2011 年中国统计年鉴》整理而得.

年 份	工业企业利润总额 MP	批发企业销售利润 WP	零售企业主营业务利润 RP
2006	19 504.44	4 976.7	1 752.5
2007	27 155.18	6 336.1	2 165.7
2008	30 562.37	11 404.5	3 923.2
2009	34 542.22	10 672.2	4 185.68
2010	53 049.66	12 835.7	5 366.9

表 5.12　制造商自相关表

Sample：1998 2010

Included observations：13

Autocorrelation	Partial Correlation		AC	PAC	Q-Stat	Prob
.	* * * * *	.	* * * * *	1	0.649	0.649	6.849 8	0.009
.	* * * *	.	* .	2	0.469	0.083	10.757	0.005
.	* * .	. *	.	3	0.294	-0.068	12.448	0.006
.	* .	*	.	4	0.088	-0.180	12.615	0.013
. *	.	. *	.	5	-0.068	-0.116	12.727	0.026
. *	.	. *	.	6	-0.184	-0.087	13.669	0.034
. * *	.	*	.	7	-0.278	-0.100	16.178	0.024
. * * *	.	*	.	8	-0.337	-0.098	20.599	0.008
. * * *	.	*	.	9	-0.351	-0.068	26.591	0.002
. * *	.		.	10	-0.317	-0.023	33.118	0.000
. * *	.		.	11	-0.275	-0.051	40.516	0.000

从偏自相关函数（PAC）和自相关函数（AC）来看（表5.12），制造商利润的时间序列是渐趋平稳的。

如表5.13所示，$n \geqslant 3$（$K+1$），n为样本容量，K为解释变量个数，符合模型估计的基本要求。

$$\ln MP = 0.824 + 1.59\ln WP - 0.61\ln RP$$

计算结果表明，调整后的 R-squared 约为 0.91，方程总体拟合较好，批发商利润变量显著，对制造商利润的增加有明显的正向作用，而零售商利润变量作用不明显，且对制造商利润起反方向作用，其中批发商利润每增加 1 个百分点，制造商利润大约增长 1.6 个百分点；零售商利润每增加 1 个百分点，制造商利润减少 60%。这说明现实经济活动中的"零供关系冲突"的存在。

表 5.13　生产企业、批发企业及零售企业利润关系分析表

Dependent Variable：LOG（MP）				
Method：Least Squares				
Date：2009/15/12　Time：18：51				
Sample：1998 2010				
Included observations：13				
Variable	Coefficient	Std. Error	t-Statistic	Prob.
C	0.824 262	1.512 925	0.544 814	0.597 8
LOG（WP）	1.590 881	0.888 428	1.790 670	0.103 6
LOG（RP）	−0.611 282	0.830 544	−0.736 001	0.478 6
R-squared	0.924 476	Mean dependent var		9.253 509
Adjusted R-squared	0.909 372	S. D. dependent var		1.103 971
S. E. of regression	0.332 346	Akaike info criterion		0.833 891
Sum squared resid	1.104 536	Schwarz criterion		0.964 264
Log likel ihood	−2.420 295	F-statistic		61.204 37
Durbin-Watson stat	1.130 357	Prob（F-statistic）		0.000 002

表 5.14　批零关系分析表❶

年份	制造商利润（亿元）	批发额（亿元）	零售额（亿元）	批零比
2000	4 393.48	11 648.0	4 710.9	2.47
2001	4 733.43	12 562.5	5 156.5	2.43
2002	5 784.48	15 450.9	4 389.2	3.52
2003	8 337.24	16 832.6	4 681.9	3.59
2004	11 929.30	21 116.9	4 985.8	4.24
2005	14 802.54	24 544.2	5 476.7	4.48
2006	19 504.44	29 679.9	7 457.5	3.98

❶ 制造商利润取自《2011 年中国统计年鉴》各地区规模以上工业企业主要指标，批发额与零售额根据《2000—2011 年中国统计年鉴》，取自各地区亿元以上商品交易市场成交额.

续表

年份	制造商利润（亿元）	批发额（亿元）	零售额（亿元）	批零比
2007	27 155.18	35 871.5	8 213.6	4.37
2008	30 562.37	43 120.0	9 337.9	4.62
2009	34 542.22	48 308.2	9 655.5	5.00
2010	53 049.66	60 954.9	11 748.6	5.19

设 MP 为规模以上工业企业利润总额，WR 为限额以上工业品批零企业销售额的比值（表示流通渠道长度），用 E-views 计算制造商利润与流通渠道长度之间的关系。

表 5.15　制造商利润与批零环节的关系

Dependent Variable：LOG（MP）				
Method：Least Squares				
Sample：2000 2010				
Included observations：11				
Variable	Coefficient	Std. Error	t-Statistic	Prob.
C	6.108 104	0.467 384	13.068 72	0.000 0
WR	0.867 761	0.114 417	7.584 163	0.000 0
R-squared	0.864 701	Mean dependent var		9.570 471
Adjusted R-squared	0.849 668	S. D. dependent var		0.856 752
S. E. of regression	0.332 185	Akaike info criterion		0.796 718
Sum squared resid	0.993 124	Schwarz criterion		0.869 063
Log likelihood	-2.381 951	F-statistic		57.519 53
Durbin-Watson stat	1.338 253	Prob（F-statistic）		0.000 034

模型关系式为

$$\ln MP = \alpha + \varphi WR + \varepsilon$$

$$\ln MP = 6.11 + 0.87 WR$$

从计算结果看，方程拟合度 R-squared 约为 0.865，较为显著，常数项及批零比变量都通过了显著性检验，批零环节对生产商利润有显著的正向影响，批零环节每增加 1 个百分点，制造商利润将增加 87%。

142

综合前述计算结果可以看出，批发商利润对制造商利润表现出显著的正向影响，零售商利润总额对制造商利润总额表现出明显的负向影响，工业品流通的批零比值与制造商利润呈现同向变化，也表现出明显的正向影响。

（三）以横截面数据对生产商与批发商、零售商的关系研究

表 5.16　根据限额以上批发零售企业商品销售额计算的批零比值●

类　型	批发（亿元）2007 年	零售（亿元）2007 年	批零比	批发（亿元）2008 年	零售（亿元）2008 年	批零比
金银珠宝类	165.6	459.8	0.36	301.4	637.0	0.47
化妆品类	222.6	488.3	0.46	372.8	596.5	0.62
汽车类	3 962.7	5 703.2	0.69	4 927.9	7 144.6	0.69
家具类	213.2	233.6	0.91	199.4	286.4	0.70
书报杂志类	430.3	454.4	0.95	408.7	473.6	0.86
电子出版物及音像制品类	58.3	56.0	1.04	61.4	63.2	0.97
家用电器和音像器材类	3 043.2	2 370.7	1.28	2 956.6	2 706.6	1.09
日用品类	1 475.4	1 065.2	1.39	1 463.8	1 247.5	1.17
服装、鞋帽、针、纺织品类	4 392.7	3 024.1	1.45	4 850.4	3 775.5	1.28
体育、娱乐用品类	350.2	176.3	1.99	337.5	199.7	1.69
中西药品类	3 264.3	1 506.2	2.17	3 899.9	1 729.2	2.26
食品、饮料、烟酒类	12 654.0	4 040.9	3.13	2 033.6	687.0	2.96
文化办公用品类	1 913.3	582.6	3.28	14 586.1	4 886.3	2.99
建筑及装潢材料类	892.5	271.6	3.29	1 997.8	620.4	3.22
通信器材类	2 072.8	611.7	3.39	28 076.6	7 027.5	4.00
石油及制品类	22 953.1	5 022.4	4.57	1 248.6	239.0	5.22
五金、电料类	789.9	155.9	5.07	777.4	136.5	5.70
木材及制品类	290.2	13.1	22.15	361.2	17.6	20.52
机电产品及设备类	5 086.0	226.9	22.42	5 519.3	247.7	22.28
煤炭及制品类	3 787.4	62.0	61.09	6 584.1	110.3	59.69

● 数据来来源：《中国统计年鉴（2009）》.

续表

类　型	批发 (亿元)	零售 (亿元)	批零比	批发 (亿元)	零售 (亿元)	批零比
	2007 年	2007 年		2008 年	2008 年	
化工材料及制品类	6 373.2	55.3	115.25	7 510.2	62.7	119.78
金属材料类	18 709.2	104.6	178.86	25 422.3	133.3	190.71

表 5.17　根据工业品市场批发和零售交易额计算的批零比值❶

年　份 类　别	2005	2006	2007	2008	2009	平均
机动车市场	1.18	0.48	0.38	0.25	0.24	0.506
计算机市场	1.5	0.43	0.48	0.37	0.32	0.62
家具市场	1.19	0.89	0.92	0.88	0.77	0.93
通信器材市场	2.67	1.5	2.09	0.26	1.24	1.552
建材装饰材料市场	3.11	1.69	1.94	1.33	1.37	1.888
木材市场	4.79	2.25	2.13	2.81	！	2.995
文化音像书 报杂志市场	1.74	5.46	3.54	1.26	0.92	2.584
药材药品及 医疗器材市场	1.27	1.99	1.82	8.27	7.42	4.15
工业品综合市场	4.21	3.94	5.06	3.86	3.84	4.182
纺织品服装 鞋帽市场	7.66	6.42	8.37	8.64	9.05	8.028
食品饮料烟酒市场	15.92	9.1	6.12	4.59	8.27	8.8
小商品市场	10.55	9.26	9.1	8.37	12.36	9.928
金属材料市场	19.26	13.18	11.79	57.86	！	25.725
农业生产资料市场	43.44	7.78	17.34	15.41	23.3	21.454

　　对比数据计算结果可将工业品划分为三种类型：①弱批发依赖型（批零比值基本上在 0.36～1.0），包括金银珠宝、化妆品、家电、家具、计算机及机动车等，批发商在此类工业品流通中的渠道作用较弱。②强批发依赖型（批

---

❶　根据《2006—2010 年中国统计年鉴》计算，"！"表示由于零售额为零从而批零比无穷大.

零比值在 12~190），主要是机电产品及设备、木材制品、煤炭及制品、化工材料及制品、金属材料、农业生产资料等工业品，表现为对批发具有较强依赖性的长渠道流通，批发商具备较强的专业化优势。③批零兼营型（批零比值大于 1 小于 12），包括食品、饮料、烟酒、纺织、服装、鞋帽、日用小商品、文教及体育用品、医药及医疗器械等。

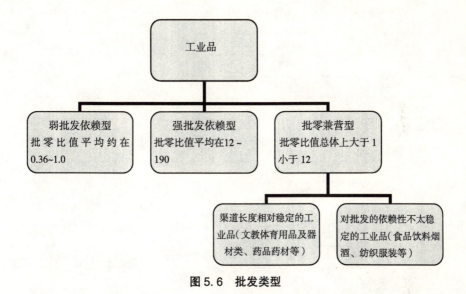

图 5.6　批发类型

设 MP 为规模以上工业企业利润总额，WP 为规模以上批发企业主营业务利润，RP 为限额以上零售企业主营业务利润，WR 为限额以上工业品批零企业销售额的比值（表示流通渠道长度）。其中，MP 为因变量，WP、RP、WR 均为解释变量，数据全部取自 2000—2010 年《中国统计年鉴》。设立方程模型：

$$\ln MP = \alpha + \beta \ln WP + \gamma \ln RP + \varphi \ln WR + \varepsilon \quad \varepsilon\ \text{为残差项}$$

表 5.18　　　2010 年各地区制造商、批发商、零售商利润[1]　　单位：亿元

地　区	制造商利润	批发商利润	零售商利润
北　京	1 028.34	1 923.3	483.9

[1]　制造商利润取自《中国统计年鉴（2011）》各地区规模以上工业企业主要指标；零售商利润取自《中国统计年鉴（2011）》各地区限额以上零售业企业主营业务利润；批发商利润取自《中国统计年鉴（2011）》各地区限额以上批发业企业主营业务利润.

续表

地 区	制造商利润	批发商利润	零售商利润
天 津	1 552.05	339.9	135.9
河 北	2 141.47	212.3	92.1
山 西	958.25	270.9	83.9
内蒙古	1 688.44	179.5	127.2
辽 宁	2 371.35	300.7	187.5
吉 林	843.21	100.7	51.1
黑龙江	1 248.82	167.6	94.2
上 海	2 299.66	1 720.9	438.4
江 苏	5 970.56	1 232.4	448.7
浙 江	3 174.75	834.0	300.6
安 徽	1 445.57	237.4	106.4
福 建	1 754.18	362.9	140.9
江 西	909.77	91.6	58.7
山 东	6 107.99	962.6	573.7
河 南	3 302.22	255.9	168.4
湖 北	1 668.55	323.6	197.7
湖 南	1 451.45	142.1	133.1
广 东	6 239.64	1 354.4	690.7
广 西	771.59	110.0	59.2
海 南	140.04	49.6	26.0
重 庆	518.59	232.7	127.3
四 川	1 661.85	263.6	213.9
贵 州	317.63	178.9	41.7
云 南	599.34	310.9	93.5
西 藏	10.82	8.0	7.2
陕 西	1 469.57	406.9	182.0
甘 肃	231.51	96.6	32.4
青 海	182.02	16.6	8.7
宁 夏	138.00	23.0	15.9
新 疆	852.43	125.9	45.8

表 5.19　各地区批发企业与零售企业利润的相关性

		LNWP	LNRP
LNWP	Pearson Correlation	1	.959（＊＊）
	Sig.（2-tailed）	.	.000
	N	31	31
LNRP	Pearson Correlation	.959（＊＊）	1
	Sig.（2-tailed）	.000	.
	N	31	31

＊＊　Correlation is significant at the 0.01 level（2-tailed）.

由于 lnWP 与 lnRP 的相关系数为 0.959，即批发业利润与零售利润之间有较强的相关性，所以不宜同时以这两个变量作为解释变量，建立二元回归方程。根据研究目的，以批发利润为解释变量，建立制造商利润与批发商利润关系的回归方程（见表 5.20）。

表 5.20　制造商对批发商利润的影响

Dependent Variable：LOG（MP）

Method：Least Squares

Sample：1 31

Included observations：31

Variable	Coefficient	Std. Error	t-Statistic	Prob.
C	2.248 816	0.579 469	3.880 822	0.000 6
LOG（WP）	0.864 187	0.105 063	8.225 424	0.000 0
R-squared	0.699 972	Mean dependent var		6.890 811
Adjusted R-squared	0.689 626	S. D. dependent var		1.314 368
S. E. of regression	0.732 250	Akaike info criterion		2.276 952
Sum squared resid	15.549 53	Schwarz criterion		2.369 468
Log likelihood	−33.292 76	F-statistic		67.657 60
Durbin-Watson stat	1.360 475	Prob（F-statistic）		0.000 000

经过计算发现：Adjusted R-squared 约为 70%，基本满足模型建立的需要。

$$\ln MP = 2.25 + 0.86\ln WP$$

147

構建我国工业品流通新体系研究

常数项 t 统计量为 3.88，log（*WP*）的 t 统计量为 8.23，在 5% 的检验水平下，变量具有明显的显著性，说明批发商利润对制造商利润有重要的正向影响作用。

进一步考察纺织、服装及工业品的生产企业、批发企业以及零售企业之间的关系。

表 5.21　纺织服装及日用品生产、批发、零售企业产值利润表❶

地区	纺织服装工业企业销售产值（亿元）	批发企业利润（亿元）	批发单位数（个）	零售企业利润（亿元）	零售单位数（个）
北京	94.77	443 095.1	3 582	383 742.2	4 532
天津	79.83	382 317.3	1 611	333 832.3	3 908
河北	156.15	132 642.0	1 157	75 091.8	1 643
山西	9.91	14 181.6	410	88 378.9	1 456
内蒙古	21.62	50 252.8	355	86 591.0	996
辽宁	434.16	376 292.0	4 098	239 633.4	3 283
吉林	29.56	71 646.6	478	172 133.9	2 007
黑龙江	5.1	271 797.7	1 102	48 081.5	1 167
上海	469.87	3 945 262.5	12 049	654 538.9	4 978
江苏	2 116.17	3 532 652.4	12 906	313 788.5	4 131
浙江	1 401.38	2 352 230.2	16 964	182 746.2	2 302
安徽	102.53	426 478.8	1 074	51 409.3	1 233
福建	832.79	840 163.7	3 557	79 619.0	2 003
江西	157.05	92 728.1	480	71 390.2	689
山东	994.62	979 532.4	6 022	506 123.8	5 021
河南	168.49	74 857.6	912	155 333.7	2 758
湖北	208.99	133 715.8	1 825	163 841.6	3 174
湖南	84.13	149 518.2	795	138 506.1	1 451
广东	1 669.26	2 507 566.2	14 232	803 786.8	5 241
广西	13.15	58 490.4	669	32 129.4	670
海南	6.77	10 623.8	173	23 812.0	494
重庆	20.93	79 569.9	700	93 281.4	1 435

续表

地区	纺织服装工业企业销售产值（亿元）	批发企业利润（亿元）	批发单位数（个）	零售企业利润（亿元）	零售单位数（个）
四川	59.54	118 595.9	1 063	90 879.7	1 311
贵州	3.4	10 100.2	255	23 823.5	232
云南	1.42	24 984.4	592	28 338.1	663
西藏	0.07	54.9	3	1 463.3	32
陕西	10.76	79 768.3	502	126 558.9	1 349
甘肃	1.66	19 335.6	298	13 152.5	574
青海	5.34	4 213.4	32	7 276.6	112
宁夏	0.6	10 198.9	101	6 308.3	257
新疆	1.78	18 503.8	617	30 600.4	464

表 5.22　纺织服装工业企业销售产值与批发企业、零售企业利润关系分析表

Dependent Variable：log（MP）				
Method：Least Squares				
Sample：1 31				
Included observations：31				
Variable	Coefficient	Std. Error	t-Statistic	Prob.
C	−10.714 37	1.817 706	−5.894 446	0.000 0
LOG（WP）	0.673 343	0.182 946	3.680 553	0.001 0
LOG（RP）	0.586 442	0.295 620	1.983 771	0.057 2
R-squared	0.820 710	Mean dependent var		3.622 082
Adjusted R-squared	0.807 904	S. D. dependent var		2.562 833
S. E. of regression	1.123 258	Akaike info criterion		3.162 110
Sum squared resid	35.327 86	Schwarz criterion		3.300 883
Log likelihood	−46.012 71	F-statistic		64.085 89
Durbin-Watson stat	1.606 800	Prob（F-statistic）		0.000 000

表 5.23　纺织服装批发企业与零售企业利润的相关性

		LNWP	LNRP
LNWP	Pearson Correlation	1	.898（＊＊）
	Sig.（2-tailed）	.	.000
	N	31	31

续表

		LNWP	LNRP
LNRP	Pearson Correlation	.898 (＊＊)	1
	Sig. (2-tailed)	.000	.
	N	31	31

＊＊ Correlation is significant at the 0.01 level (2-tailed).

从计算结果看出，LOG（RP）变量在5%的显著水平下，没有通过检验。1.98<2.048，说明零售利润变量不显著。另外，从 WP 和 RP 的相关性来看，相关系数较高，达到90%，根据研究目的，可以剔除零售变量，建立新的函数关系。

表5.24 纺织服装工业企业销售产值与批发企业利润关系表

Dependent Variable：log（MP）				
Method：Least Squares				
Sample：1 31				
Included observations：31				
Variable	Coefficient	Std. Error	t-Statistic	Prob.
C	−7.757 994	1.092 130	−7.103 541	0.000 0
LOG（WP）	0.990 568	0.093 260	10.621 54	0.000 0
R-squared	0.795 511	Mean dependent var		3.622 082
Adjusted R-squared	0.788 460	S. D. dependent var		2.562 833
S. E. of regression	1.178 736	Akaike info criterion		3.229 103
Sum squared resid	40.293 13	Schwarz criterion		3.321 618
Log likelihood	−48.051 10	F-statistic		112.817 2
Durbin-Watson stat	1.593 718	Prob（F-statistic）		0.000 000

$$\log（MP）= -7.56 + 0.99 \log（WP）$$

回归方程的 R-squared 约为0.80，方程总体显著，常数项和 log（WP）的 t 统计量分别约为−7.1和10.62，表明包括常数项在内的变量都很显著，通过了 t 检验，表明批发商利润与制造商利润之间有显著的正相关关系。

同样，分析纺织服装工业企业销售产值与批发企业单位数、零售企业单位数之间的关系，存在同样规律。

表5.25　纺织服装工业企业销售产值与批发、零售企业单位数之间的关系

Dependent Variable: log（MP）			
Method: Least Squares			
Date: 2010/10/12　Time: 19: 07			
Sample: 1 31			
Included observations: 31			
Variable	Coefficient	Std. Error	t-Statistic	Prob.
C	-6.764 096	1.691 554	-3.998 746	0.000 4
LOG（WU）	0.842 272	0.307 171	2.742 029	0.010 5
LOG（RU）	0.660 891	0.469 537	1.407 536	0.170 3
R-squared	0.773 995	Mean dependent var		3.622 082
Adjusted R-squared	0.757 851	S. D. dependent var		2.562 833
S. E. of regression	1.261 134	Akaike info criterion		3.393 666
Sum squared resid	44.532 86	Schwarz criterion		3.532 439
Log likelihood	-49.601 82	F-statistic		47.945 44
Durbin-Watson stat	1.707 305	Prob（F-statistic）		0.000 000

表5.26　纺织服装批发企业单位数量与零售企业单位数量的相关性

		LNWU	LNRU
LNWU	Pearson Correlation	1	.898（＊＊）
	Sig.（2-tailed）	.	.000
	N	31	31
LNRU	Pearson Correlation	.898（＊＊）	1
	Sig.（2-tailed）	.000	.
	N	31	31

＊＊　Correlation is significant at the 0.01 level（2-tailed）.

　　从计算结果看，零售企业单位数在10%的检验水平下，没有通过变量的显著性检验，且该变量与批发企业单位数存在较强相关性，达到90%，说明零售企业单位数量对生产企业的销售产值不能发挥作用，应予剔除，建立新的回归

方程。

表5.27　纺织服装生产企业的销售产值与批发企业单位数的关系

Dependent Variable：log（MP）				
Method：Least Squares				
Date：2010/10/12　Time：19：41				
Sample：1 31				
Included observations：31				
Variable	Coefficient	Std. Error	t-Statistic	Prob.
C	-4. 741 344	0. 907 233	-5. 226 158	0. 000 0
LOG（WU）	1. 235 618	0. 129 645	9. 530 816	0. 000 0
R-squared	0. 758 004	Mean dependent var		3. 622 082
Adjusted R-squared	0. 749 659	S. D. dependent var		2. 562 833
S. E. of regression	1. 282 291	Akaike info criterion		3. 397 514
Sum squared resid	47. 683 82	Schwarz criterion		3. 490 029
Log likelihood	-50. 661 47	F-statistic		90. 836 45
Durbin-Watson stat	1. 574 187	Prob（F-statistic）		0. 000 000

$$\log（MP）= -4.74 + 1.24 \log（WU）$$
$$(-5.22) \qquad (9.53)$$

通过计算可以看到 $\log（WU）$ 的 t 统计量为9.5，

$|t| = 9.5 > t_{\frac{0.05}{2}}(31 - 2) = t_{0.025}(29) = 2.045$，说明该变量显著。批发单位数对生产企业的销售产值有显著作用。

三、研究结论

通过以上对我国31个省、自治区、直辖市横截面数据的计算和1998年至2010年时间序列数据的计算，可以得出如下基本结论。

（1）对零售业来说，其利润增长的驱动力正在从依靠劳动力驱动转向资本驱动，零售业正在从劳动力密集型行业向资本密集型行业转移；而批发企业则表现出其利润增长属于劳动与资本双轮驱动型，其中劳动驱动因素大于资本驱动。

（2）从时间序列角度看，批发商利润对制造商利润表现出显著的正向影响，零售商利润总额对制造商利润总额表现出明显的负向影响；批零比值增加、批发渠道延长能够提高制造商的利润，提高流通效率。

（3）从横截面数据计算结果看，同样支持上述判断，即无论是以全部工业品为样本，还是以纺织、服装等工业品为样本，都证实了批发商利润与制造商利润的正向关系，验证了批零比率的提高、批发商单位数量的增加对制造商利润具有显著的正向影响。批发与零售销售额的比值越大，越能促进经济的增长。

批零结构的发展存在一定的历史规律，伍争荣（1997）❶通过研究西方国家批零关系的演进，总结出批零发展的规律。早期批零开始分离后，批发商掌握主导地位，20世纪的几次流通革命后，流通主导权开始易位，20世纪末又经历了批发商的分化与联合直至批零一体化。批零关系的发展脉络是由批零对立向批零一体化方向演进。批发与零售的主导权更加偏向掌握了先进技术的一方，当某个行业掌握了更加有利于控制市场资源的技术时，该行业在这一时期就掌握了主导优势。批零关系在流通技术不断发展的今天具有更大的变数，从流通效率来看，批零结构对影响流通系统推动力的发挥与所在国的政治、经济、文化、历史等因素存在无法分割的联系。然而，批零之间的最优比例结构并不存在，即便是在流通效率较高的欧美国家和日本，批零结构数值本身也存在巨大差异。

日本是以流通环节多而著称的国家，但其流通领域出现了如下明显的趋势：①制造商对批发商的依赖程度越来越高，相当一部分自设销售机构的制造商正在将其销售外部化；②越来越多的消费资料和生产资料制造商都愿意通过批发商帮助其扩大产品销售；③零售商业领域也显示出对批发商较高的依存度。所以，环节数量是流通体系内部基于效率和成本均衡自发产生的变量，批零结构的合理度与绝对意义上的环节多少没有直接关系，它最终取决于批零两大环节协同运作的成本和效率。❷

从我国批零结构的发展趋势来看，独立批发商及批零结构将趋向稳定，效率与成本将成为衡量批零结构合理与否的核心指标。

---

❶ 伍争荣. 西方国家批零关系的演进及国有批发企业改革的启示［J］. 商业经济研究, 1997 (11)：15-16.

❷ 马龙龙. 流通产业经济理论研究［M］. 北京：中国经济出版社, 2010：171-175.

第六章　中外工业品流通体系比较分析

第一节　中外工业品流通管理机构的比较分析

一、美国的流通行政组织体系

(一) 机构设置

1. 美国贸易代表办公室

在总统办公机构中，美国贸易代表办公室负责协助总统制定和管理对外贸易的全面政策。贸易代表是内阁成员，在多边、双边贸易谈判中是美国首席代表，同时也是进出口银行、海外私人投资公司董事会的董事，以及国际货币和金融政策全国顾问委员会委员，这种设置有助于协调贸易政策的相关事宜，为总统决策及其实施提供支持。

2. 商务部与运输部

在行政部中，商务部是美国主要的综合经济部门之一，其职能很复杂，主要机构包括：国际贸易管理署、出口管理局、国家统计局、经济分析局、经济发展署、小企业发展署、国家电信与信息管理署、技术发展局（促进美国工业竞争力）、国家标准与技术研究所、专利与商标办公室等。负责管理国际贸易和促进进出口的主要机构包括国际贸易管理局和出口管理局，主要职能包括：美国贸易法律法规的实施；贸易拓展；研究与监督多边、双边贸易协定的实施；为美国企业出口提供咨询与培训；参与国际贸易政策的制定；为维护国家安全、外交利益、保护国内短缺物资供应，进行出口管制。其他的重要职能有：经济信息提供、支持中小企业发展、州际资源调配、促进美国工业竞争力提高、标准化、颁发专利许可证、通信与信息管理等。运输部负责联邦政府关于国家运输项目的协调与管理，确保向公众提供快捷、安全有效的运输能力，协调州际间运输纠纷，在土地使用规划、能源保护、稀有资源利用、技术进步等方面与各州及地方政府联络。

3. 独立机构

独立机构中涉及流通行政管理的机构有：联邦贸易委员会、州际商业委员会、商品期货贸易委员会、贸易和开发署、美国国际贸易委员会、邮资委员会、食品与药物管理署、国家运输安全委员会、全国铁路乘客公司等。这些机构大小与职能差异较大，但都是根据国家的法律设立的，有权对流通中某一方面问题进行规制与管理，并依法处理有关案件。

州际商业委员会是美国第一个具有重要地位的独立规制委员会，于1887年成立。19世纪后期，大企业出现，市场调节机制对其无力约束，中小企业要求政府采取行动，取缔其在价格上的垄断和对中小企业的歧视待遇。最初是各州成立了类似的委员会，但由于私人企业力量继续扩大，经济活动超过了州的控制范围，才成立州际商业委员会。州际商业委员会的职能是对州际商业进行规制，防止垄断对自由竞争商业秩序的损害。

联邦贸易委员会的职能主要是反垄断规制，其设立依据是《联邦贸易委员会法》，目的是确保自由和公平竞争，防止自由企业制度受垄断、贸易限制和不公正、欺骗性贸易行为的破坏。具体职能包括：通过防止固定价格协议、联合抵制等贸易限制行为，促进竞争；防止虚假广告等不公正行为；防止削弱竞争的企业联合；防止中间商的非法行为；管理美国进出口企业联合会的注册与运行等。

商品期货贸易委员会是根据1974年《商品期货贸易委员会法》设立的，目的是加强对期货贸易和交易权市场的监管。

美国国际贸易委员会的职能是向总统、贸易代表、国会提供国际贸易和关税的研究报告与政策建议，它对外国商品的补贴问题、不公平竞争问题有广泛的调查权。

贸易和开发署的职能是促进美国商业在发展中国家、中等收入国家等新兴市场的发展，获得市场准入的机会与信息等优势。

消费保障委员会是根据1972年《消费品保障法》设立的，目的是保护公众因消费品引发的意外伤害，职能包括与厂家合作建立产品安全标准，颁布与执行有关的法律与标准，针对伤害事件进行调查、处理等。

邮政管理局与邮资委员会是根据《邮政重组法》设立的，邮政管理局负责向公众提供邮件处理和传递业务，邮资委员会负责向美国邮政管理局就邮资、邮件分类等事宜提供建议。

食品与药物管理署负责执行食品药物和化妆品法、商品包装法、放射性物质安全法、公众健康服务法四项法律，对食品与药品、化妆品等直接关系消费者健康的商品的流通进行规制。

（二）中央与地方的关系

由于美国州政府在组织机构、财政、职能等方面都有一定独立性，联邦政府的流通行政管理机构与州政府机构的关系是相对独立的。联邦政府无权直接干涉任何一州的工商业，联邦政府流通行政管理机构的权力为管理对外贸易与州际贸易，对任何州输出的商品不得征税，不得给予任何一州优惠于他州的待遇。因此，上述机构工作时只能采取多种方式影响各州政府，如财政援助，推动其调整本州做法，向政策目标趋近。美国地方政府没有全国统一的建制，但其负责流通行政管理的主要是城市规划、国土利用等机构。

（三）美国流通行政管理权利的监督

美国对流通行政管理的监督来自国会和行政系统本身两个方面。国会的监督一方面是高级官员的任命要由参议院批准，另一方面是通过预算审批进行监督。行政系统内监督一方面是通过总统办事机构——行政管理和预算局进行监督，另一方面是通过监察长制度进行审核与指导。

二、日本的流通行政组织体系

（一）机构设置

日本承担流通行政管理的行政组织工作范围很广。在中央机构中的流通行政管理机构是通商产业省，其主要任务是管辖国内工业、商业、资源能源、对外贸易和经济合作等，其职能范围与美国商务部相似。日本振兴流通产业、调整流通经济政策和流通现代化的职能都是由通产省承担的。日本地方政府只有处理地方事务的权力，负责地方流通行政管理职能的是地方政府的经济局或经济部，他们在纵向上接受通产省领导，通产省大臣官房设有地方管理课，还在8个地方设有地方分局，控制地方政府相关事务。

以保护消费者行政管理系统为例，在中央机构中，首先有18个中央行政机关设立消费者保护行政课，如经济企划厅的国民生活局、农林水产省的食品流通局等；其次，成立有消费者保护会议，它是有关消费者问题的最高审议机构，负责执行有关法律，并依法制定有关政策。最后，政府出资设立国民生活中心，负责消费者保护政策的研究。在地方，消费者行政机构主要由地方政府行政课和地方消费生活中心组成，他们负责确保商品的稳定供应、消费投诉的处理、商品检验和消费者教育等。

再以特殊商品许可与专卖制度为例，流通许可的行政审批由多个机构承担：食品、药品、粮食的生产与销售许可证由都、道、府、县知事批准颁发；文物经营的许可由都、道、府、县公安委员会批准；石油及其制品的经营许可由通产大臣批准；酒类生产经营许可由各地税务署长批准；烟草的经营许可由日本专卖公社批准。

（二）日本流通行政管理组织体系的运行与监督特点

日本流通行政组织内部结构分为省、厅、局、部、课等诸多层次，决策程序是由课拟定草案逐级上报，最后由主管大臣交内阁会议审议，其审议体系有禀议制、审议会、事务次官会和内阁会议。禀议制是日本特色，主要是在私下个别交换意见，使方案在提出前充分协商以达成共识的方式。审议会制也是日本流通行政管理的重要特点，各省厅都设有审议会式的附属机构，不少是临时性的，其下还有各级分会。审议会采取合议制，主要是对经济发展与宏观调控政策提供咨询，参与审查和调停。审议会均由学术界、企业界、舆论界群众代表和知名人士组成，是民间力量参与行政的重要渠道，但人选由政府负责，因而易受政府诱导。通产省事务次官是位居主管大臣之下的职业官僚，不随内阁更替而变动，掌握着本省实际业务，事务次官会议常被称为"内阁会议预备会"，重大流通事项由事务次官会议讨论后，交内阁会议审定。

日本流通行政管理组织体系受内外两方面监督。在内部，下级组织受上级监督，地方组织受中央监督；在外部，流通行政管理组织受国会、会计检察院、总理府的行政管理厅等方面监督。

三、我国工业品流通组织机构特点

（一）机构设置与职能分配

在机构设置上，我国的流通行政管理组织体系应包括两个系列：一个是国务院系列的行政管理部门，即现在的商务部，实现内贸、外贸及工业管理职能的合并，类似于美国商务部和日本通产省，负责全社会的流通管理，职能是促进贸易和社会经济的全面发展，方式主要是通过制定产业政策、提供情报信息等。另一个序列是依法建立的、相对独立的监管机构，每个机构履行相对单一的职能。如工商行政管理机构负责企业注册登记、商标登记管理等；公平交易管理机构负责市场交易的公正，防止垄断和不正当竞争行为；物价部门可考虑并入公平交易管理机构；另外，市场监管机构也要保持相对独立性，它应包括质量监督、计量、商品检验等，或者将质检、商检交由一些相互竞争的社会组织承担，市场监管机构只负责进行招标和监督检查。

（二）管理范围与方式

在管理范围上，新的流通行政管理组织体系由于没有了划分行业的对企业的直接管理职能，因此，对流通的管理就是全社会商品流通、市场交易的管理，而非仅对流通企业的管理。对流通企业可以通过制定流通产业政策、加强信息交流等，引导中小流通企业发展，促进企业竞争力提高。除此之外，企业只要依法经营，行政组织不得干预，只能对其不正当行为进行规制。

（三）组织结构与运行机制

在大的组织结构上，实行中央与地方两级管理与中央垂直领导两种形式并存。商务部系列的管理机构，负责制定市场流通发展政策并支持贸易发展。在行政组织内部结构上，商务部最好仍采用规制型组织的层级职能式，独立机构最好采取委员会式结构，并借助智囊团与项目管理等多样化形式。

在内部决策上要尽量采取各种民主决策形式，多吸收咨询机构与专业人士的意见、建议。在行政管理行为上必须加强法律与公众的监督约束，提高行政透明度，倡导行政公开。对能够社会化、市场化运作的公共服务项目，采取政府招标采购或招标承包制度，健全行政管理组织对这些项目执行的监督机制，提高其运作能力。

第二节 中外工业品流通渠道的比较分析

一、美国工业品流通渠道演变过程与特点

美国商品流通渠道的结构变迁过程是与工业化进程同步进行的，工业化进程中的体制变化与技术进步是商品渠道结构演变的主要原因。

（一）1815年以前的工业品流通渠道（前工业化时期）

这一时期的工业品流通渠道，由港口城市的坐商来协调手工业工厂的产品销售，这些商人集出口商、批发商、进口商、货运船主、零售商和银行家、承保人于一体，买卖全部种类的商品，完成所有的商业职能。美国这一时期工业

品流通渠道如图 6.1 所示。

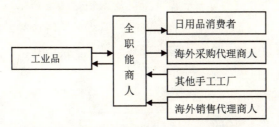

图 6.1　前工业化时期美国工业品流通渠道

注：反向箭头表示手工业产品生产所需的材料、设备和工具的流通路线。

（二）1815—1950 年的工业品流通渠道（工业化时期）

美国的工业化进程分为：①1815—1850 年的工业化前期阶段，是美国工业化的起步阶段，大约经历了 35 年。②1850—1890 年的工业化中期阶段，是美国工业化的加速阶段，大约经历 40 年。③1890—1950 年的工业化后期阶段，是美国工业化的完成时期，大约经历了 60 年。

1. 工业化前期全职商人专业化（1815—1850 年）

美国此段时期商品流通渠道的主要变化是全职商人的专业化。首先是批发职能与零售职能从传统的商人中分离出来，因此在批发商内部和零售商内部出现了以商品种类为基础的专业化。随后在金融、运输、保险等行业也出现了商业职能的专业化，特别是批发与零售行业的职能专业化，被称为"第一次流通革命"。这一时期还出现了经纪公司这种新的批发商形式，他们以收取佣金为目的，为买卖双方牵线搭桥，为代理商提供交易服务（见图 6.2）。

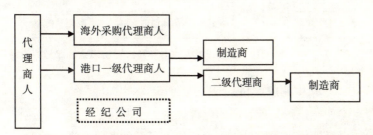

图 6.2　工业化前期（1815—1850 年）美国消费品流通渠道结构

美国这一时期的制造业规模较小，还需要从欧洲进口大量的工业制成品和原材料。1815 年以前，这些产品的进口是由全职商人完成的，在新的贸易格局形成和商业分工完成以后，这些商品的进口以及在国内市场的流通都由专业化的公司来完成。批发与零售职能从全职商人中分离出来以后，又在各自内部按产品类别进行了专业化分工，批发商只经营少数几种产品，以代理形式进行经营，而零售商则逐渐演变为只经营少数品种产品的专业店，这一时期的工业消费品流通渠道如图6.3所示。

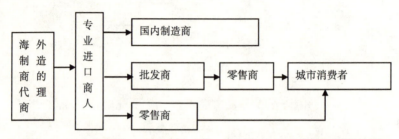

图6.3　工业化前期（1815—1850年）美国工业消费品流通渠道结构

1815年以后，在美国东北港口城市还出现了钱德勒教授称之为"包商"的新型专业化中间商。他们从国内批发商、进口商和拍卖行大批买进货品，然后把大宗商品进行拆零包装，再将其卖给乡下小店主、种植园主的采购代理人以及本地的零售商，其消费品的流通渠道如图6.4所示。

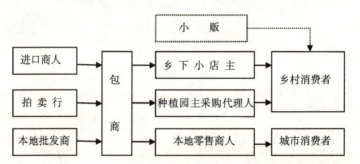

图6.4　工业化前期（1815—1850年）由包商协调的工业品流通渠道结构

2. 美国工业化中期的产品流通渠道（1850—1890年）

随着运输和通信等基础设施的建设完成，美国形成了全美高速铁路网和高效电报网，通畅的物流和信息流大大地提高了美国商品流通的效率，使美国国内统一市场得以迅速形成，为商品流通的快速发展提供了可靠的市场保障，引发了商品流通渠道结构的又一次变革。

日用工业消费品流通渠道也发生了很大的变化。在19世纪70年代，几乎所有的批发商都已转变为拥有商品所有权的经销商，这些经销商通过建立庞大的采购网络，直接向国内外的制造商采购，然后通过销售网络为农村地区的杂货店和城市专业店供货。从 19 世纪 60 年代后期，直到整个 19 世纪的下半叶，这些经销商一直支配、控制着美国经济中的日用工业消费品流通。这一时期美国工业品的流通渠道如图 6.5 所示。

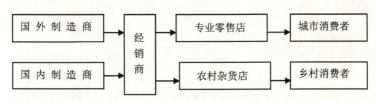

图 6.5　工业化中期（1850—1890 年）美国工业品流通渠道

从图 6.5 可以看出，美国工业化中期消费品的流通渠道都是由现代经销商主导的，它是由原来的代理商和包商演变而来的。

3. 工业化后期的商品流通渠道变革（1890—1950 年）

19 世纪 80 年代以后，随着城市化进程的加快，消费者收入水平提高，美国商品流通渠道实现了第二次变革。19 世纪 80 年代早期，百货商店开始建立自己的采购组织，直接从厂商进货，卖给城市消费者，并且向厂商反馈消费者信息，帮助厂商改进产品，百货商店逐渐占据了商品流通渠道的主导权。20世纪 20 年代美国连锁商店已经发展成为全国性的零售机构，在数量和销售额上超过了百货商店，日益成为美国代表性的大零售机构，他们同样直接与制造商进行交易。20 世纪 30 年代，超市这种零售业态的诞生和发展加速了连锁商店的发展步伐，到 1939 年美国已经有 5 000 多家超级市场在营业，其销售额占整个食品杂货商店销售总额的 20%。这些新兴的大型零售机构由于其组织规模庞大，基本上都是从厂商直接进货，再直接销售给消费者，更有一些大零售商拥有自己的工厂，进入了生产领域。因此大型零售商对批发商的支配地位产生了巨大冲击。

随着技术创新速度的加快，在 19 世纪 90 年代以前，现代化生产体制已经在一些行业中建立起来，并出现了制造商向流通领域的延伸。由于生产和销售的特殊性要求，这些企业进入流通领域后直接为其用户提供特殊服务。制造商进入流通领域的途径主要是纵向一体化和横向合并两种方式，那些成功的企业开始在其行业中占据支配地位。相对于大型零售商对批发商的排挤，制造商对批发商的影响面要小很多。这一时期的商品流通渠道如图6.6所示。在这一时期的工业消费品流通渠道中，由于采用连锁经营的大型零售商的兴起，渠道层级结构缩短、宽度结构变宽，制造商对大型零售商的依赖日益增强，但制造商也依靠广告等营销手段赢得了品牌声誉，增强了其在流通渠道中的影响力。在工业品流通渠道中，除一些大型制造商外，大多数制造商仍然依靠工业代理商来分销产品。

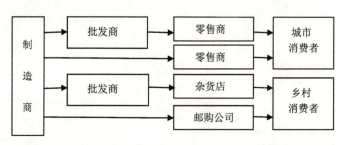

图6.6　工业化后期（1890—1950 年）工业品流通渠道结构

（三）后工业化时期（1950 年以后），零售业规模结构的大型化

随着 20 世纪 60 年代计算机技术的发展，零售领域纷纷进行信息化改造，连锁店铺网络规模迅速扩大，市场集中度随之提高，一些新的零售业态如自动售货机、便利店、购物中心、多媒体售货店以及被称作"品类杀手"（category killer store）的大型专业店等迅速崛起。零售商的大型化、组织化和集团化更加强化了已经出现的排挤批发商、直接与制造商进行交易的局面，一些大型零售商还通过设立自己的批发机构来实现对批发业的后向一体化。这一时期美国批发商业资本出现了多元化发展趋势，有独立的商人批发商、商品代理商、制造商的批发机构以及大型零售商的批发机构。虽然批发商继续受到来自渠道上下游成员的排挤，承受很大的竞争压力，但从统计资料来看，商人批发商实现的销售额在整个批发业销售额中所占的比例却一直处于上升状态：20 世纪 50 年代中期这一比例为 40% 左右，60 年代中期为 45% 左右，70 年代初期为 50% 左右，80 年代则维持在 54% 左右，到 90 年代初期这一数字进一步上升到了 57%。

美国的工业品约有 80% 是由制造商自行销售的，仅有不足 20% 是由批发商完成销售的；而消费品中则有不足 50% 的比例是经由批发商进入零售领域的，大部分消费品是由制造商直接与零售商交易完成流通的。这些统计数字说明虽然这一时期美国制造业和零售业的市场集中度不断提高，但仍然有许多无力进入批发领域的中小制造商和零售商，它们构成了传统批发商的主要客户。

（四）对美国商品流通渠道结构变迁过程的认识

美国的商品流通渠道结构变迁过程是与其工业化进程相伴而行的。美国科学技术的创新、采用与扩散既是美国工业化发展的动力，也是商品流通渠道结构变迁的重要原因。19 世纪 50 年代至 90 年代运输和通信基础设施建设的完善，是美国商品流通渠道结构演变的重要物质基础；巨大的国内市场需求是商品流通渠道结构发展演化的前提条件，工业化的快速发展为解决连接生产与消费的流通渠道问题提出了越来越高的要求，这是形成流通渠道结构变化的根本原因；产业资本向流通领域的渗透、市场供求格局的演变以及寡头企业对垄断利润的追逐是导致商业资本多元化的根本原因，并最终形成了美国商品流通渠道的多元化。

二、日本商品流通渠道的特点

（一）以厂商为主导的流通渠道政策

日本的生产领域在第二次世界大战后出现了垄断，新产品开发进入多样化阶段并确立了大量生产方式。由于传统的流通企业没有承担大量销售的能力，并且零售商不顾成本进行廉价竞争，严重损害了生产厂商的经济利益，在这种情况下，生产厂商不得不采用各种必要手段控制流通渠道，实施对流通渠道的组织化，因而形成了以流通系列化为基础的厂商支配流通的组织化模式。正像艾尔弗雷德·钱德勒所指出的那样，"大量生产和大量分配的结合，是因为现有的销售商无法销售和分配他们生产出来的大量产品"。❶

流通系列化是指生产企业在销售自己产品的过程中，为了确保零售商的合作并实现自己的预期目标而对零售商的销售行为进行控制的一系列活动。大型生产厂商往往利用原有的中小商业企业以及代销店、专卖店等，优先或专门销售自己的产品，并进行组织控制而形成销售网络。日本厂商流通系列化的广泛开展是在 20 世纪 50 年代后半期到 60 年代，当时是以家电、汽车、钟表、化妆品和医药等行业为主，其目标是建立起以自己为中心的销售网络。

---

❶ 艾尔弗雷德·D. 钱德勒. 看得见的手——美国企业的管理革命 [M]. 北京：商务印书馆，2004：330.

（二）生产厂商对流通渠道进行管理的手段

（1）限制销售商的业务活动。主要措施是：①限制交易条件。包括限制销售价格，限制回扣、交货期限，限制销售地区、销售方法等。②威胁限制供货和停止交易。如果销售商不按照厂商的销售政策行事，厂家会采取严厉制裁措施。如1964年，松下电器公司因大荣公司降价20%，超过了其15%的限定降价幅度，而招致了停止对其供货的制裁。③监督制度。通过审查、巡查、试销、查账、销售报告等方式，监督零售商是否执行了厂家的销售政策，以防止发生欺骗厂商的机会主义行为。

（2）给零售商提供好处。由于只靠单一的强制力不会取得良好的效果，因此要恩威并重，刚柔相济，让零售商得到一定的好处。厂商向零售商提供利益的方式有：①给予零售商优先销售厂商新产品的权利和使用厂商品牌的权利。②给予零售商一定的资金援助，并向零售商店出租销售设备。③对零售商的采购活动给予一定的销售价格优惠，并给零售商提供回扣。④给销售商的员工提供研修机会，以改善其经营管理素质和水平。⑤给零售店提供经营方法和营销策略方面的指导。生产厂商派遣员工参与零售商的业务活动，提供人力资源上的支持，努力使其增强销售能力。

上述各种措施手段是综合使用的，在流通系列化渠道体系中，生产厂商和流通商之间不只是一种支配和从属关系，更重要的是一种利益共同体。

（三）日本流通渠道结构的变化趋势

日本流通渠道结构的变化既表现为渠道主导权的变化，也表现为流通渠道组织结构的网络化、扁平化趋向。流通渠道组织结构扁平化，是指生产厂商与零售企业直接进行交易的次数和数量增加，从而减少中间流通环节。

20世纪80年代以后，生产厂商主导型的流通体制出现了减弱的趋势。90年代后，日本流通渠道主导权的模式发生由生产厂商主导型的流通体制向零售商主导型的流通体制的根本性转变。生产厂商主导型的流通体制是以生产厂商为流通起点，在生产厂商与流通商的关系中，生产企业掌握主导权，流通企业处于为生产者服务的附属地位；而零售商主导型的流通体制是以消费者为流通起点，强调满足消费者的需求，流通模式是以市场为导向的，它是站在消费者的立场上考虑问题和采取行动，使顾客满意最大化，是消费者主权的反映。

以消费者为起点的流通体系的核心是消费者和流通企业相互作用、相互依存、共同决定。建立这种新型流通模式的目的就是要切实了解顾客的实际需求，建立起敏捷、高效的流通系统。在从以生产厂商为起点的流通模式向以消费者为起点的流通方式转变的过程中，市场主权转向了消费者，消费者在政府放松管制和市场自由化发展的环境中享受到了实惠，从而提高了消费者福利。流通渠道的组织结构也由垂直专业化向网络化、扁平化方向发展。过去流通渠道成员中的生产商、批发商、物流企业、零售商之间是垂直专业化分工的关系，特别是在流通系列化渠道的体制之下，渠道成员之间是服从和被服从、封闭与垂直的关系，现在转变为开放与协作的组织结构关系。由于现代信息网络技术的飞速发展，流通渠道企业间的信息传递方式也发生了深刻变化，从过去垂直的金字塔式传递方式转变为价值链条件下的上下游企业间网络化的互联传递模式，减少了需求和供给之间信息传递的不确定性，实现了用信息代替库存的目标，消除了不必要的商品积压、转运和倒运，降低了库存率。目前日本企业的平均库存率只有 1.5%。总之，日本的流通结构正在向着不断满足消费者需求、实现规模经济与有效竞争并存、建立充满生机、活力并富有效率的流通结构方向发展。

三、中外流通渠道控制模式对比研究

流通渠道的支配关系是指流通主体（渠道成员）在价格决定、商品组合、商品开发以及流通服务方面的支配与被支配关系。在现实的商品流通过程中，各种流通主体的支配或影响力是不同的，因此，个别流通主体既可能是流通渠道的支配者，也可能是流通渠道的被支配者。流通渠道的支配者是指在价格决定、商品组合、商品开发以及流通服务方面具有较大影响力的流通主体，而流通渠道的被支配者是指在上述方面具有较小影响力或没有影响力的流通主体。流通渠道的支配者一般有三种类型，即批发商支配型、厂商支配型和零售商支配型。

日本的流通渠道支配者以厂商为主，特别是家电与汽车行业，厂商不仅对批发商和零售商具有影响力，而且对消费者也有一定影响力。日本将这种现象称为流通系列化。当厂商支配较为彻底时，厂商不仅对批发与零售价格具有决定权，而且对批发与零售的毛利率也具有决定权。这时，批发商与零售商实际上变成了厂商的销售代理者，批发商与零售商的利润来源不是通常意义上的交易利润，而是厂商根据销售量大小支付的代理销售费用。

与日本不同，欧美各国的流通渠道支配者则以批发商或零售商为主，统称为中间商支配。由于批发商或零售商具有一定的能够与厂商相抗衡的销售力与商品开发力，因此，批发商与零售商不是按照厂商制定的价格销售，而是按照自行制定的价格销售。一般来说，在欧洲的自由连锁零售组织中以批发商支配型为主，而在欧美各国的超市连锁组织中则以零售商支配型为主。

流通渠道支配关系的形成是一个长期过程，受到生产力和经济发展水平的限制。纵观西方流通渠道的发展过程，主要有三种渠道控制结构模式。

（一）批发商支配型（W型）

18世纪70年代爆发了产业革命，经济的急剧扩张和工业生产的规模化、专业化，使得生产需要越来越多的原材料和更加广泛的销售市场。同时，交通、运输工具的改善，使得货物的远程运输成为可能。这些因素的出现与完善促使批发业作为一个独立的部门，与零售企业相分离。在商品经济初期，虽然生产企业和流通企业数量众多，但规模都很小，生产企业若直接与零售企业进行交易，则必须增加交易次数，投入更多的人力、物力和财力，增加交易成本，这对双方都是不经济的；相对于生产企业和零售企业而言，批发企业可以掌握更多的商品销售信息，避免了信息不畅所产生的矛盾，因此，批发企业在工业革命后的相当长时间里，逐渐占据了流通中的主导地位。

（二）厂商支配型（M型）

19世纪90年代，主要资本主义国家完成了产业革命。20世纪二三十年代，生产的集中和发展促使产业巨头迅速成长，逐渐形成垄断。为了对销售过程进行更多的控制，提高生产效率，许多生产企业开始建立自己的销售机构，批发商受到排挤，地位出现了下降的趋势。以美国为例，制造商直接销售的商品额和通过批发商的销售额之比，1889年为1：2.33；1909年为1：1.9；1929年则为1：1.16。随着生产企业规模的扩大，生产企业逐渐主导了流通渠道。

（三）零售商支配型（R型）

20世纪60年代以前，西方国家先后出现了三次零售革命，即19世纪在法国出现的以百货商店为代表的"大店革命"，20世纪20年代、30年代分别在美国出现的"连锁革命"和"超市革命"。这三次革命的共同点是追求零售业的大型化和规模化。随着零售业地位的提高，大零售商逐渐摆脱了对批发商的依赖，甚至可以和制造商相抗衡。到20世纪60年代以后，零售商逐渐成为流通渠道的主导力量。随着经济的繁荣和市场的发展，消费者即使购买同一种商品，也可以有更多的选择。为了更好地吸引消费者，厂商和商家纷纷采取各种措施，如服务手段的更新来争取消费者。因此，消费者逐渐成为市场的主导力量。

发达国家的现代批发业是在传统批发业的基础上逐步发展起来的。随着经济的高速增长、专业分工的精细化、经济的全球化以及竞争的日益激烈，发达国家的现代批发业集营销、管理和科技三方面成果于一体，具有流通组织规范化、经营方式多样化、销售区域全球化、流通技术和设备科学化、经营行为规范化等特点。

四、我国流通产业渠道结构现状分析

改革开放以前，由于商品短缺以及某些认识上的误区，我国的流通产业基本上是实行国有企业独家经营，流通渠道单一、流通环节过多，形成以批发企业主导渠道流通的"三固定""四级流转"的流通格局，这在一定程度上促进了生产，搞活了流通。但是由于受传统思想观念等因素的影响，我国第三产业的发展长期滞后于第二产业，流通行业的发展也相应滞后于生产企业，生产企业无论在企业规模还是在人员整体素质上都高于流通行业。许多生产企业甚至通过自建渠道来进行产品销售，流通企业的发展被忽视，因此，生产企业长期以来掌握着流通渠道的控制权。但是，生产与流通毕竟是有分工和专业化的，生产企业不可能长期既搞生产又做流通。自 20 世纪 90 年代以来，随着新型流通方式的出现以及生产企业经营观念的转变，我国已出现了生产企业逐渐退出自行销售的趋势。零售企业规模的逐渐扩大和经营实力的增强，使得零售企业开始掌握流通渠道的控制权。目前，我国一些城市的零售业态呈现多元化发展，除了传统的百货商店、专业商店之外，新型业态如超级市场、专卖店、便利店、仓储式商店、购物中心、邮购商店、自动售货机等都已出现，使消费者接受商品越来越快捷、方便，选择程度更高。国内零售企业已经逐步学会如何根据环境变化和消费者需求采取相应的零售形式，从而使商品能比较顺利地进入消费领域，随时满足消费者的需要。以上情况表明：我国传统的流通渠道模式（生产企业和批发企业主导）正在被打破，新的流通渠道模式（零售企业主导）正在建立。总之，经过 30 多年的市场化改革与发展，我国流通渠道已经初步形成一个较为完整的遵循市场经济发展规律的框架体系。

（一）流通渠道主体结构日趋多元化，竞争机制基本形成

流通领域本身具有竞争相对充分、投资门槛低、固定资本比重小、回报率高、投资周期短、就业容量大、资本转移灵活等特点，因此马克思称商业资本是"最活跃的资本"。我国流通渠道改革的一个突出成就是从根本上改变了计划经济体制下国有商业对流通渠道的垄断。流通渠道主体垄断结构的最大弊端就是对竞争的限制。因此，改革开放以后，建立多元化的流通渠道主体结构就成为流通渠道改革的重点之一。目前我国流通渠道已成为多种所有制成分并存，竞争最为充分的领域之一。

以零售商业领域为代表，改革前的 1977—1978 年，国有商业（含"一大二公"的集体企业）几乎涵盖了商贸领域的所有方面。而到 2004 年非国有商业的门店数、营业面积、从业人员和销售额所占比重分别达到 87.3%、84.8%、92.3% 和 91%。与此相对应，国有企业的四项指标分别降至 12.7%、15.2%、7.7% 和 9.0%。显示了流通渠道主体结构的多元化发展。

（二）流通渠道结构模式趋于健全，结构效率普遍提高

随着"统购包销"流通政策的打破，流通渠道模式已由过去单一的国家商业经销转变为现在的生产企业自销与中间商间接销售相结合的多种流通渠道结构模式。生产企业的自主经销权得到进一步扩大，企业可以从效率更高的角度，根据产品的经销特点及消费者的要求，选择最佳的流通渠道。

在计划经济时代，中国企业的商品流通主要是借助间接销售的模式，即借助国营商业系统转移商品。目前，尽管这种间接销售的模式仍然发挥着重要的流通作用，但其经营性质发生了根本的变化，现在的中间商已不是过去的国家计划控制的商业机构体系，而是由多种经济成分构成、独立经营、自负盈亏的企业组成。这使流通速度和结构效益都较过去有了大幅度的提升。

（三）流通渠道技术结构的现代化步伐正在加快

随着知识与技术在现代社会经济生活中的渗透，受全球化竞争的影响，我国的流通渠道开始重视技术含量，提升渠道结构的现代化水平。在渠道设计上尝试建立扁平化的组织结构模式，为推进流通渠道供应链管理的有效实施奠定组织基础；在经营上大力推进连锁经营、网上销售等现代经营方式，以适应流通渠道规模化、电子化发展的需要；在管理方法上，充分利用信息化手段，建立电子信息处理系统，提高企业订货、库存的管理效率。

（四）零售企业特别是大型零售企业对流通渠道的控制权日益加强

随着我国经济的迅速发展，我国流通渠道的发展在短短的几十年间走过了西方发达国家上百年的历史，特别是近十年，出现了许多大型零售企业，这些企业所占的市场份额，特别是某些产品的销售份额日益提高，如某些大城市的大型家电连锁企业已成为家电产品的主要销售渠道，并逐步向二线城市和农村拓展。大型零售企业的不断成长和实力的增强，必然会排挤、打击生产企业控制的直接渠道，以便实现自身对于流通渠道的垄断或优势地位，实现自身利益的最大化。这种大型零售企业主导流通渠道控制权的现象在我国一些地区和大中城市已经比较明显。

第三节　中外工业品流通政策的比较分析

一、美国的流通政策

（一）目标特点

美国的经济体系是以市场经济机制为基础的混合经济体系，它的经济政策是以崇尚与保护自由竞争为核心的政策。美国经济制度的基础是私有制，私有权和契约受到法律的严格保护，实行的是自由企业制度，自由经营、自由竞争是美国"自由企业制度"的基本原则。在美国，政府主要是作为"裁判员"和"服务员"的角色，为企业创造一个良好的外部环境。美国是联邦制国家，各州都有立法权，地方政府的管理权很大，为保证政策目标的实现，一般通过财政援助、技术援助、审查和调查、咨询以及对各项工作的监督与审批来控制下层政府。

美国是以商业政策为核心的国家，没有直接的流通政策的提法，而是以第三产业的观点来看待流通和流通政策的。美国流通政策的基本目标是维持和促进竞争，确保企业享受充分的自由经营权，全力保障企业市场机会均等，这一特点在各项流通政策中都有十分明显的体现。

（二）主体特点

美国是联邦共和立宪制国家，联邦宪法明确规定以国民主权和有限政府作为政府权力的来源和权力运用的基本原则。国家权力结构横向上坚持"三权分立"，国家权力由立法（国会拥有立法、财政、监督与弹劾等权利）、行政、司法（联邦最高法院拥有司法审查权）三部门分别执掌并加以制衡；从纵向上实行联邦制，州享有高度自主权。美国的州不是联邦的下级单位，而州以下地方政府则是州的下级行政单位。各州对其所管辖区域有广泛的管辖权，各州政府体制由州宪法规定，因此全国州政府的体制存在很大差别。州也实行三权分立，与联邦政府不同的是，不仅州长，而且多数州的副州长、秘书长、审计长、司库等都由选民选举产生，这些职位独立于州长与议会，不由其罢免，各自负责自己相应的机关。各州的行政机构包括局、委员会和其他机构，大多数州的绝大多数机构都具有独立的法律地位，不受或很少受州长直接领导。由于这样一种政治、行政、决策机制，使美国在流通政策的制定上，多是以两个主体，即以联邦政府和州政府这两个主体出现的。

（三）手段特点

（1）法律手段。从法律手段看，美国政府通过制定和执行各种法律直接管理流通活动。如反垄断、反不正当竞争的法律，劳动者保护法律，限制营业时间的法律，消费者权益的保护法律，城市规划法，土地开发利用法，等等。联邦法中有城市计划法，各州根据本州土地和流通业情况，自行设计商业用地用途限制和开发标准。对于流通业所产生的外部效应，如交通混乱、噪声、排污、风景破坏、汽车废气等，在城市规划中也充分考虑，以避免流通业过度发展。

（2）经济手段。从经济手段看，以财政或金融间接调整流通活动。美国联邦政府不能直接干预州政府的行政事务，而往往通过财政援助诱导州政府行为。对关系国计民生并且市场风险较大的极少数重要商品，联邦政府通过一定的财政补贴，实现市场供求的稳定，如农产品补贴。此外，各州、市政府通过税制来调节新的流通企业加入地方流通，各州在营业税和消费税等税率方面的不同政策，会影响流通企业的分布。中小企业局对中小流通企业有一些奖金资助和经济援助，如融资和信用担保。

（3）行政手段。从行政手段看，地方政府以少量的行政手段干预流通。在美国，有些州用商业特许权对流通产业的市场进入进行限制，各州在商业企业注册方面管理不同，有些较严，有些放松。一些州政府对个人消费品实行了价格申报制度，零售商业企业如果要调整政府管理商品的价格，必须事先提出申报。

二、日本的流通政策

日本是市场经济国家中流通政策体系最完善的。日本流通政策的特征主要体现为行政指导优先，利用行政当局的权力体系，依靠有知识、有能力的政府官员确定流通政策目标，对流通施加政策诱导。

（一）目标特点

在经济发展的不同阶段，日本政府为了实现某种特定目标而采取特定的政策或制定专门的法律，目的一经达到或条件发生变化则立即进行政策调整。

总的来看，日本流通政策发展的路径大致是：1945—1963 年为保护中小企业时期，主要政策导向是明令限制大店的经营和发展，促进中小流通企业的发展；1963—1991 年为中小企业的现代化和流通业内部结构调整时期，主要政策导向是推动流通设施的改造及流通的共同化（指一个地区的不同企业共同组织流通活动以实现集约化流通）、组织化；1991 年至今，流通政策的总方向是进一步放宽流通管制，促进市场竞争，减少政府对大企业发展的限制和干预，主要包括：流通决策分权化，决策主体逐步由中央转向地方；商业竞争政策和城市建设规划更加紧密地结合起来，1999 年用《大规模零售店铺占地法》代替了原《大店法》，取消了对建店的规模限制；修改《都市计划法》，允许城市外围及郊区建商业设施；修改《批发市场法》，不再限制场外交易，允许生产者把自己的产品直接卖给消费者、零售商或其他中间商。

（二）手段特点

（1）运用健全的法制体系，依法进行管理。在流通管理方面，制定了一系列法律法规，包括维持流通秩序、反垄断与反不正当竞争的法律；促进流通合理化与保护中小流通企业的法律；规范流通行为与流通管理行为的法律等。

（2）通过巨大的官僚机构进行政策立案，并在实施过程中给予行政指导。这种行政指导在形式上没有法律强制力，但实质上具有约束力。如依据《大店法》进行的行政指导：大型零售业开店前 5 个月要提出申报，通产大臣和都、道、府、县知事在收到申报后，要审查其对周围中小零售店有何影响，并征询各级大店审议会的意见，还要听取各方面人士组成的商业活动调整协议会的意见，如有异议，则从受理申报起 4 个月内（最长可 8 个月），发出推迟开店或压缩营业面积的"劝告通知"。一般情况下，劝告令发出以后，大部分问题都可以解决，如果该零售商不听劝告，通产大臣或都、道、府、县知事要按与上述手续一样的程序，在受理申报 5 个月内，发出推迟开店或压缩营业面积的命令。

（3）采用行政计划。以大米流通计划为例，在大米采购上，1971 年开始实行预约收购制度，农林水产省根据全国的粮食供需状况确定总体收购计划，并通过中央政府—都道县府—市町村—农户的自上而下的方式，向农民下达预约收购数量；对"自主米"流通也要将流通计划事前报给政府的粮食部门，并且纳入政府根据全国供应状况制定的大米"基本计划"和总体的供给计划。

（4）利用优惠政策扶持和引导企业。主要通过向企业提供无息贷款、低息贷款、减免税等优惠政策，扶持和引导企业按照政府确定的方向进行调整和发展。例如，为了鼓励中小企业间实现采购、销售、运输、仓储等方面的协作，提高流通效率，降低经营成本，政府对商业街的街灯、停车场、仓储设施等建设给予投资方面的优惠；为了实现商业设施现代化计划，通产省每年对 10 个城市的商业设施进行有计划、有步骤的改造提高。

（5）通过对流通基础设施进行规划布局，防止盲目投资，重复建设。

（6）重视发挥社会组织的作用。如各级消费生活中心、零售商协会、连锁店协会、农协等，都在流通管理中发挥着重要的作用。以农协为例，它要根据农户生产资料需要量制定采购计划统一向生产厂家采购，还代办农产品销售；日本 90% 的农副产品都通过农协销售。另外，它还把农户的意见转达给政府，派代表参与农产品流通政策的制定，并帮助政府实施各项政策。

（三）政策制定特点

（1）在形式上，政策的提出、制定要经过一定的程序，要通过由各界有关人士（包括学者）参加的审议会的审议，在政策形成过程中，政府主管部门起着主导性推动作用。

（2）由于日本是贯彻自由体制的国家，原则上政府无权对企业活动进行直接干预；在有必要对企业活动或产业活动进行干预时，必须首先以法律的形式将其"正当化"。日本政府在制定、实施对产业的公共政策时，如果需要对企业进行直接管理，或动用财政补贴、政府金融等手段，一般都要先促成有关法律的制定，然后依据法律对有关项目进行资金援助。

（四）决策体制特点

在日本的流通决策体制中，官僚与利益集团扮演着重要的角色。日本拥有庞大的官僚体系，且层级严明。官僚参与竞选并当选的比例相当高，且对审议会、论证会等民主决策渠道有实质性的控制力；许多退职官僚在其中任职，职业官僚对政策立案有较高的影响力。日本官僚退职后常到与其在任时的垄断企业会或社团去任职，领取高薪。日本的利益集团较多，有一万多个，各种协会等社会组织是重要的利益集团。利益集团影响决策的渠道具有不透明的特征，各团体给国会、政府、政党的公开要求书大多是官样文章，真正意图往往通过官僚、自民党政调会、族议员等渠道来表达。

三、对我国流通政策的分析

我国现行流通政策与发达国家相比，在流通竞争政策、流通布局政策、流通技术政策、流通对外开放政策和消费者权益保护政策等方面存在缺陷。

（一）流通竞争政策的缺陷

流通政策是竞争政策在流通领域当中的运用和实现，其主要目的是防止流通领域出现垄断和不公平、不正当竞争；防止流通领域市场秩序混乱，维护流通产业自由和公平的市场竞争机制；促进流通产业生产率的提高和资源的有效配置；维护和增加消费者的社会福利。为了达到这些目的，发达国家的流通竞争政策，从体系上看，形成了以反垄断法、反不正当竞争法、规制大型商业企业法、扶持中小企业法、消费者权益保护法等法律政策为主体的基本框架。

我国的流通竞争政策可以说已初具规模，形成了以反垄断法、反不正当竞争法、消费者权益保护法为主体的流通竞争政策体系。但是，和发达国家的流通竞争政策相比，和我国流通业的发展实践相比，还存在缺陷：①缺乏对大型流通企业的有效和直接的规则，特别是反垄断法如何在流通领域中应用还不明确；②保护竞争、禁止不正当竞争行为的法律制度还存在较多问题，主要是与当前迅速发展的流通经济相比，这方面的立法显得有些狭窄和陈旧，我国《反不正当竞争法》所规定的 11 种不正当竞争行为，已远远不能概括当前形势下不正当行为的多种新的表现形式；③缺乏保护中小流通企业的法律政策。

目前，中小流通企业是我国流通企业的主体，也是就业的主渠道。我国虽然已经制定了一部《中小企业促进法》，但是由于该法本身缺乏操作性和社会环境制约，我国中小流通企业的发展条件并没有得到明显改善。因此，急需制定保护中小流通企业的条例或部门章程，以促进中小流通企业的健康发展。

（二）流通布局政策的缺陷

流通布局政策是政府根据流通组织演变分布规律，根据社会经济发展水平、消费水平和地理交通状况，对流通载体进行的各种合理规划和干预。如果单靠市场这只"看不见的手"决定流通布局，会产生建设失控、恶性竞争、资源浪费等许多弊端。

发达国家的流通布局政策，多依靠商圈理论、中心地理论等产业布局理论进行科学指导，同时，又紧密结合经济发展实践、城市化进程、城乡建设规划、流通产业结构演变来制定相应的法律和规定。因而，流通产业布局政策适应社会经济发展实践和产业结构变化的实际，促进了流通成本的降低，提高了流通效率，也保护了城乡生态环境。

而我国的流通布局政策，至今没有明确的布局理论指导，也没有类似法国、日本那样的大店法的统一规定，使各地大型百货商场、超级市场、购物中心等大型商场的建立处于无统一规范的境地。此外，由于地方保护主义的市场封锁政策，使商业网点的跨地设置和商业企业的跨区经营障碍重重，国内统一市场远没有形成，对此，政府也没有形成有效的破解政策。

（三）流通技术政策缺陷

流通技术政策是政府为了调节流通技术进步的速度、方向和规模而采取的一系列公共政策的总称。其主要目的是促进流通产业的技术进步，它包括了从研发到市场销售的全部过程政策，主要涉及物流现代化政策、技术扶持政策、技术创新政策和技术转移政策等内容。

发达国家流通技术政策体系比较健全，包括了技术研发、技术含量、流通技术标准化与其他产业政策相协调等内容；在流通基础设施上、新兴信息技术上都加大政策力度，推动基础设施的快速发展，推动信息技术在商流、物流、信息流等方面的应用；积极推进流通技术标准化，如仓储、运输等物流技术的标准化；注重流通技术人才的培养。

我国在流通技术政策上也做了巨大努力，但还有一些缺陷：①从体系上看，技术流通政策尚不完整，如流通产业标准化不系统，缺乏完善的电子商务法规等；②从各具体政策上看，还有相当大的补充、完善、整合的余地，如物流技术政策，主要是针对物流流程各个环节所涉及的具体经济关系而制定的规范，但从建立对物流全行业的法律规范这个角度还有整合的必要；③在对流通技术人才培养政策上，因为缺乏流通产业现代化的认识高度，故而无长远、统一、高瞻远瞩的布置和规划。

（四）流通对外开放政策的缺陷

在经济全球化、我国已经加入 WTO 的今天，我国流通产业的对外开放已全面展开。但是和发达国家相比，我国原有的对外开放政策也存在以下一些缺陷：①从市场准入政策看，首先是地方政府越权审批现象的产生，在我国正式加入 WTO 之前，实际进入我国的外资企业已经超过 300 多家，这严重削弱了中央政府对外开放进程的控制力度；其次是缺乏严格的引资标准，无论是合作期限、投资规模还是生态结构上都没有统一标准；再次是投资区域不均衡，近 80% 的外资流通企业集中在东部地区，而西部地区则很少有外商流通企业投资。②在国民待遇政策上，存在对外商企业在税种、税率上的实质性优惠，从而造成对内资企业的不平等竞争环境。③在中外合资的流通项目上，对外资让步过多，使本土流通企业的部分权益受到损害。

（五）消费者权益保护政策的缺陷

消费者权益保护政策是流通政策的重要组成部分，它的主要目的是追求产品交易中的公平目标，使消费者权益免受企业侵害，从而保证经济的稳定发展和社会的和谐。为此，发达国家都在消费者保护政策上下了非常大的功夫，除了保证消费者的各项权益外，还制定了处理纠纷的消费者保护程序法，开设了专门机构，从而使他们的消费者保护政策呈现体系完整、系统、易于操作、便于实施等特点。而我国的消费者保护政策则存在如下几个方面的缺陷：①"政出多门"，缺乏对消费者保护政策的系统设计；②缺乏对《消费者权益保护法》实施细则的考虑；③缺乏对政策执行者职责、义务的政策规定与约束；④缺乏对政策执行者的明确分工。

此外，就整体而言，我国流通政策还存在如下问题：第一，在制定政策上还遗留着计划经济体制下的思维特征，缺乏市场经济特别是国际化的视野；第二，在我国流通政策体系中以法律形式存在的政策内容偏少，而以规划、意见、指导等"软政策"形式存在的内容偏多，这导致了我国流通政策体系缺乏稳定性、连续性和执行效果；第三，长期存在的条块分割，导致流通政策主体众多，这直接导致了流通政策体系缺乏一致性，众多流通政策目标存在内部冲突。

四、发达国家流通产业政策对我国的启示

（一）重视市场竞争的作用

无论是日本的政府干预流通发展模式，还是美国的自由竞争型发展模式，其共同特点都是注重培育良好的市场环境，使市场发挥作用。如美国政府很少

干预企业的微观经济活动，其宏观经济政策主要通过市场来实施，但会根据流通业的具体情况，利用购买和流通政策的形式对市场进行干预，对生产者和消费者给予保护。为了稳定需求和价格，政府通过鉴定合同的形式向市场采购商品和劳务，通过商品流通的规划和条例，实施政府对流通和市场的管理与调节，成立消费者同盟和保护消费者利益委员会等。自1890年以来，美国通过了26个有关保护小企业、防止托拉斯和垄断的法案，以保护市场的竞争性。日本政府重视流通产业和市场竞争性表现在重视政府与企业的良好合作，充分发挥企业的自主作用，同时通过限制大型企业过度发展和保护中小企业来维护市场的竞争性。

（二）在流通政策目标上，既重视经济目标也重视社会目标

发达国家在流通政策目标上，一般都是重视经济目标，既重视市场秩序、市场绩效、产业发展等，但同时也重视社会目标，如保护中小企业、保护消费者权益等，是以保障就业、保护社会稳定等为主要目标的。

（三）在流通手段上，以法律手段为主，辅以经济手段和行政手段

发达国家的流通政策多以法律形式颁布，以法律手段执行。如英国、法国、日本等国细致到商店的营业时间都以法律形式公布。但发达国家虽重视法律手段，却也不排斥经济手段和行政手段，在必要情况下，也常以经济手段和行政力量进行干预，以保护流通经济的顺利发展。

（四）在流通政策主体上，发挥中央和地方两级政府的主体作用

发达国家由于政体不同，所以在政策制定主体上有的以中央政府为主，如日本、法国等；有的国家则是既发挥中央政府的作用，也发挥地方政府的作用，如英国、美国等。总之，都是根据自己国家的政治体制，来决定流通政策的制定主体。

（五）在流通立法上，既强调立足国情，又重视借鉴外国经验和国际规则

市场经济既有共性又有个性。发达国家虽然同属于资本主义市场经济，但由于模式不同、历史不同、发展阶段不同，也都有各自的特点。所以，发达国家在制定流通政策、进行流通立法时，都强调立足国情，如日本、法国等国家的大店法，就是十分符合本国国情的流通立法。但立足国情并不等于排斥国外经验，像美国是较早制定《反垄断法》的，许多国家在制定《反垄断法》时都参考并借鉴了美国的法律。这是因为在各国国情特点之上，也存在"市场一般"。同时，立足国情也不是置国际规则于不顾，而是要充分考虑流通立法应与国际规则接轨，像英国、法国近年就都对本国的《反垄断法》做出了符合欧盟原则的重大修改。

（六）在流通政策效力上，既重视政策的长期性又重视政策的弹性

发达国家的流通政策一经制定，都尽可能地让其长期发挥作用，也就是充分重视流通政策的长期有效性。但重视流通政策的长期有效性，并不排斥流通政策的弹性，也就是说，发达国家的流通政策总是随着社会经济不断发展而不断修订的，是结合经济发展的需要进行补充和完善的。像法国、日本等国家在商业网点的规划上，对网点的布局、营业面积等方面的限制标准上，都是随着社会经济的发展而不断修改和调整的。

第七章　发达国家工业品流通体系国际借鉴

商品流通体制在一定程度上受市场经济体制的制约和限制。从世界范围来看，市场经济体制是多元化的，而不是单一的。各个国家由于经济发展水平、历史文化传统、思想意识观念、资源要素禀赋以及地理位置等各种社会经济条件的不同，而选择了不同的流通体制模式。

第一节　美国工业品流通体系的现状、形式与特点

美国是实行自由市场经济体制模式的国家，十分强调市场配置资源的重要性，政府对经济采取自由与宽容的政策，民间企业在市场竞争活动中有很大的灵活自由性。实行的是民间主导型产业规制，也就是在企业、市场、政府三者关系中，政府调节市场，市场引导企业的一种规制模式。它突出强调的是保障企业作为微观经济活动主体的权利，保证企业作为微观经济主体的有效性，政府这只"看得见的手"一般较少直接干预企业的经济活动，而是通过市场引导企业。国家对经济活动的干预主要是通过财政和货币政策来进行。政府介入的主要是民营企业不愿介入或不能经营的领域，而这些领域又大多是社会经济发展和国民生活不可或缺的公共事业与基础设施等。

美国民间主导产业经济的主要特征是：①比较强调自由企业制度。市场经济自由的重点落在企业自由上，企业在市场经济活动中拥有比较完整、充分的权利，通常是在企业目标的框架内，由企业自行决定生产什么、生产多少和怎么生产。②企业决策基本服从于市场调节。政府并不试图直接影响企业的决策过程，企业对通过市场传导过来的政府影响，可以做出自己独立的选择。③政府宏观调控主要通过市场，市场仍然是配置社会资源的决定性渠道。④宏观调控手段偏重财政政策和货币政策，一般不那么强调经济计划和产业政策等。⑤宏观的透明度较高。政府、市场和企业在市场经济运行中的地位与活动，一般都有明确的法律规定，政府与企业的活动集中于市场上展开，因而宏观调控的

透明度较高。

美国是流通产业非常发达的市场经济国家，其劳动生产率显著高于别国。美国的流通业发展经历了殖民地（1775 年以前）、建国（1775—1864 年）、工业化及全国统一市场形成（1865—1920 年）和现代化（1920 年以后）四个时期。1903 年以后，美国的零售、批发和物流等流通产业得到了迅猛发展，发生了质的变化。与其他国家相比，美国较早地在工业化进程中建立起了大生产体制，这种大生产体制有排除商业资本的趋势，而这种排除商业资本的倾向在批发阶段尤为明显。

一、美国工业品流通体制的主要特点

第二次世界大战以后，西方发达国家的经济水平得到迅猛发展，不但商品供应非常充足，而且国民经济也达到了新的发展水平。其显著特点是流通在社会经济生活中日益居于主导地位。但构成商品成本的流通费用增加幅很大，达到 50% 以上，流通速度对资本的周转效率具有决定性影响，因此提高商品流通效率、改进管理方式，被视为 "一块经济界的黑大陆"。20 世纪 60 年代以后，西方发达国家相继进行了流通领域革命，逐步形成了具有高效率、现代化和专业化特点的流通产业。美国的流通产业是以生产厂商为主导，大型分销批发企业与大型连锁零售商共同运行的流通产业组织形式。美国工业品流通体系的主要特点是如下。

（一）健全有效的法律体系制度和相沿成习的商业惯例

美国的工业品流通基本上都是通过市场进行的，政府很少对市场进行直接干预，制造商与零售商的关系比较和谐、稳定，没有突出的矛盾，如宝洁公司与沃尔玛集团建立的关系是同一价值链基础上的战略同盟关系。美国有相对完善的法律体系，联邦政府和各州都有立法，如果商业贸易活动是跨洲进行的，则由联邦政府的法律进行调整，而一般的商业活动则须遵循本州的法律。如果州政府做出了妨碍州际间贸易活动的法律法规，联邦政府可以认为无效并有权予以否认。《反托拉斯法》等贸易法规被看作是美国保护自由竞争、限制非法垄断、促进市场公平、公正运行的经济宪法。美国政府把全国看作为统一市场，通过法律、法规等手段对市场运行进行监督控制，以保障市场秩序的顺利进行，进而实现资源的最佳配置。除了明文规定的法律以外，在美国还有许多相沿成习的商业惯例与行为规范约束企业的市场行为，这些习俗惯例是在多年的市场商品交易过程中自然形成的，已经成为渗透于市场经济活动中的道德准则，企业家都十分珍视商誉，在经营企业时，都非常谨慎。这既是由于受到法律威严的震慑，同时也受到商业伦理的约束。因为商业经营活动中的任何违法行为，只要被发现，就会被罚得血本无归，因此蔚然成风的商业惯例已经潜移默化地成为企业家的自觉行动。

（二）工业品销售中的代理制和经销制

美国的工业品生产企业和销售企业一般都依据自己的实际情况和买卖双方的信任程度、市场状况等因素，确定不同的经营策略与采购销售方式。美国的购销关系主要是代理制，包括独家代理和多家代理等多种方式。独家代理是指厂商授予代理商在某一市场上的独家代理销售权，厂商和其他代理商都不得在市场上推销产品。多家代理指某厂家在某一区域市场上有多家代理商，它们共同开发该市场。代理商一般不掌握商品所有权，不承担任何市场风险，对商品的价格一般也无决定权。在各种代理方式中，按经营方式和结算制度分，主要是代销制和经销制两类。代销制是指生产厂家向代理商供货时暂不结算货款，也不改变产品的所有权，代理商在产品销售后，定期向生产厂家结算，并收取一定的佣金。代理关系是生产企业与流通企业在自愿互利的基础上，结成的一种长期稳定的合作关系。代理制能使工商企业之间减少摩擦、增进合作，一定程度上节约了交易费用。它是市场竞争的结果，也是市场竞争日益激烈条件下的一种安排。然而美国大多数生产厂家和销售企业，都是实行经销制，产品由代理商买断，自主经营、自负盈亏。在买方市场态势下，随着零售企业实力的增强，作为零售市场竞争的结果，经销制应运而生。以买断经营为特征的经销制的产生，既是对代理制的一种替代，同时也和代理制一起，形成一种互补关系。买断经营实质上反映了工商企业按照各自的市场分工所建立的风险共担、利益共享、主体平等的合作关系。其优点是：买断经营一般能取得相对较低的进货成本，提高零售企业的价格竞争力；较低的进货成本能够实现较低的销售价格，进而能够增加消费者的福利；实行买断经营的零售商，易于取得供货商的合作与支持；可以减少交易过程中的腐败行为，从而降低交易费用。当然，在买断关系中，制造商要被经销商选择，就必须让渡一部分利益；而实行买断经营的经销商在获得合理利益的前提下，也独自承担了相应的销售风险，从而形成了一种硬性风险约束机制。

（三）工业品市场是有形市场与无形市场的结合

有形市场，即商品交换的场所，是指在市场内，买方和卖方为了买卖和让渡某些商品与获取某种服务而进行等价交换的活动，而市场交易的内容包括商品和劳务。有形市场的基本功能有：提供交易场所、提供交易信息、办理交易事务等。如展销会、超市、零售店、折扣店、仓储式商店、购物中心等。

无形市场。不设置交易场所或大厅进行交易的交易形式，特点是无固定交易场所，有众多相对不固定的人从事交易，交易甚至可以运用虚拟的网络来进行。如网络商店、邮购等。

（1）展销会。展销会包括各种类型的交流会、洽谈会、展览会、博览会。它是利用一定的地域优势、经济特色、资源优势，由政府或社会团体组织，召集供需双方按照事先确定的时间和地点，举行专业性的或综合性的以产品布展、宣传、交易和服务为内容的特色型经济活动。展销会是会展经济的主要表现形式，由于其具有促进商品流通、传递经济信息、调整产业结构、促进经贸合作等功能而受到世界各国政府的重视。美国的展销会主要适用于一些品种、规格、工艺变化比较快的工业品如电子产品等。

（2）超市和零售店。世界的第一家超级市场是于1930年诞生于美国纽约的金·库仑超市。超级市场以开价自选、自助服务、给予顾客商品知情权、标准化管理、统一化作业、一次性购物、节约时间和低费用、低毛利、低价格为主要特色，而赢得了消费者的青睐。超市的发展趋势是连锁化、大型化、现代化和多样化。美国的超级市场主要用于各种零星需求和当场竞价的商品，如有专门的电子产品等零售或综合超市，它是一种商流与物流有机结合的有形市场。

（3）通信订货，即邮购。通信订货主要包括电话订购、电视订购、广播定购、网络订购，报刊等媒体订购，属于无店铺零售业态。主要适用于那些标准化且品种变化不大的日用品，这种订货方式简捷迅速，非常方便。

在这三种商品流通形式中，展销会、超级市场和零售店是有形市场，通信订货是无形市场。展销会主要是订货，商物是分流的；超级市场和零售店则是商物合流，以出售现货为主。这些市场是美国工业品市场体系的主体。

二、美国工业品流通的趋势与特征

美国的工业品市场是一个流通服务、渠道、手段和方式都比较先进而且各种流通的法律法规也较为完善的市场，其工业品流通市场具有如下特点。

（一）流通组织规模的大型化与连锁化

在美国，流通行业中的一些小型分散的流通商，为增强抗风险能力，发挥网络化经营优势和规模经济效应，出现了网络化、连锁化的态势，流通规模不断扩大，流通企业数量逐步减少。许多拥有较强实力的大型流通企业加快了扩张速度，通过兼并、重组、联盟、连锁等形式，逐步形成了区域性、全国性乃至全球性的大型企业集团，这些大企业集团的形成是多年市场竞争的结果，是由规模经济内在机理所决定的。首先，大型流通企业集团可以发挥大批量集中采购的优势，从供给厂商得到进货价格的折扣优惠；其次，大型流通企业可以通过各连锁分店的统一化作业、标准化管理，保障商品质量及服务水平的提高并不断降低运营成本；再次，大型流通企业以其雄厚的资金实力，可以进行小企业无力从事的广告宣传、市场营销调研，甚至新产品的研究开发活动，从而提高企业的竞争力。

（二）流通产业向国际化、全球化方向发展

目前美国的流通产业经营销售活动已不局限于国内，而是面向国际市场，走国际化道路。其流通体制也实现了与国际上的接轨，美国国内流通产业与国外流通产业在组织、资本和营销活动等方面实行融合或联合，实行了的全方位的对外开放。随着生产和市场的日益全球化，特别是信息网络通信技术的快速发展，美国的批发、零售及物流等流通产业已经实现了高度国际化，表现为：一方面大型流通企业将其经营范围由本国扩展到国外市场；同时又大幅度向外国流通企业开放本国市场。

20世纪70年代中期以来，发达国家的流通业受到两方面的制约：一是由于西方国家经济增长缓慢，消费不振，市场增长空间有限，制约着国内商业的扩张；二是发达国家的商业经过几十年的发展，新型业态发育成熟，零售组织实现了大型化和组织化，国内竞争加剧，经营成本增加，商业利润下降。由于受到经济不景气和国内市场饱和的困扰，流通企业为寻找新的生存与发展空间就必须向国外发展。流通商业的国际化使零售业的规模经营和资源配置的范围达到最大化，充分体现了开放、竞争、效率、成本的市场经济原则，有利于流通企业经营的改善和消费者福利水平的提高，是世界经济发展一定阶段对流通业发展的必然要求。

但流通企业的国际化经营与生产企业的国际化经营相比，由于受到国际贸易保护主义的影响和各种关税、非关税壁垒的限制而具有更大的难度和风险。根据发达国家流通企业国际化经营的实践经验，只有那些具有较强适应能力并符合自然选择假说（Natural Selection Hypothesis）的组织形式，才能找到更多的超越国界的发展机会。目前，从事跨国经营的国际流通企业，主要是那些以连锁为手段的实行了组织创新的大型连锁百货店、超级市场、便利店和折扣店、专业店等。这些连锁商业企业一般都是依照法律以股份有限公司的形式成立，以开办分店、分公司、子公司、合资参股、收购等方式开拓国际市场。

（三）计算机信息网络技术和电子商务应用快速发展

高效消费者反应（Efficient Consumer Response，ECR）战略是零售商、批发商和供应商以客户需求为中心，运用现代化信息手段来消除供应链上不必要的成本费用与浪费，提高消费者价值，进而给客户带来最大效益而密切合作的一种策略。ECR起源于20世纪90年代初的美国食品行业，它以信任和合作为理念，引进最新的供应链管理运作和创造消费者价值理念，推广供应链管理新技术与成功的供应链管理经验，以及零售业的精细化管理技术，力图在满足消费者需求和优化供应链两个方面同时取得突破。ECR的最终目标是分销商和供应商组成联盟，一起为消费者最大的满意度以及最低成本而努力，建立一个敏捷的消费者驱动系统，实现精确的信息流和高效的实物流在整个供应链内的有序流动。

依靠强大的资金、技术支持和科学的管理方法，美、日、英等市场经济发达国家的流通企业都普遍应用了计算机管理，特别是大中型流通企业，更是应用了POS（Point of Sale）系统、电子订货系统（Electronic Ordering System，EOS）、电子数据交换（Electronic Data Interchange，EDI）、广域网数据交换、基于互联网的电子商务、基于数据仓库的信息分析与决策等多种先进的信息技术。目前，对于自动收款和数据处理应用信息技术，美、欧等发达国家和地区的流通企业应用率为100%；美国绝大多数流通企业应用了数据仓库技术等管理信息系统（Management Information System，MIS）。

三、美国零售业态的形式和特点

美国的零售业（Retail Industry）目前无论在组织规模上还是管理水平上，都大大超过了世界上的其他许多国家。根据有关统计，美国现有大小各类零售商店150多万家，零售业就业人数近2 000万人。20世纪初，随着美国制造业水平的不断提升和生产能力的迅速扩大，流通产业为适应生产领域的需要而进行了相应的变革，20 世纪 30 年代以来，美国零售业发生了几次重大的变革，通过"流通革命"，先进的零售业态和经营方式从美国衍生出来，并逐步发展到世界各地。例如，被称为第二次零售业重大变革标志的超级市场是 1930 年在美国首次出现并迅速传播到其他国家的；被称为第三次零售业重大变革标志的连锁经营是在美国率先出现并风靡世界的；被称为第四次零售业重大变革标志的网络商店同样是在美国拉开帷幕并逐步发展起来的。目前美国的零售业已发展为多业态并存、全球化发展、连锁化经营、信息化程度高的现代零售业，其组织规模不仅庞大，而且具有很强的竞争力与创新力。

目前美国商业零售业形态主要包括以下几种。

1. 大型购物中心（Shopping Mall）

美国的各个大小城镇，都会有至少一个大型购物中心。在若干个大区域云集着数十家甚至上百家品牌商店，服装、鞋帽、食品、百货等应有尽有，并配有餐饮、美容、娱乐等服务设施。"二战"以后，随着美国人口的增长和向郊区迁移，形成了对购物中心的需求。1956 年，美国兴建的明尼苏达州 Southdale 购物中心，是第一家完全封闭、两层楼面设计的购物中心，设有中央空调和舒适的公共空间，并首次引进两家互为竞争的百货商店为核心店，这座购物中心可以说是第一座现代化购物中心。据调查，美国有 3/4 的人每月至少惠顾购物中心一次，除了家里和工作单位，美国人花在购物中心的时间是最多的。购物中心已经成为人们会客交友、休闲娱乐的重要场所。

2. 厂家直销购物中心（Outlet Mall）

也是大型购物中心的一种，与普通大型购物中心的不同之处在于，这类购物中心容纳的大部分是专营名牌产品的厂家直销店（以服装类产品居多），另有少部分的商店专卖退货商品和已停产商品。该类购物中心一般选址在各州交界、人口稀少但紧邻高速公路的地方，由于场地租金低、中间环节少，价格会比普通商店便宜很多。

3. 百货商店（Department Store）

百货商店一般位于市中心，占地面积大，装修豪华，经营品种繁杂。近年来，百货商店在不断收缩经营面积，调整结构，向小型化、专业化方向发展。美国对百货商店的要求是：必须至少雇用 50 名员工；服装和非耐用消费品的销售额至少占到总销售额的 20%；商品组合必须包括家具、房屋设施、家用电器、家庭装饰灯、针织服装等商品中的一些品种。

4. 综合超市（Supermarket）

与普通百货商店相比，综合超市的商品更加丰富，且以物美价廉为经营定位。这主要依赖于更大的销售量以及更加完善、高效的物流配送体系。超市是实行自助服务和集中式一次性付款的销售方式，以销售包装食品、生鲜食品和日常生活用品为主，满足消费者日常生活必需品需求的零售业态。美国对综合超市有规模要求，20世纪80年代要求年营业额达到200万美元。目前超市正在向连锁化、大型化、现代化和多样化方向发展。

5. 仓储式商店（Warehouse Store，又称平价俱乐部）

是一种仓库与商场合二为一，主要设在城乡结合部，装修简朴，价格低廉，服务有限，并实行会员制的零售经营形式。其特色是实行会员制，设施简单，以库为店，内部不装修。经营范围包括食品和非食品类商品，实行少品种大批量整件销售。商品价格低，同样商品的价格比普通商店要低20%~50%。平价俱乐部的目标顾客是小型企业，但由于商品售价低，因此也吸引了很多个人会员。

6. 专业超市（Specialty Store）

专业超市是以经营某一大类商品为主，并且具有丰富专业知识的销售人员提供适当服务，满足消费者对某大类商品的选择需求的零售业态。美国的专业超市几乎遍布各个消费领域，如食品、服装、家居建材、家用电器、办公用品、体育用品、汽车用品、宠物用品、家具、玩具、图书、园艺及经营廉价商品的"一元店"等，这些超市多以连锁经营为主。

7. 便利店（Convenience Store）

是一种以自选销售为主，销售小容量应急性的食品、日常生活用品和提供商品性服务，以满足顾客便利性需求的零售业态，其主要特征是准确定位、集中开店、提供多种服务、开展电子商务并发展物流配送业务。美国的便利店主要经营日常用品和食品，每个店10~20平方米，为消费者就近购物提供了方便。

8. 网络商店（Internet Store）

网络商店是通过互联网进行商品经营活动的一种商店形式。零售商在互联网上开设虚拟商店，建立网上营销的网站，上网的消费者可以根据网址进入网站访问，浏览商店的商品目录等各种信息，找到合意的商品可以发送电子邮件向零售商订货，通过电子转账系统用信用卡付款。零售商则通过邮寄或快递公司把商品送给购物者。近年来，因为技术进步和网络购物本身的价格优势和购买便捷等多种原因，网络购物得以迅速发展。据美国统计署的资料，2007年美国网络销售总额已高达1 364亿美元，占美国零售总量的3.4%。

纵观美国传统零售业现状，可以看出正在逐步确立的两大明显特征，即郊区化和连锁化。零售业特别是零售业态的郊区化是城市化进而城市空心化趋势在零售层面的突出表现。零售业态的连锁化则是零售业整体经营模式的重大变革。美国的零售店数以百万计，但很多零售店的面积都很小，43%的雇员都在10人以下。尽管小零售店占到零售店总数的73%左右，但对零售业的影响非常有限，真正控制零售业命脉的是大型连锁零售企业。据统计，美国30家最大的连锁店控制了美国零售业1/4的天下。由此可见，连锁经营已被确立为美国零售业内的主导经营模式。进入20世纪90年代以后，随着信息网络技术的不断普及应用，传统零售业正进行着向电子化方向发展的新的革命，为低迷的美国零售业注入了新的活力。同时，新兴的电子网络零售业在经历了网络泡沫破灭的阵痛后，也正以新的专业化姿态快速向前发展。

四、美国批发业的形式和特点

美国的批发业很发达，经过多次变革，已形成独立批发商、厂商销售分支机构、代理商三大渠道并存、互为补充、相互竞争的新格局。20世纪30年代以来，随着批发业两端的制造厂商和零售商的组织规模化程度的持续扩展，很多零售商摆脱了批发企业这个中间环节，从生产商直接进货，控制了一部分货源和批发市场，使传统批发企业的垄断经营地位受到了很大冲击，传统批发商不得不从组织形式和经营方式等方面实施变革。进入20世纪90年代后，美国的批发代理商为适应日益激烈的竞争形势，纷纷采取各种手段，改进服务方式，提高服务质量，提高服务附加值的比重，开拓新的服务领域，拓展现有产品线，开发新的国际市场，积极运用电子商务技术等方法来提高自己的竞争力。

批发是指一切将物品或服务销售给为转卖或者商业用途而进行购买的个人或组织的活动。批发业在现代商品流通中具有重要地位，批发业的发展不仅对于降低成本、提高效率起到了不可或缺的作用，也对其他相关产业的发展起到了重要的推动作用。美国日用工业消费品的98%都是通过批发商销售给零售商的。美国的批发商主要有独立批发商、生产商的销售机构和代理批发商三种基本类型。批发商承担销售与促销职能、采购与搭配货色职能、整买零卖职能、仓储服务职能、运输职能、风险承担职能、提供信息职能以及管理咨询职能。

独立批发商是从事商品批发的专业机构，约占商业批发机构数量的80%，批发销售额约占总批发销售额的50%，美国生产厂商的大部分产品都由独立批发商经销，因此，独立批发商的地位在商品流通领域中十分重要。独立批发商除了从生产企业进货、储存运输商品并分销给零售企业以外，还对生产厂商和零售商提供资金信贷支持。

美国的完全服务批发商执行批发商业的全部职能，提供的服务主要有保持存货、雇用固定的销售人员、提供信贷、送货和协助管理等。其产品系列齐全，主要经营日杂用品。有限服务批发商为了减少成本费用，降低批发价格，只执行一部分服务，如只经营汽车零部件等产品，利用有限的商业设施提供专门服务。货架批发商利用自己的货架终端经营保健和美容商品；卡车批发商从生产者那里把商品装上卡车后，立即送给各零售商店、餐馆、旅馆等客户，不需要有仓库和产品库存，专门经营需要直接快速交运的商品；邮购批发商则借助邮购方式开展批发业务，经营杂货、小五金等产品，其客户是边远地区的小零售商。

生产企业的直属销售店也是重要的批发机构。一些有实力的大生产厂商出于竞争的需要，纷纷建立起自己的营销部门，直接对外开展批发零售业务，实行产销一体化。制造商直接经营批发零售业务，目的在于为商品寻求新的销售渠道，扩大销售量，提高市场占有率，扩大品牌知名度；减少中间环节和流通费用，控制商品营销渠道，实施整体营销策略，提高流通效率；直接获得市场需求信息，以更好地满足市场需求。美国生产企业的直属批发机构约占总商业批发机构数量的10%，批发销售额大概占全部批发额的35%。美国生产商的批发机构形式，首先是建立直属经营部或销售公司，负责本企业产品的对外大宗批发业务，并接受零售企业的订单。其次是通过建立专业店、专卖店等营销网络，对外开展各项业务。再次是通过建立推销员批发网络来进行销售服务。

代理批发商是为生产企业推销商品、以获取佣金为目的的中间商。在美国的批发商业中，代理批发机构约占批发机构总数的9%，批发额约占全部批发额的10%。代理批发商的形式多样，主要有：①生产企业的代理商，即生产者代表，他们与每个生产者签订有关定价政策、销售区域、订单处理程序、送货服务以及佣金比例等方面的正式书面合同。他们了解每个生产者的产品线，并利用其广泛的关系销售生产者的产品，如服饰、家具和电器等产品，大多数生产者代表都是小型企业，雇用的人数虽少，但都极为干练。②佣金代理商，又称佣金行，是指对产品实体具有控制力并参与产品销售协商的代理商，拥有对所销售商品的控制权以及确定商品价格的决定权，佣金商在处理商品时，必须因时制宜，尽快脱手，在卖出商品后，扣除佣金和其他费用，即将余款汇给委托人。③经纪人代理商，代理卖方或买方推销购进商品，经纪人的主要作用是为买卖双方牵线搭桥，协助他们进行谈判，买卖成交后向雇用方收取费用，他们并不持有存货，也不参与融资和承担风险。此外还有拍卖公司和进出口代理商等。

美国的批发流通渠道较短，工业品的20%由生产企业经过批发商销售给客户，其余商品的80%由生产厂商直接销售给用户。

五、美国物流业的形式和特点

美国是现代物流的发祥地，物流水平世界领先，"物流"（logistics）一词首先就是由美国在"二战"中提出的。目前，美国的物流产业规模已超过9 000亿美元，产值占整个国家GDP的百分之十以上，是美国经济的重要组成部分。现在，美国的物流业已实现了相当程度的机械化、计算机化和自动化，很多配送中心应用数码自动分拣系统，极大地提高了工作效率和准确性，特别是以信息技术为基础的第三方物流的飞速发展，给美国物流业带来了蓬勃生机。

（一）政府放宽管制促进物流发展

从20世纪80年代始，美国政府制定了一系列法律法规，逐步放宽对公路、铁路、航空、航海等运输市场的管制，取消了运输公司在进入市场、经营路线、联合承运、合同运输等多方面的审批与限制，由于激烈的市场竞争而使得运输费率下降、服务水平提高；美国1991年颁布的《多式联运法》，大力提倡多式联运的发展；1996年出台的《美国运输部1997—2002年财政年度战略规划》，提出建设一个世界上最安全、方便和经济有效的物流运输系统。这些政策法规的推行，为确立美国物流在世界上的领先地位奠定了基础。

（二）积极推进企业物流合理化

近些年来，美国的物流企业面临新的市场环境：一是随着企业经营范围全球化，物流与供应链的覆盖范围逐步扩大，管理的复杂性提高，普遍需要全球性物流服务；二是由于市场的多变性以及客户需求的个性化和多样化趋势，物流服务必须有很强的灵活性，以适应企业内部和外部各种因素的变化；三是企业之间的竞争已由产品竞争转向服务竞争，物流作为企业的"第三利润源"，需要通过各种途径来降低物流成本，改进客户服务，提高竞争能力。为了适应新的市场环境，企业一方面打破部门界限，实现内部一体化的物流管理，设立物流总监进入企业高层；另一方面冲破与供应商和客户的壁垒，结成一体化的供应链伙伴关系，使企业之间的竞争变成供应链之间的竞争。

（三）大力发展第三方物流

美国企业物流合理化的一个重要途径，是将物流服务外包给第三方物流公司（3PL）。根据最近的统计调查，在过去两年里，第三方物流企业的成本平均下降 11.8%，订货周期从 7.1 天下降到 3.9 天，库存总量下降 8.2%，说明美国第三方物流的作用已从单纯的降低客户物流成本转变为多方面提升客户价值，而实现这一转变的前提是美国的第三方物流已从提供运输、仓储等功能性服务向提供咨询、信息和管理服务延伸，UPS、FedEx、APLL、RYDER 等一批物流企业致力于为客户提供一体化的解决方案，与客户结成双赢的战略合作伙伴关系。

第二节　日本工业品流通体系的形式与特征

日本流通企业的批发环节层次较为复杂，批发组织存在多种形态，日本政府运用各种手段对批发市场进行宏观调控，批发业在日本的国民经济发展中起着极为重要的作用，是日本商业的重要组成部分。

一、日本批发业的地位与作用

（一）批发商对生产厂商的经营决策、信息传递与融资作用

①满足生产厂商对制定生产经营决策的作用。由于批发商在经营商品的过程中，能够较为全面地掌握商品市场的销售情况，因而能够给生产企业传递比较准确的市场需求信息，为生产厂商降低生产经营成本，做出正确的生产决策提供科学依据。生产厂商依据批发商提供的市场信息进行产品设计和新产品开发，具有较强的针对性。同时批发商可以在某一地区乃至全国范围内形成自己

的营销网络,这对生产厂商无论在节约成本费用方面,还是在增加销售产品的数量方面都能起到良好的促进作用。②在融通资金上的作用。当生产厂商的资金发生周转困难、生产难以为继之时,批发商能够为生产企业提供急需的资金援助,以维持再生产活动的顺利进行;当生产企业的产品销售不畅时,批发企业同样能为生产厂商承担销售风险。

(二) 批发商对零售企业的资金支持与商品聚集作用

①批发企业对零售企业的资金援助作用。日本各种零售业态的小企业,常常在经营过程中遇到资金周转上的困难问题,在这种情况下,零售企业往往能够得到批发商提供的延期付款、赊销等资金帮助。日本的零售企业在一般情况下更愿意通过批发企业的渠道进货。②集聚商品的作用。由于零售业面对的是需求多样化、个性化的最终消费者,因此零售企业在货源的组织上就要表现出少批量、多品种的特点。由于批发企业能够把不同厂家、不同品牌的商品进行有效的集成,因而零售企业只需与批发企业进行交易就能满足自己少批量、多品种的采购要求,从而大大节省交易时间和交易费用并提高流通效率。所以无论对生产厂商还是零售商而言,批发商都起着重要的桥梁和纽带作用,这是日本批发业得以延续与发展的重要原因所在。

二、日本批发业的组织形态及其特点

批发商是联结生产与零售企业的桥梁和纽带,分别与生产企业和零售企业进行交易。日本的批发企业分为一般批发商、综合商社、连锁批发、工厂批发、经销代理批发等。以批发业为中心是日本流通体制的重要特征,批发业在日本商品流通中占有极为重要的地位。商品流通规模的不断扩大和零售商店的日益增加,是日本批发商业持续稳定发展的客观基础。

(一) 日本批发业的组织形态

按地区商圈划分,有全国性、地区性和地方性批发商;按经营主体划分,有制造业批发商、独立批发商、零售批发商和连锁批发商;按流通功能划分,有收集批发商、分散批发商和中转批发商;按批发功能划分,有全部功能批发商和有限功能批发商;按流通位置划分,有一次批发商、二次批发商和三次批发商;按经营商品的品种划分,有一般批发商、专业批发商、特殊批发商、进出口商等;按场所划分,有产地批发商、集散地批发商和消费地批发商;按交易方法划分,有普通批发商、展示批发商、现金结算批发商和通信销售批发商；按商品所有权划分，有拥有商品所有权的批发商和没有商品所有权的批发商（拍卖代理商、经纪人、中介商、进出口代理商、销售代理商、购买代理商等）。上述从不同角度对日本批发商的业态分类，会存在一定的交叉。以下是最主要的批发商类型及其特点。

1. 地方性、地域性和全国性批发商

地方性批发商是指由于受所在地域范围的限制，交易活动只能在某个城市或地区进行的批发商。这类批发商受到信息化时代网络技术的冲击，但作为对全国性批发机构的有益补充，仍具有其生存与发展的空间。地域性批发商的批发业务活动限制在全国和地方之间的某一地理范围之内，能够对零售商的快速商品运输和业务活动提供指导帮助；全国性批发商是指商品交易的范围可以辐射全国，其经营的商品一般具有较高的知名度、信誉度和美誉度，可以经营以自己商标命名的商品，这类批发商往往在商业活动中处于核心位置。

2. 综合批发商与一般批发商

综合批发商是经营综合业务的批发商。一般批发商是相对于综合批发商而言的，是指集中经营同一类商品的批发商，如服装批发商，其经营的商品局限在某一范围之内。随着日本零售业的发展，这种类型的批发商已成为批发业中最主要的批发机构。一般批发商经营的商品范围比综合批发商窄，也叫专业批发商。

3. 通信销售批发商与现金结算批发商

通信销售批发商即邮购批发商，指通过商品目录、邮寄广告等方式销售商品的批发商。现金批发商最早出现在 20 世纪 30 年代的美国，批发商对商品购买者用现金的方式结算，而物流配送等活动全部由购买者自己承担，这是一种功能有限的批发业务。通过这种交易方式，批发商可以节约垫支资金，减少运费损失，能够以更低廉的价格出售商品，从而提高企业经营效率。

4. 消费地、集散地与产地批发商

消费地批发商是位于消费者所在地的批发商，从大批量生产者和产地批发商等处大规模购进商品，然后按照一定的标准分配给众多的零售商，发挥调节供需、辅助批发的作用。集散地批发商在产地生产者和消费地批发商之间起桥梁纽带作用，收购生产地的产品，然后批发给各地分散的中间商，也称为一次批发。产地批发商指位于商品生产地点的批发商，其主要作用是将收集到的生产者的商品出售给产地从事加工活动的需要者或消费地批发商。

5. 有限功能与完全功能批发商

有限功能批发商指限定了某些服务功能的批发商，由于提供的是有限的服务项目，所以能够降低批发商的经营成本。完全功能批发商是向生产厂商和零售企业提供各种服务功能的批发商。这类批发商根据其经营商品种类的不同又进一步分为单品批发商、综合批发商、行业综合批发商及专门批发商等。

6. 佣金代理商与代理商

佣金代理商指接受委托，以自己的名誉按照委托者的要求将购进的商品进行销售，并从中获取佣金的独立商人。佣金代理商用自己的名誉与交易对象进行交易，交易过程中的交易对象不知道谁是商品的所有者和委托者。交易中的委托者要承担所有的风险，佣金代理商只根据合同收取一定的手续费，手续费的多少一般根据交易额的大小和交易数量的多少计算。代理商是以委托者的名义为特定的商人从事商品买卖交易和媒介活动，并从中获得手续费的辅助商业机构。包括销售代理商、生产代理商和采购代理商。与代理商相类似的还有充当买卖双方的媒介和联系人并从中收取手续费的经纪人，经纪人主要有商品经纪人、船舶经纪人和保险经纪人等。

7. 特殊批发商与专业批发商

特殊批发商一般是指单品种批发商，是专门经营同一类商品中某一特定产品的批发商。特殊批发商是商业高度发达、批发业务专业化发展的结果。由于特殊批发商经营商品的范围更窄，因此对批发商的专业知识、能力和经营技巧都提出了新的更高的要求。专业批发商是指经营特定商品系列的综合批发商，其经营商品的范围比综合批发商要窄，经营的是特定行业中的特定商品。

8. 综合商社

综合商社是日本特有的商业组织形态，指三井物产、伊藤忠商事、三菱商事等大商社。日本的综合商社从世界范围内收集信息，在生产商和零售商之间发挥着批发商的作用，提供社会所需要的商品和服务，促进了日本流通业的现代化。其具体职能主要表现在：①金融融资功能。综合商社凭借其巨大的资信能力，与大银行相互持股，完善了金融机构的信贷职能，它能够从银行获得巨额贷款，并具有转贷权和再贷权，从而对缺乏资金的中小批发商、生产商以及零售企业等发挥重要作用。②商业贸易职能。综合商社是在日本对外贸易的基础上发展起来的，日本九大综合商社的进出口额约占日本全国进出口总额的50%，凭借强大的实力和组织体系，综合商社在日本的能源、原料供应以及产品的国际市场营销方面都起着举足轻重的作用。③稳定国内市场。综合商社几乎垄断了整个市场，控制了所有流通渠道，对国外企业和产品形成了一个封闭的、严密控制的市场流通体系，起到了稳定日本国内经济的作用。④降低交易成本。目前流通企业的国际化、大型化、综合化和集团化趋势不断加强，降低成本已成为获得竞争优势的关键。综合商社通过与各金融机构、企业集团相互持股、签订长期合作协议等措施而结成紧密的战略联盟，利用其广泛的营销网络，降低了交易费用。

总之，综合商社是日本商业的独特形式，规模巨大，功能齐全，实行跨国经营，从产品的研究开发、生产、运输、仓储到批发、零售和进出口贸易都有一套完整的市场营销体系，在日本商业乃至整个日本经济发展中都有着不可替代的重要作用。当然综合商社也存在一定的弊端，主要是由于组织的过分庞大而导致的管理效率低下以及由于实行多元化经营造成的风险增加。

（二）日本批发业的主要特点

（1）批发组织形式多样、批发渠道冗长复杂。日本的批发组织形式有综合批发与专业批发；有地方批发、区域批发和全国批发；有一次批发、二次批发、三次批发；有物流功能型的批发、连锁供应型的批发和批零兼营型的批发。1999 年日本批发额与零售额之比（批零系数）为 3.6：1，日本批发业的专业化程度高、渠道长，由生产领域进入消费领域的商品有 65%要经过批发环节，其中大概有 40%要经过三四道环节。相比之下，美国批发商业的流通环节比较少。

（2）政府介入对批发市场发展的管理，批发市场交易规则比较健全。日本政府对批发市场的宏观管理主要体现在制定法规、严格审批以及资金支持等方面。日本政府于 1971 年制定并颁发了《批发市场法》。为保证批发市场的交易能够合理、健全地运行，《批发市场法》规定了若干交易规则，如中央批发市场交易行为的规则包括拍卖与投标、委托集中上市、批发对象限制、禁止区别对待、禁止场外批发、禁止批发商作为批发对象进行采购以及依法收取手续费等。无论批发企业向生产厂商进货还是零售商从批发企业采购商品都要报送计划，双方要严格按合同执行，以销定进。

（3）批发市场具有信息传递和价格形成功能，物流功能显著。日本的批发市场是商品流通、信息传递和价格形成中心，在商品流通的同时，信息传递与价格形成也在同时进行。在批发市场内通过拍卖形成的价格是同类商品价格的重要参数，对其他销售渠道的商品交易有重要影响。城市流通中心是日本的批发商业的一种重要形式，城市流通中心一般地处交通要道，在批发流通中起着便利交通、节约费用、提高效率、加速商品流通现代化的作用。利用城市流通中心的现代化设施，可以对流通中的商品进行集散、检验、分类、包装、配送、运输，从而发挥物流的功能作用。

三、日本零售业的作用、业态形式及其特点

（一）日本零售业的作用

零售是向最终消费者个人或社会集团出售生活消费品或非生产性消费品及相关服务，以供其最终消费之用的全部活动。零售业是以向最终消费者（包括个人和社会集团）提供所需商品及其附带服务为主的行业。零售业是一个国家最古老的行业之一和最重要的行业之一；是反映一个国家和地区经济运行状况的晴雨表；是一个国家和地区的主要就业渠道；现代零售业是高投资与高科技相结合的产业。零售商是以零售活动为基本职能的独立的中间商，介于制造商、批发商与消费者之间，以营利为目的从事零售活动的组织。

零售业对批发商和生产商具有重要作用。①提供批发商和生产者决策所需要的信息。生产者和批发商需要以及时准确的市场需求信息为决策依据，零售商作为连接生产和市场的桥梁、纽带，既要将有关商品市场的供给信息及时传递给消费者，同时还要将市场上消费者的商品需求信息反馈给生产商和批发企业，为生产商和批发企业做出正确的生产经营决策提供及时、准确、可靠的信息。②销售代理人的作用。零售商作为生产企业和批发企业的销售代理人，要为生产商和批发企业开发顾客市场，为顾客提供各种商品和服务，完成与顾客的交易，在使顾客满意的前提下获取利润。日本的零售业非常发达，零售业态多种多样，伴随着日本经济和消费需求的发展变化，日本的零售业态不断更迭创新服务不断发展，零售业与批发业共同承担着流通的重要功能。

（二）日本零售业态的种类与特点

"业态"一词来源于日本，零售业态是指零售企业为满足不同的消费需求而形成的不同的经营形态。零售业态的分类主要依据零售业的选址策略、卖场规模、目标顾客、商品结构、店堂设施、经营方式、服务功能等确定。按照日本通产省的商业统计，可将零售业分为百货商店、综合超市、专业超市、便利店、专业店、中心店、购物中心等多种业态。按是否设立门店将零售业分为有店铺零售

和无店铺零售，其中无店铺零售包括邮购、上门销售、电话订购、电视销售、网络商店、自动售货机和流动商贩；按所有权性质来划分可分为独立商店、直营连锁商店、特许经营、租赁商品部、垂直营销系统和消费者合作社等。

（1）百货商店（Department Store）。是指经营包括服装、家电、日用品等众多种类商品的大型零售商店。百货店起源于 19 世纪中期的欧洲，是城市发展、人口增加、商品品种增多的结果。1852 年在法国巴黎开设的"博尔马谢"（Bon Marhe）商店，是世界商业史上第一个实行新经营方法的百货商店，被称为现代商业的第一次革命。其革新性体现在销售方式上、经营上和组织管理上都发生了根本性变革。日本的第一家百货商店出现于 1904 年，由三越株式会社和服店改建。日本百货店的特点主要表现在：大都设置在繁华的城市街道上，规模较大，商品种类较为齐全，以中高档商品为主，主要采用代销的方式经营。日本百货店的进货方式包括：①委托进货。百货店接受委托代销厂家或者批发商的商品，百货店并不拥有商品的所有权。由于这种进货方式的销售风险是由厂家和批发商承担的，因此这种进货方式的毛利率比买断式进货小。②买断式进货。通过买断使商品所有权由批发商转移到百货店。③销售进货。这是日本独特的一种进货方式，即卖出多少货就进多少货，这种进货方式的毛利率最小。

（2）综合超市（Supermarket）。是实行自助服务和集中式一次性付款的销售方式，以销售包装食品和日常生活用品为主，满足消费者日常生活必需品需求的零售业态，普遍实行连锁经营方式。1930 年 8 月，世界上第一家"金·库伦"超级市场在美国纽约开业，被称为零售业第三次革命。超市以开价自选售货方式和低费用、低毛利、低价格的"三低"政策，赢得消费者的青睐。日本出现的第一家超级市场是 1953 年在东京开业的"纪国屋"，这家商店率先采用了自选购物方式，给日本整个流通业带来了深刻的影响。超市的出现促使开架售货方式流行，大大节省了人们的购物时间，使舒适的购物环境得到普及，促进了商品包装的变革。超市的竞争优势表现在以连锁的形式进行扩张，统一进货，大量销售，超市取代了过去厂家、批发商的一些批发流通职能，连锁的规模效益使得日本的消费者获得了低价购买商品的实惠。

（3）购物中心（Shopping Center/ Shopping Mall）。是指在一个大型建筑体（群）内，由企业有计划地开发、拥有、管理运营的各类零售业态、服务设施的集合体。它有两种形式：一是条块状型（String Centers）。以开放式的小路连接各个商店和服务设施。二是 Mall 型。是一个屋檐下的巨大室内购物场所，各类商店由封闭式道路连接，转角上一般有较大零售业态，专业术语叫"锚定"（Anchor）。日本购物中心的特点是：①既注重硬件设施的投资，也对软件即公共服务建设很重视。②从主力店的类型看，日本购物中心的主力店主要有百货商场、日用品卖场、超级市场、家居中心、折扣店和药店六种类型。③从地理位置看，日本有超过一半的购物中心分布在郊外，有26%的购物中心集中在中心地区，有23%的购物中心分布在与中心区相邻接的周边区域。

（4）商业街（String）。是以零售店铺为主，以其他相关行业店铺为辅的众多店铺集聚的街区。商业街的特点是以零售为主，具有餐饮、娱乐和文化等复合功能，店铺协同，空间跨越，对繁荣城市经济、改善城市景观具有重要作用。日本的商业街是随着城市的发展而自然形成的，主要分为四类：①近邻型。指城市周边和居民区内的小型商店街，主要由中小型零售店铺组成，主要经营居民的日常生活用品。②地域型。指大中城市中的中型商店街，主要经营日用品和耐用消费品。③广域型。指地方中心城市的较大型商店街，顾客群以本市和周边地区的消费者为主，主要经营耐用消费品，分布在聚客能力较强的地区。④超广域型。指位于大城市的中心商业区，以具有巨大聚客能力的大型零售店铺为中心构成的超大型商店街。如日本东京的涉谷、银座和新宿，商圈人口达到20万以上。

（5）专业商店（Specialty Store）。指经营某一大类商品为主的，并且具备有丰富专业知识的销售人员和提供适当的售后服务，满足消费者对某大类商品的选择需求的零售业态。专业店是专门经营特定商品的零售商店，其特点是在特定的商品领域形成较有"深度"的商品构成，并提供有较高的专业水平的咨询服务。日本专业店的特点是：选址多样化，多设在繁华商业中心、商业街或百货商店、购物中心内；营业面积一般根据主营商品特点而定；商品结构体现专业性、深度性，品种丰富，选择余地大，主营商品占经营商品的90%；经营的商品、品牌具有自己的特色；采取定价销售和开架销售相结合的形式；从业人员都具备比较丰富的专业知识。日本专业商店的数量较多，其中以独立的中小型商店居多。

（6）便利店（Convenience Store）。是一种以自选销售为主，销售小容量应急性的日常生活用品并提供商品性服务，以满足顾客便利性需求为主要目的的零售业态。成立于1973年的日本7-11便利店多年来一直高速成长，目前已在日本开设了1万余家便利店，并于1991年控股美国南陆公司，成为世界最大的连锁便利店集团。日本便利店的特点主要是：①便利店的选址与设立主要由商店街原来的酒店、米店改建而成，加盟商店带着土地和店铺一起加入连锁店。②开展电子商务。7-11便利店较早地引进了POS（Point of Sale）系统，通过广泛使用POS等信息系统，促进了全公司和各加盟店商品组合的不断改进，使多品种、小批量、高频度的商品配送网络得以形成，连锁店总部、加盟店、供货商乃至生产企业之间都形成了畅通的信息网络。③准确定位，集中开店，提供多种服务，发展物流配送业务。

（7）连锁经营。日本的连锁经营包括正规连锁、特许连锁和自由连锁三种形式。

①正规连锁(Regular Chan)　又称直营连锁、公司连锁，这是连锁商店的基本形态。日本通产省的定义是："处于同一流通阶段，经营同类商品和服务，并由同一经营资本及同一总部集中管理领导，进行共同经营服务的组织化的零售企业集团。"其主要特点是：所有分店必须归一个公司、一个联合组织或单一个人所有，各分店不具备法人资格；连锁总部对各店铺拥有全部所有权、经营权、监督权，实施人财物与商流、信息流、物流、资金流等方面的集中统一管理，分店的业务必须按总部指令行事；整个连锁集团实行统一核算制度，工资奖金由总部确定；分店所有员工由总部统一招募，分店经理也由总部委派；各分店实行标准化管理，如商店规模、店容店貌、经营品种、商品档次、销售价格、服务水平等高度统一。

②自由连锁(Voluntary Chan)　又称为自愿连锁。日本通产省的定义是："分散在各地的众多的零售商，既维持着各自的独立性，又缔结着永久性的连锁关系，使商品的进货及其他事业共同化，以达到共享规模利益的目的。"自由连锁的特点是各成员企业保持自己的经营自主权和独立性，不仅独立核算、自负盈亏、人事自主，而且在经营品种、经营方式、经营策略上也有很大的自主权，但要按销售额或毛利的一定比例向总部上交加盟金及指导费。连锁总部则应遵循共同利益原则，统一组织进货，协调各方面关系，制定发展战略，收集信息并及时反馈给各成员店。

③特许连锁(Franchise Chan)　又称合同连锁、加盟连锁、契约连锁。特许经营是指特许者将自己所拥有的商标（包括服务商标）、商号、产品、专利和专有技术、经营模式等以特许经营合同的形式授予被特许者使用，被特许者按合同规定，在统一的业务模式下从事经营活动，并向特许者交付相应的费

用。特许连锁经营的特征有：特许连锁经营的核心是特许权的转让；特许连锁经营加盟双方的关系是通过签订特许合约而形成的；特许连锁经营的所有权是分散的，但对外要形成同一资本经营的一致形象；加盟总部提供特许权许可和经营指导，加盟店为此要支付一定费用。

企业开展特许连锁经营的有利方面是：可以突破资金和时间限制，迅速扩张规模；加盟店主更加积极肯干，有助于事业发展；可以降低经营费用，集中精力提高企业管理水平；生产企业以特许连锁经营方式涉足零售业，可以控制整个分销渠道，更好地实施其营销战略。企业开展特许连锁经营的不利方面有：加盟店有时闹独立性，难以控制；个别经营失败的加盟店会连累总部声誉使其形象受损；当总部发现加盟者不能胜任时，无法更换。

日本连锁经营的主要特点是：①自由连锁占据主导地位；②特许经营的发展速度快于自由连锁。③自由连锁与特许连锁相互交融。一方面，实行自由连锁的中小企业为了在激烈的市场竞争中获得生存，希望总部能加强经营上的管理，同时，实行特许连锁的一些企业，也要求扩大经营上的自由度，发展个性化经营。

日本零售连锁企业创造了日本企业成长的奇迹，现已经成为日本零售商业市场组织的主要形式，渗透到零售、餐饮、服务各个领域，在很大程度上已经控制了零售业，覆盖了大多数的消费层面。战后日本成长最快的零售连锁企业是大荣，拥有8 700多家大型店铺；伊藤洋华堂则是多业态连锁的混合集团，拥有包括百货店、超级市场、折扣店、便利店、专卖店在内的26 000多家分店；三越则通过连锁长期控制着日本百货业态的主导权。

第三节　德国工业品流通体系的形式与特征

德国实行的是政府民间平衡型产业规制，就是指在企业、市场、政府三者关系中，政府保障市场、市场引导企业，同时又以社会因素相保证的一种产业规制模式。在这种规制模式下，突出强调的是市场按其内在规律运行的重要性，寻求其自由与有效的保证，从而保护产业的运行环境，提高企业的微观效率。其指导思想在于：市场的力量是社会进步的基础，而社会安定又使市场充分、有效地发挥作用成为可能，并得到保证。在工业品流通领域，这一产业规制模式得到有效的贯彻。目前，德国的工业品流通已形成了商品的专业化流通、社会化流通与生产厂商的直销有机结合、合理分工的格局。形成了费用较低、服务优质、效率较高、渠道顺畅、周转快捷、信誉良好的工业品流通体系。

一、德国的工业品流通体制模式

德国工业品流通体系的销售方式基本上分为三类：①经销。大批发商具有相对完善的仓储设施，并拥有强大的运输能力，通过批量进货并进行一定时间的存储，能满足零售商不同批量、不同品种和不同批次的需要。②代理销售制。代理制是以生产厂商为主导的专营代理销售模式，它是以合同和产权等方式为纽带，把供应商与分销商之间的利益关系紧密联系在一起。其流通的流程为：生产厂商→地区管理分公司→零售企业→消费者。③制造厂商直接供应的销售模式。其特点是生产与消费相对集中，这种模式需要生产厂商与零售商之间的长期稳定合同，这种模式由于减少了流通环节与层次，加快了周转速度，节省流通费用，价格低，因此受到广泛关注。

二、德国工业品流通体系特点

（一）商流与物流协调配合

在德国的工业品流通体系中，政府、研究机构和企业，都非常重视物流并致力于使物流合理化。无论是生产厂商还是流通商，都把物流工作放在首要位置，无论是原材料的来源还是产品销售，至少要有一方在合理的运输范围之内，以便靠近供应商或客户。流通商既要考虑给用户找到资源，也要考虑怎样及时地把产品送到客户手上，以满足客户的要求。商流与物流密切配合，使流通商有相对稳固的基地，是流通企业能够立足发展的主要因素。

（二）积极发展流通过程中的加工业务

在德国的工业品流通中，早期的原物买、原物卖的状况已经很少，各种形式的再加工非常普遍，如钢铁材料的剪裁加工，基本上在流通过程中由流通厂商来完成，这样既能够实现流通的合理化，又能充分利用流通企业的剪裁能力，减轻生产厂商的负担。在流通领域中的加工已经成为生产过程中不可替代的重要环节。

三、德国工业品流通的发展趋势

（一）采取有利的金融措施促进中小型企业发展

德国是一个追求市场自由和社会平等的国家，实行的是以保护有效竞争、尊重人类首创精神为宗旨的社会市场经济体制。国家为个人活动提供必要的法律、竞争秩序，激励个人在市场经济框架和法律所允许的范围内活动并实现个人利益。德国的社会市场经济制度为中小企业的生存发展创造了条件，中小企业对德国市场经济制度框架的形成和宏观经济与社会结构的调整完善起到了支持作用。①联邦政府通过低息贷款和长期贷款等方式支持新建企业，通过银行担保等方式，为新建企业提供所需的贷款担保。②平衡竞争力量。由于大企业比较容易获得利率条件优惠的银行长期贷款，所以联邦政府对中小企业给予一定的帮助，以利于中小企业的发展。③帮助中小企业增强自身活力，提高其资信程度。

（二）积极发展会展经济流通模式

德国除了传统的直销、经销和连锁经营的工业品流通模式以外，还有非常值得关注的会展经济模式。会展经济是各种类型的交流会、洽谈会、展览会、博览会的总称。它是利用一定的地域优势、经济特色、资源优势，由政府或社会团体组织，召集供需双方按照事先确定的时间和地点，举行专业性的或综合性的以产品布展、宣传、交易和服务为内容的特色型经济活动。会展将琳琅满目、种类繁多的各种工业品集中起来，汇聚来自各行业、各地区的制造商、代理商、批发商以及进出口商，形成独具特色的内销与外贸相结合的交易市场，利用市场的集聚效应，建立商情网络并提供商情咨询服务。展会打通了产业链，使流通产业链上的相关者都能进行交流与互动合作，从而推动整个产业的发展；展会流通模式有利于先进技术的交流，也有利于降低产品的流通成本，并能扩大企业影响力，因而很有发展前景（见图 7.1）。

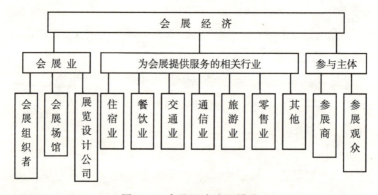

图 7.1　会展经济流通模式

(三) 努力提升物流专业化水平，大力发展物流业

物流是供应链活动的一部分，是为了满足客户需要而对商品、服务以及相关信息从产地到消费地的高效、低成本流动和储存进行的规划、实施与控制的过程。现代物流是计算机技术与商流、物流、资金流、信息流相结合的新事物，是德国政府和企业重点开发的新领域，其物流业发展的经验是：①完善、高效的交通运输网络是物流业迅速发展的硬件基础；②以港口为枢纽的大型货运中心和分布合理的航空、铁路、公路货运场站是物流网络的重要节点；③标准化、集装箱化的运输是货物在不同运输方式之间高效切换的重要前提；④政府对物流基础设施的科学规划、大量资金投入和正确的政策引导是使物流业顺利发展的重要保证。总之，顺畅的交通枢纽、四通八达的运输网络、现代化的高级专业人才、雄厚的资金实力以及大力的科研支持是建设现代物流中心的先决条件。

第四节　发达国家工业品流通体系对我国的借鉴作用

一、美国工业品流通体制对我国的启示

美国的民间主导型产业规制，基本上是私人企业自主型，从力量结构上分析，又是私人垄断企业自主型。美国民间主导模式运行的主要特色是：①企业在投资、财务、生产、经营战略决策等方面，享有比较完整的自主权。政府一般不介入企业决策的领域。②政府与企业之间除了税收之外很少发生直接联系，企业所受的政府直接管理一直较弱。企业应当经历自生自灭的自然过程，政府面向企业的管理机构很少。③政府宏观调控基本上是市场行为。宏观调控一般以立法为基础，面向市场展开。④市场是经济活动的中心，为使企业能在市场上真正获得自由活动的条件与可能，美国政府宏观上比较注重保持市场的合理性。所谓市场合理性的含义，一是充分竞争，反对垄断和其他人为障碍，为此实行反垄断等措施；二是尽可能使市场环境优化、市场信号真实。⑤允许企业影响政府的宏观决策与宏观调控。美国在政治上允许社会势力集团介入国家决策过程，其主要形式之一，是容许开展"院外活动"。

我们从美国工业品流通体制的特点中可以看出，美国的流通企业正在向连锁化、大型化、科学化、规模化和产业链一体化的方向发展，这是我国在构建

工商联动的工业品流通体系过程中应当认真学习和借鉴的。

第一，要积极打造大型商贸流通企业。

在工业品流通体制多元化的格局中，加大国有经济战略重组的力度是发展现代流通业的基础。要加快改革步伐，建立和完善公司法人治理结构，通过资产重组，把资源集中到核心竞争力强、规模大、成长性好的大流通集团公司手中，注入增量，盘活存量，继续发挥公有经济的主导作用。

对一般性流通企业可以通过股份制、收购、兼并、合资、合作、出售、拍卖等形式放开搞活，从根本上解决国有流通企业发展动力不足的问题，促进其加快组织结构、科研开发、经营方式、经营业态和管理方式等方面的创新，要加快企业上规模、上档次、上水平的速度。对资不抵债、经营困难、扭亏无望的企业，通过法律、经济和行政手段，让其尽快退出市场。继续大力扶持民营资本企业，积极引进外资，进一步扩大商贸流通领域对非公有制经济的开放程度，培育多元化的市场竞争主体，鼓励非公经济以参股、控股、租赁等形式参与国有商贸流通企业的改革。打破地区、部门和行业封锁，取消阻碍商贸流通企业发展的规章制度和贸易壁垒，促进各地区、各行业和各种所有制流通企业的相互渗透、相互融合和相互促进，形成各种所有制经济共同发展的新局面。

第二，创新流通模式，完善会展功能。

物流配送、连锁经营、超级市场、专业店、专卖店、精品店、购物中心等都是发达国家经过几十年探索出来的行之有效的零售业态，已成为商品流通的主流模式。我国的工业品流通体制也应实现与国际接轨，批发市场要逐步探索与新型零售业态相结合的批发形式。可以根据不同的品种，选择适当的流通方式，哪种模式有利于提高流通效率和质量、节约交易成本，就采取哪种模式。

会展经济是通过举办各种形式的会议和展览、展销，带来直接或间接经济效益和社会效益的一种经济现象和经济行为。会展经济一般被认为是高收入、高盈利的行业。近些年来会展经济在国内外蓬勃发展，产生了良好的经济效益和社会效益。一些批发市场通过举办大型展览展销活动，一方面收到了良好的经济效益，另一方面也刺激了消费需求，受到各级政府的高度重视。因此要进一步完善和放大会展市场功能，在招商、布展、管理等环节上精益求精，要吸引名牌名品、精品生产厂商参展，发挥他们的影响力和带动效应，创建名牌展览展销会，使之成为响亮的工业品批发市场名片。

第三，进一步加强流通信息网络系统建设。

在现代社会，流通业的快速发展越来越依赖于高科技的硬件设施和技术手段。信息网络技术在流通领域中的广泛应用，对流通业的地位和运行方式都产生了深远影响。这种影响在改变交易方式的同时，还带来了流通作业流程及经营管理等一系列变革。这些变革包括销售时点系统（POS）、信息管理系统（MIS）、商业智能决策系统（BI）、电子数据交换系统（EDI）、电子收款机（ECR）、客户关系管理（CRM）以及供应链管理（SCM）等。流通信息技术的应用不单纯是新技术的应用，更是经营理念和营运方式的升级换代。

美国将信息化建设作为改进客户服务、提高企业竞争力的重要手段，同时将其作为企业提供第三方物流服务的前提条件。美国企业视客户需求为信息系统建设的出发点，并将为客户提供的信息服务作为未来信息系统升级的重要依据。美国信息系统建设的最大特点是善于将先进的信息技术应用到实际的流通业务中。

沃尔玛拥有全美最大的私人运输车队，并配备了全球定位的高科技管理技术，保证了车队处在一种高效率、负荷最大化的状态，极大地降低了运输成本，显示出强大的运输能力。沃尔玛还拥有全球领先的 IT 管控、卫星定位系统和电视调度系统，在配送运输方面，沃尔玛采用能够加大装载量的卡车和集装箱，并且保证物流部门全天 24 小时运作。

相比之下，我国流通业的自动化、标准化、信息化和现代化水平却比较低，我们必须认识到信息技术投资有助于强化企业的核心价值，要借鉴美国的做法，积极充实信息装备，促进流通管理手段和方式的现代化。

二、日本工业品流通体系对我国的启示

日本实行的是政府主导型产业规制，其特征是：①强调企业与政府的合作。为此建立了两者直接对话和协调的机制，企业在政府调控的直接规范下自主程度相对较低。②企业决策既受市场支配，又受政府影响，具有双重决策参数，而最终决策在长时间内很难与政府意图相左。③政府宏观调控直接指向企业时，实际上开辟了资源配置的另一通道，市场机制配置资源的作用有所下降。④宏观调控手段侧重于经济计划和产业政策，追求力度和时间效应。⑤宏观调控的透明程度较低。这是由于存在着政府对企业较大量的随机监督与指导。

日本政府主导型产业规制最具特征的方面，就是政府有效利用经济计划和

产业政策，其中核心又是产业政策。日本政府主要是通过不断调整产业结构、产业组织和产业关联政策这三个方面，并对它们进行有机组合，来实现宏观调控的。日本政府主导型产业经济体制实行的是供给管理，即通过经济计划和产业政策来不断调整生产供给以实现宏观目标。日本经济宏观的目标是追求尽可能快的经济增长率和高生产效率。通过产业政策实行的是赶超型宏观调控。日本实行产业政策调控的办法大致是：首先，根据国内外情况，选择一定时期内重点发展的产业与部门，作为产业发展目标；然后，制定实施办法，运用包括财政、金融、行政、计划和经济立法等在内的各种手段来推行。

日本产业政策的宏观调控使经济运行带有浓厚的政府计划指导、协调的色彩。日本企业，特别是大企业，一般都不能不在"官民协调"方面做出特别的努力。从日本产业政策的成功实践中可见：政府与市场应当有所分工，由市场机制调节企业的日常经营决策，计划机制调节与社会经济发展有关的长远决策，其中主要是投资决策。市场与政府的这种分工，表明市场机制有效性和政府机制有效性分属不同的层次，因而两者可以，也应当相互结合，实现优势互补。这种结合不是各管一块，而是在产业经济运行的同一过程中，政府主体统揽全局，在市场机制失效处承担起责任，以弥补市场的缺陷。日本工业品流通体系对我国有如下几点启示。

第一，要树立流通整体化、系统化的发展理念。

流通系统化就是把产品从生产厂商经过流通渠道到达消费者的整个过程看作一个系统，使各个不同流通部门和环节协调发展、和谐发展、有序发展，从而实现流通系统整体的综合效率最大化。借鉴日本经验，我国流通行业应树立流通系统化的科学理念。日本政府曾于1973年制订了流通系列化的规划，其内容是从微观企业、中观行业和宏观国民经济三个层面构建国家流通系统。虽然这个规划由于种种原因没能最终完全实现，但流通系统化的思想在日本政府和企业中却根深蒂固，日本的流通产业是世界上最具有系统化特征的产业之一。它给我们提供的启示是：流通现代化的实现不只是批发商、零售商和物流业的工作，而要涉及所有的生产企业和部门，必须达成商流、物流、资金流、信息流以及人员流相辅相成、互利共赢、同步发展的共识；企业内部所有流通环节之间都要有全局意识、大局意识和系统性认识，要加强生产厂商与流通商之间的分工协作；政府也应以整个流通系统的效率最大化为工作目标，从流通的全局出发，加强流通过程每一环节的管理，进而实现流通过程的效率化和整体效益的最大化。

第二，要适度把握政府介入流通领域的力度，实行绿色流通战略。

政府在流通产业的发展过程中能够起到非同寻常的作用，这已被日本流通体制变革的经验所证明。但政府在不同时期所起的作用应有所不同，在工业化赶超阶段，政府应从宏观规划与微观规制两个方面，对流通企业进行有效的管理。当工业化已经实现、经济发展比较成熟时，政府就应主动地、更多地把企业推向市场，减少对企业经营行为的干预。日本政府管理流通产业的经验教训在于对流通企业的直接干预，在经济成熟期不但没有减少，反而更多，因而限制了流通企业的竞争活力。20世纪90年代以后，日本政府才顺应了世界经济一体化的趋势，让优胜劣汰的市场机制的作用得到了充分发挥，并实行绿色流通战略。"绿色流通"概念的形成经历了从部分到整体的过程，即关注点从流通技术应用程度较高的包装、运输开始，逐渐扩展到物流、商流等构成的整个流通领域。绿色流通成为沟通绿色生产与绿色消费的必然环节。绿色流通体系由绿色商流（绿色产品流通、绿色产品交易方式）和绿色物流（绿色运输、绿色包装、绿色流通加工）组成。我国目前正处于向市场经济转轨过程中的经济起飞阶段，政府承担着重要的经济职能，对流通产业的宏观管理既不能缺位，也不能越位，更不能错位，应对流通经济进行适时、适度的干预。同时还要充分发挥行业协会的中介作用，为政府和企业提供各种市场供给和需求信息，降低流通费用和政府管理成本。

第三，要大力发展连锁化经营。

（1）连锁经营体现了专业化分工的经济性，这种分工是指总部和店铺之间的职能分工。连锁经营的不同类型均包括总部和店铺，总部的主要职能是管理，店铺的主要职能是销售。这样的分工机制有利于总部专注于对企业的经营战略、营销技巧、店面设计等研究，分店专注于上述内容的执行。总部负责统一采购、统一配送，有利于形成价格谈判、物流管理上的专业化优势；各店铺专门负责销售，注重于提高日常业务与服务的效益。此外，由于运作复制模式的需要，连锁企业制定了标准化、规范化、文本化的管理方式，其清晰的岗位分工实现了运作层的专业化。

（2）连锁经营可以获取规模经济优势。一方面，总部投入了较多的专业人员与资金从事经营战略方面的研究，具有典型的规模经济特点，能够取得更加有效的成果，而这些成果被越多的分店所采用，其经济效益的发挥程度就越大。另一方面，连锁经营批量进货、集中配送和库存管理在获得较强的议价能力的同时，也有利于降低运输与库存成本。集中化的储存、配送本身也能提高仓储、运输设备的利用率，而连锁经营的集中型决策方式也有利于整体优化。

（3）连锁经营可以降低交易费用，在一定程度上是对市场行为的成功替代。连锁经营从组织角度来看仍然是一个大企业、大公司或企业集团。由总部负责集中进货和配送，由分店分散销售的方式实现了产销一体化和批零一体化。由此，零售企业具备了联购批发功能，减少了交易环节，降低了采购费用。通过连锁经营，各个分店的进货不再是市场交易行为，而是企业内部的一种协作关系。连锁经营的这些特点使其能够在较短的时间内实现迅速扩张，尤其是正规连锁、特许连锁的方式所具有的所有权结构、品牌授权制度更赋予了企业较大的控制权。快速扩张的结果将是企业在供应链中的权力地位迅速上升，从而进一步提高了谈判能力，在与供应商的谈判中取得优势并降低交易费用。

日本的流通企业正是看到了连锁经营的这些优势，因此发展极为迅速和普遍，实行社会主义市场经济体制的我国也应大力学习、应用这种流通经营管理方式（见图 7.2）。

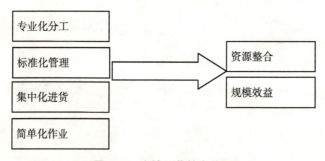

图 7.2　连锁经营基本特征

三、德国工业品流通体系对我国的启示

德国实行的是政府民间平衡产业规制模式，其主要特征是：①强调保证健全的市场机制运转状态，政府的职责是保证、保护市场内在的效力，由市场去引导企业，政府一般并不直接规制企业的活动。②社会资源的配置通过健全的市场机制来实现，同时用社会安定来保障。③宏观调控的目标是物价稳定、经

济稳定和社会稳定，社会公平、社会保障和社会进步被纳入了目标体系。④宏观调控手段侧重于货币政策、物价政策和社会政策。⑤宏观调控的透明度很高。这是由高度强调政府规制必须以法律为依据所致。德国既反对完全自由放任的市场经济，也注意避免由国家对经济过程进行集中管理；既注重经济发展，又不忽略社会的发展。其基本原则和要点可以概括为：第一，提倡自由竞争，限制垄断，充分发挥市场机制的作用。第二，稳定货币，稳定物价。第三，充分考虑社会即民间因素，实现"全民繁荣"，这是平衡型产业规制的基本目标。

德国经济所具有的一些鲜明特色，比如以稳定求发展，建立经济发展同社会发展之间的良性循环等，都是富有借鉴意义的。正确处理好稳定与发展的关系，以及寻找实现稳定的有效途径，是我们构建和完善流通产业规制体制的一个重大问题。向市场化转型过程中的我国经济，如何保持通货稳定、物价稳定、经济稳定和社会稳定，是一个严峻的课题，尤其在一个发展中国家里，避免经济增长与通货膨胀之间的对立与互为代价的不良局面，显得尤为迫切。德国工业品流通体系对我国有如下几点启示。

首先，规范的流通秩序和稳定的市场环境是流通有序、顺畅的基本保障。

德国的市场经济在发展的过程中，形成了保障流通顺畅、高效和有序进行的市场环境，市场秩序比较规范。其经验做法是：①全社会重视流通。流通是社会经济运行的关键环节。商流与物流问题，既是市场问题，也是资源的有效配置与生产的合理组织问题。德国非常重视流通产业的地位和作用，德国的商业贸易联合会，每年举行四次正式会议，互相介绍情况、分析市场、交流信息、协调进口。联邦经济部和州政府也经常对流通结构问题、第三国限制等问题进行对话、协调。②市场运行比较平稳。德国的工业品市场比较稳定，供需和进口贸易没有太大的起伏变化，很少出现供过于求和供不应求的情况，价格变动幅度不大，供求矛盾比较容易调节。③流通秩序比较规范。市场经济的运行需要健全的法律保障，德国的流通秩序是在商品流通过程中不断得到完善的，企业都重合同、守信用并依法办事，违反合同的现象很少发生。

其次，走社会化、专业化流通的发展道路。

不同国家、不同商品的流通模式是由其政治体制、地理位置、社会状况、产品特点、企业实力等多种因素决定的，然而最主要的因素是比较利益和比较成本。社会化、专业化的流通效率大大高于分散经营的效率已被实践所证明，这种效率是整个社会的福利所在。改革开放前，我国在工业品流通领域中形成了企业自成体系、自我服务的格局，这种格局在实行社会主义市场经济体制之后才逐步被打破，然而新的流通体制又没有完全建立起来，于是造成了生产与流通的割裂和不协调。促进生产与流通的合理分工，走社会化和专业化流通的道路是经济发展的客观规律。我们必须尽快形成专业化、社会化流通与生产企业自销有机结合的工业品流通新格局。要让工业品流通企业和生产企业加快改组、改造步伐，使其发展壮大；促进传统工业品流通企业向现代物流企业的战略转型，大力发展连锁经营、物流配送、电子商务等现代流通方式，引领工业品流通企业走上合理化、高效化的道路。

再次，加速培育大型骨干流通企业。

德国等发达国家的实践表明，市场经济的发展需要大型流通企业发挥作用，然而我国现有的流通企业规模与国外大型流通企业相比，相差甚远。在2010年《财富》世界500强企业中，沃尔玛以营业收入4 082.14亿美元夺得世界第一的宝座，大约相当于同年我国全社会消费品零售总额的1/5，是我国连锁百强第一位苏宁电器销售额的近20倍，是位于前5位的苏宁电器、国美电器、百联集团、大商集团和华润万家有限公司销售总额的5倍。百强的外资企业主要经营大型超市业态，2010年，外资企业的销售和开店增幅基本保持同步且较快的发展速度，沃尔玛、家乐福等五家主要外资大型超市新增店铺140家，开店增幅比2009年增加了22%，而国内企业的销售增长和开店速度总体上低于外资企业。规模化与商场集中度不断提升是欧美大多数国家流通业尤其是零售业近几十年来的主旋律。

这些外资企业凭借其完善的营销网络、先进的经营模式和巨额的资金支持，占领了我国流通市场。无论是从我国工业品生产企业的自身发展来看，还是从整个工业品市场的稳定性来看，我们都需要能够支撑起整个市场的大型流通企业。这就迫切需要工业品的批发、零售企业在新的环境条件下通过重组发展起来，先树旗舰，后建舰队，再造航母，立足地方，再逐步向外延伸，以强为主，逐步做大。加速培育工业品流通行业的"航空母舰"，是我国流通体系改革发展的核心问题之一，必须引起足够的重视并认真加以研究解决。

四、进一步的认识

我国工业品流通的系统环境与日本和美国相比，既有很多相似之处，也有些特征介于日本和美国的中间地带，更有许多独具中国特色，这些因素交织在一起，使工业品流通体系的构建问题显得错综复杂。

（一）"流通市场化改革"与"批零竞争扭曲"并存

在由封闭型计划经济向开放型市场经济的转型过程中，中国经历了与日本相似的流通市场化改革，但在相似的经济体制转轨和批发市场化改革中，批发商的渠道地位及批零关系却呈现出相反的演变结果：在日本的流通市场化变革中最终完成了由传统批发体系向新型批发体系的转型，在批发商重新获得渠道主导权的同时，批零关系体现为"大批发"与"小零售"之间的相互协调；而中国的流通市场化改革却是批发商渐失渠道主导权的过程，批零协调性也遭到破坏。不可否认，双轨制作为过渡性质的经济模式曾在中国市场化改革时期发挥了重要作用，但正是政府与市场在调节工业品流通中的双重性，导致批发商与零售商并未完全按照市场规律在工业品流通中实现明确分工。在旧的批发体系被打破、新的体系缺乏有效制度推动时，批发商与零售商又被完全推向单轨制的市场经济，在其中相互抗衡。可以说，我国批发商是在传统主渠道优势丧失、新型渠道分工尚未就绪的情况下就遭遇了零售商的低价冲击和渠道挤压，渠道主导权由批发商向零售商的转移带有一定的竞争扭曲性质，而不完全是市场经济条件下的优胜劣汰。

（二）"零售排除批发"与"流通效率损失"并存

与美国相似，我国的工业品流通领域目前已呈现出明显的"零售排除批发"之势；但矛盾的结果是，由美国的"大零售"所主导的是具备极高效率的工业品流通模式，而我国零售商不断排除批发商的过程却是流通效率逐步损失的过程。这种矛盾表明我国的"零售排除批发"的态势很大程度上受到非理性因素的干扰，在零售商低成本扩张战略难以为继的情况下，做大做强批发体系也是对零售商提高流通效率的一种推动。

（三）"零售业态更新"与"流通功能异化"并存

与日本和美国相比，我国零售业几乎已拥有相似的全部业态形式，目前仍在不断承接国外各种新型业态的转移。但矛盾的是，发达国家历时一百多年发展起来的各大零售业态在我国并不是按工业品流通不同阶段的需求逐次进入的，而是在改革开放以后、市场没有充分发育起来的情况下同时涌入的，各种业态的适应性明显不足，在零售业态迅速更新的同时也表现出流通功能的"异化"。比如，自选销售方式并未体现出节约劳动、降低成本的技术，而只是更大程度上赋予了消费者接近商品的自由；便民连锁也并未体现出共同配送的规模优势，而是凭借选址贴近居民区而获取竞争优势；连锁超市自有配送中心缺位的情况不在少数，集中采购的技术优势也未能真正体现。对于大多数零售商而言，零售业态更新只是成为吸引消费者的销售方式翻新。与美国相比，我国的零售业态更新并非源自技术革新与市场竞争之间的持续契合，与能够主导工业品流通的大零售功能仍相距甚远。

（四）"传统批发弱化" 与 "新型批发缺失" 并存

日本批发体系变革的重要体现是新型批发商对传统批发商的取代，而美国的零售革命虽然最终将流通主导权赋予了零售商，但新型批发职能却是同时建立起来的，并集中体现于零售商的批零功能一体化。总体上，日美两国曾出现的传统批发弱化现象，都及时承接了批发职能的创新，只不过承担主体有所不同：日本的新型批发职能由批发商来专门承担，而美国的新型批发职能则转由大型零售商承担。与日本和美国有所不同的是，我国目前的状况则是 "传统批发弱化" 与 "新型批发缺失" 现象并存。在甩掉批发商以后，多数零售商面临着主营业务的不断退化，从而新型批发职能并未通过零售商实现；并且批发职能由批发商向其他主体的转移也大多只是传统职能进一步细分的表现。

第八章 工商联动与内外贸一体化问题研究

第一节 工商联动的实现路径

一、工商联动的重要意义与原则

改革传统的生产、流通分工绝对化的问题，建立适应大生产、大市场、大流通的生产流通系统是我国经济发展面临的一个重要问题，组建工商企业的战略联盟是缓解"工商矛盾"的重要措施之一。所谓战略联盟是指两个或两个以上经营实力大体相当的企业，为实现共同拥有市场、共同使用资源等战略目标，通过各种协议、契约而结成的优势互补、风险共担的利益共同体。制造商与流通商之间通过战略联盟而实现的协同联动具有重要意义：①能够取得规模经济效应。规模经济（Economies of Scale）是指当生产或经销单一产品的单一经营单位因规模扩大而减少了生产或经销的单位成本时而导致的经济。规模内部经济的含义是随着生产规模的扩大，单位产品成本下降，收益上升。规模外部经济是指实现规模内部经济所需的外部条件，如市场规模扩大、资源供给充足、运输和融资方便等。一般以边际成本（Marginal Cost）和平均成本（Average Cost）的关系来区别规模经济和规模不经济（Diseconomies of Scale）。如果边际成本小于平均成本，则存在规模经济；反之，若边际成本大于平均成本，则存在规模不经济。②获得速度经济的益处。速度经济是指随着现代运输与通信技术的发展，极大提高了商品的流转速度，使库存周转率提高，从而大幅度降低生产与销售成本，获得来自速度的经济性。③取得沟通经济的益处。沟通经济是指企业之间或组织内部经常进行信息交换和密切交往而实现的经济性。战略联盟的建立可以使双方在长期交往中掌握对方的真实情况，获取完全信息，缓解信息非对称现象，从而从根本上降低企业的信息费用，实现沟通经济。④获得范围经济的益处。范围经济（Economies of Scope）是指利用单一经营单位内原有的生产或销售过程来生产或销售多于一种产品而产生的经济。存在范围经济的条件可用下式表示：$TC（Q_x，Q_y）< TC（Q_x，0）+ TC（0，Q_y）$，$TC（Q_x，Q_y）$表示一个企业生产$Q_x$单位产品$X$和生产$Q_y$单位产品$Y$所发生的总成本。即由一个企业同时生产产品$X$和产品$Y$比一个企业生产产品$X$、另一个企业生产产品$Y$所花的成本小。在生产企业与批发零售企业建立联盟的情况下，生产商能够有效地获得批零企业的销售网络、分销技巧等核心能力，从而达到从生产领域向流通领域渗透的目的；批零企业也能通过联盟获取生产企业的商品信息、产品设计能力与制造工艺等，成功地实现向生产领域的渗透。⑤实现互补经济效应。由于任何一个企业都不可能在所有价值链环节保持绝对优势，因此要实现各价值链环节对价值系统增值的最大贡献，就必须在各自的优势环节进行合作，从而达到互补互利的效果，战略联盟就是这种合作的最佳体现。

以信息网络技术为基础的生产企业与流通企业联动，要求两者具有工商系统联动协作的整体意识，从长远战略合作发展的角度看待双方的协同联动关系，合理承担双方各自的职能与责任，努力寻求整体市场竞争效率的提高。网络信息技术时代的工商联动，应遵循以提高客户满意度为追求目标，以工商系统整体效率与效益的提高为出发点，合理分配工商企业内部的分工职能，妥善处理工商关系的原则。

提高客户的满意度是工商联动的市场基础，应秉承顾客是上帝的理念，不断提高顾客满意度，要为顾客提供更有价值的商品和服务，以更高的品质、更好的性能、更丰富的品种和更低的成本，使顾客方便、经济地得到其所需要的商品。工商联盟的建立要立足于生产厂商与流通商整体的效率与效益的提高和改善，在此基础上追求生产企业与流通企业各自身效率与效益的提升和改进。工商联盟的建立，打破了原来的生产企业与流通企业之间的分工职能界限，因此要在工商联盟内部对生产企业和流通企业的职能进行重新划分，合理确定两者的职能分工，使整体系统的职能分工协调一致并富有高效率。

二、工商联动的实现形式

（一）行动上的协同

它是生产企业与流通企业之间在短期内围绕生产企业销售产品的某些问题所进行的协调行为。行动上的协同一般是流通企业协助生产企业进行产品的促销活动，使生产企业的策略方针能够得到贯彻落实。行动协同是生产企业与流通企业之间低层次上的合作，双方的协作是即期性的，不会对整个生产、流通系统的效率有很大的影响，效用极为有限。

（二）组织过程中的协同

即流通企业要把生产企业作为自己的供应对象，生产企业以流通企业作为自己的销售对象。由于生产企业与流通企业具有共同利益，为确保供应与销售的顺利进行，双方都将对方看作自身组织的延伸，相互支持，密切协作，追求协同效应，进而达成双方在组织上的协同。生产企业与流通企业在组织上的协同有以下三种形式。

一是协作经营。即根据市场需要，生产企业与流通企业形成一种特约代理关系或者经销关系，生产企业定期向流通企业派员参与经营工作，为其提供业务咨询与培训等，并帮助流通企业生产企业的销售政策、反馈市场需求信息等。

二是流通企业的后向一体化。流通企业实行自有品牌策略，流通企业商标产品即自有品牌的开发意味着流通企业的经营活动延伸到上游的生产领域，这是以流通企业为主、生产企业相配合的协作开发模式，通过协作，实现流通商的经营策略目标。

三是生产企业的前向一体化。大型生产企业在实现了规模化生产以后，就可以向市场延伸，组建专卖店等属于自己的市场销售体系，也就是生产企业的活动向流通领域进行延伸。通过自己的销售机构，生产企业的经营政策可以得到更好的贯彻落实，由于生产企业直接接触市场，因此可以更好地保证产品质量，提高生产企业的形象和市场开发效率。

（三）战略上的协同

是指生产企业与流通企业不以单方利益为出发点，而形成一种紧密的战略联盟关系。这种合作方式能更好地满足顾客的需求，同时使生产与流通过程的总成本下降。当前信息网络技术的发展使生产企业与流通企业实现战略协同成为可能。在三种联动方式中，战略协同相比较而言是较为先进有效的协作形式。

三、工商联动的模式与实施过程

（一）工商联动的模式

制造商与流通商可以通过多方式达成协调、统一运营的工商管理系统，按照制造商与流通商的关系可分为平等共生、嵌入共生、互补共生、辅助外生四种模式。

（1）平等共生❶。是指制造商与流通商通过建立平等合作的关系，通过共享企业间的信息、技术、资金、人才等资源要素，实现互惠共生。工商技术开发联盟就是该模式的一种。技术开发联盟可以使工商双方紧密地结合在一起，形成相互信任、风险共担、收益共享的关系；联盟成员的相对独立性可以使每个成员专注于自身的核心业务，能够使生产、流通企业有效地获得规模经济效应，提升竞争力；可以使生产商与流通商在设施、管理技术等方面，实现优势互补，从而达到整个联盟效益最大化的目的。制造商与流通商的联盟能够实现协同发展，避免恶性竞争，有利于维护市场竞争秩序，有利于实现工商联盟的双赢。

（2）嵌入共生。指流通机构是制造企业在经营过程中根据发展的需要单独成立的，是嵌在制造企业中生存的，制造企业与流通机构之间是母子企业关系。母子公司形式是嵌入共生型模式的一种，目前很多有实力的制造企业自己出资成立专门的营销机构，如专卖店等。专业营销机构作为制造企业的子公司实行独立经营、自负盈亏，专门服务于母公司的销售流通业务。

（3）互补共生。该模式是指制造企业与流通企业间的供需是一种互补关系，双方共享对方的优势资源，共同合作，共同盈利。工商合资是制造商与流通商联动发展的一种可选的合作模式。制造企业整合内部的流通资源，与有意合作的流通企业共同出资组建联合公司，通过达成的契约合同开展业务工作并实现利润分配。

（4）辅助外生。该模式是指流通企业与制造企业间是一种辅助服务关系，制造企业将自己不具备竞争优势的销售业务外包或独立分离出去，交给专门的流通企业去完成，进而实现大流通。制造企业的流通业务外包不仅仅降低了制造厂商的整体运营成本，而且使制造企业摆脱了流通专业能力的束缚，能够充分利用专业流通企业的长板来弥补制造企业流通环节的短板，从而达到稳定发展的目的。

（二）工商联动的阶段特点

第一个阶段是培育启动阶段。这个阶段的特点是：商品来源以外地批发市

---

❶ "共生"（Symbiosis），生物学词汇，原指不同种属的生物体按某种物质联系生活在一起. 本书借用此词来描述制造企业与流通企业共存的产业生态系统，用共生理论解释工商联动的模式.

场为主，兼容本地少量产品；销售对象主要是本地生产和生活消费；销售方式以零售为主，辐射范围主要是本市及近郊。在这个阶段的发展过程中，将逐步显示以商促工的作用。这个时期的市场将主要发挥活跃经济、扩大交流、促进信息窗口的作用。应通过这个窗口来掌握市场动向，为工业和加工业的崛起准备条件。

第二个阶段是集散批发阶段。这个阶段的主要特点是：商品从以外地批发市场进货为主，逐步转到以外地生产厂家为主，兼容本地产品；销售对象为一般中间商、零售商和个体商贩及消费者；销售方式是以批发为主、批零兼营；辐射范围除本市之外已扩散到邻近县市。在这个阶段的发展过程中，将逐步显示以工促商的作用。这个时期，市场将提供各方面的具有趋向性、规律性的信息。通过市场不仅可以了解市场需求的变化规律，还可以把握到生产企业的动向，更重要的是它为本地企业走向市场搭起了桥梁，工业将逐步成为市场繁荣发展，增强吸引力、辐射力的重要因素。

第三个阶段是生产与批发共同发展阶段。这个阶段市场的特点是：商品以生产厂家为主，其中本地生产厂家占较大份额；销售对象主要是二、三级批发商和大中型零售商及部分个体商贩；销售方式为批发经营；辐射范围已建立了与全国乃至境外、国外的横向经济联系网络，以至强化纵向的商工贸的密切联系。在这个阶段，商促工、工促商，工商联动，形成了良性循环。商品批发基地与商品生产基地实现了有机结合，市场成了工业产业发展的强大动力，工业产业又为市场繁荣注入了强大活力。这样，生产规模不断扩大，产品结构始终保持优化状态，市场的辐射力和影响范围也越来越大。

（三）工商联动的实施过程

实现工商企业双赢的有效出路就是在制造商与超级终端之间建立战略联盟。战略联盟是两个或两个以上的企业，为实现某一战略目标而建立起的利益共同体。制造商主要负责产品的生产制造，零售商主要负责产品的销售，通过建立战略联盟，可以实现工商企业间的优势互补，增强企业的长期竞争优势。

第一，选择合适的联盟伙伴。战略联盟能否成功，伙伴的选择至关重要。必须制定严格的成员资格考核与淘汰制度，只有通过了资格考核的制造商和零售商才能加入联盟，同时还要及时剔除联盟中的落伍者，保持联盟旺盛的战斗力。

第二，确定联盟内部各成员之间的责、权、利关系。制造商和零售商除了要界定好各自在联盟中的权责以外，还要协商确定各自的利益关系，只有通过利益机制，才能使联盟成员与联盟共进退。

第三，建立互信的合作机制。制造商和零售商具有的核心能力各异，经营管理过程相互独立，为了自身的发展，必然会顾及自己的利益目标，因此单靠利益机制还不能维系联盟成员间的长远关系，必须建立彼此忠诚、相互信任、信守合约的合作机制，通过商誉和商业道德的约束来弥补利益机制的缺失。

第四，要设立专门的机构并配备专业人员对联盟组织实施专业化管理。制造商和零售商在形成了战略联盟以后，还要对联盟组织的运作进行统一管理，以发挥联盟的协同联动效用。

总之，有效需求是工商联动的逻辑起点，以计算机应用为特点的信息化与网络化是工商联动的技术基础，虚拟整合是工商联动的重要途径，供应链整合是工商联动的主要手段，战略联盟是工商联动的基本形式。

第二节　内外贸一体化的实现路径

一、内外贸一体化的内涵与特征

(一) 内外贸一体化的内涵

商务部李永江（2005）❶ 认为内外贸一体化并不是严谨的经济学概念，对其内涵与外延有许多不同的解释。一般而言，内外贸一体化是针对内外贸分割所提出来的，是关于内外贸经营方式与管理体制的新概念，具有市场与上层建筑两个层面的含义：市场层面上的含义是指应使市场主体能够根据自己的意志，自由选择经营方式而不受内外贸界限的制约，整个市场能够实现内外贸有机结合、和谐发展；在上层建筑层面，内外贸一体化要求对整个流通产业和内外贸实行统一集中的行政管理。在理论上"内外贸一体化"被视为现代流通的不可分割、相互联系的两个部分，同属于社会化再生产过程中的重要环节。国家、民族的界定和边境、关税的客观存在，使内贸、外贸有了区分，而经济全球化、贸易自由化的发展趋势和价值取向构成了内外贸一体化的基础与前

---

❶ 李永江. 加速我国内外贸一体化的进程［OL］. 商务部网站，2005-01-17. http：//www. mofcom. gov. cn.

提。何亚东（2005）认为，在全球经济一体化的条件下，流通的内涵已经由内贸扩展为内贸外贸两个部分，而且流通对生产的决定作用日趋明显。中国自加入 WTO 以来，内外贸一体化进程必然沿着企业、市场和政府三个维度展开。企业和市场的一体化是双向的，既有机遇也存在挑战。随着关税和非关税壁垒的大幅度降低，"市场一体化"的挑战使国内经济面临着巨大的外部冲击和压力。"企业一体化"的风险蕴含于外资企业，由于跨国公司获得了越来越多的内贸份额，因此国内流通企业面临着极为激烈的市场竞争。政府应在内外贸管理职能实现一体化的基础上，充分利用 WTO 规则，对国内的产业和市场实施有效保护❶。

笔者认为内外贸一体化是以市场供求规模和产业分工为基础，以具有竞争力的企业为主体，以国内外产品市场和要素市场的融合为基本内容，以市场竞争为主要推动力，并引致政府管理体制与政策协同变化的经济发展过程。

为准确理解内外贸一体化的内涵，应把握以下三点：①不能简单地从行政管理体制改革的角度理解内外贸一体化。内外贸长期分割的管理体制是阻碍内外贸一体化的重要障碍，但它并不是问题的全部。在社会主义市场经济体制已经建立并趋于完善，对外开放持续深入且面临经济全球化的新形势下，这种内外贸分割的管理体制必须加以变革。② 内外贸一体化不是内外贸管理体制与政策上的趋同。尽管人们可以在产业的链条、环节乃至市场细分等层次，找到内外贸在供求方面的交叉重叠，但决不能由此而混淆内外贸的不同市场特征和行业性质。内外贸一体化是相对的统一，不是绝对的趋同。③内外贸一体化是市场自发演进的过程，而非政府主导的强制性制度变迁过程。

（二）内外贸一体化的特征❷

内外贸一体化是社会主义市场经济体系建设的阶段性目标，其核心与关键是政府行政管理体制的一体化。内外贸一体化的主要特征是：第一，在国内市场统一的基础上对外开放，形成国内国外两个市场、两种资源互相开放和利用的格局；第二，建立统一规范、稳定公开、顺畅高效的政府流通管理体制；政府管理的客体不仅限于内外贸企业，而且包括工业、农业、服务业等各产业中所有企业的流通环节。第三，具备内外贸企业能够平等、自主、公平竞争的法

---

❶ 何亚东. 从流通对生产的决定作用看内外贸一体化带来的挑战［OL］. 商务部网站，2005-01-17.

❷ 谭祖谊. 内外贸一体化的概念框架及其市场运行机制［J］. 商业研究，2011（4）：90-95.

律环境和市场秩序。内外贸企业拥有统一的法律基础与制度规范，国家对内外贸实施管理所运用的各种措施与手段，适用于不同的所有制、各产业、各行业的各种企业主体，使各种经营主体在内外贸的经营范围、权限、地域等方面享有同等的、非歧视性的待遇。

长期分离的管理体制给当前的内外贸一体化进程造成了体制、机制、政策、法规、观念和管理等多方面的障碍，内外贸在体制上的分割根源于我国原有的纵向化条块分割，以及高度集中的计划体制与市场体制之间的矛盾和冲突。虽然我国的市场经济体制经过改革开放的不断深化已初步形成，但流通行业中的条块分割、部门分割、地区封锁等现象仍很严重。内外贸分割与市场经济的内在运行规律背道而驰，必然导致商品市场萎缩，资源配置不能得到优化，市场运行成本高且效率低下。提高流通企业竞争力的有效途径就是要打破各种封锁，把国内与国外市场有机结合起来，积极参与国际分工与交流合作。市场经济条件下的企业是自主经营、自负盈亏的经济主体，企业应根据自身的实际情况与市场供求的变化选择投资于国内或国际市场，这属于企业自身的权利选择范围。对于企业的自主选择权，政府不应人为地加以干预，企业做进出口还是做代理是企业本身的自由，无须经过其他部门审批。内外贸市场的分割以及对企业自主经营权的限制，损害了企业参与市场竞争的积极性，最终结果只能是市场效率的低下。因此，打破内外贸分割的壁垒，克服内外贸分割的弊端，实行内外贸一体化是重构与完善工业品流通体系的必然要求。

二、内外贸一体化的必然性

(一) 内外贸体制分割的原因

(1) 市场监管权力过于分散。随着我国社会主义市场经济体制的逐步确立，打破了内外贸管理体制分割的局面，大部分商品都已实现了内外贸一体化经营。但由于体制上的原因，原有的经济运行机制固化了地方利益、行业利益、部门利益等各种经济利益格局，致使一些大宗商品内外贸管理权仍严重分割。如目前粮、棉、油、烟、药、盐等重要商品的流通管理仍然分散在工商、质监、农业、卫生等多个管理部门，人为地割断了市场的统一。

(2) 内外贸一体化的法律滞后。相对外贸而言，我国国内贸易立法严重滞后，远远不能适应国内市场变化需要。虽然有关部门正在加快制定促进流通产业发展政策的步伐，例如修改了《拍卖法》，出台了《反垄断法》《特许经营管理条例》和《商业连锁经营管理条例》等，但现有的法律规章仍然难以满足内贸发展的需要。

（3）重生产、轻流通现象严重。在我国国民经济的运行中，重生产、轻流通的烙印根深蒂固，这种落后的理念目前仍然阻碍着我国经济的发展。而在流通领域，重零售、轻批发的现象同样阻碍着我国市场经济的发展与大流通格局的形成。另外，未设立统一的、管理各项商务服务业的专门机构也是造成我国内外贸分割的重要因素。长期分离的管理体制已经给当前的内外贸一体化进程留下了诸如体制、机制、政策法规、观念和管理等多方面的障碍，内外贸在体制上的分割根源于中国原有的纵向化、条块分割，以及高度集中的计划体制与市场体制之间的矛盾和冲突。

（二）内外贸体制分割的弊端

（1）形成市场障碍，降低市场效率。改革开放经过不断深化，市场经济在我国已经初步形成，但流通领域部门分割、条块分割、地区封锁，内外贸分割的现象依然存在。内外贸分割现象与市场经济运行规律和内在要求背道而驰，必然导致市场萎缩，资源配置难以优化，市场运行成本提高，市场效率大大降低。只有打破封锁，把国内外市场有机结合起来，才能更好地参与国际分工与合作，提高流通企业的竞争力。

市场经济条件下企业是自主经营、自负盈亏的经济主体，企业可以根据自身的能力结合市场行情的变化选择投资于国内市场还是国际市场，这是企业自身的权利。对企业的这种选择政府部门不应人为地加以限制；企业选择自己做进出口还是寻求代理也是企业的自主权，其行为也无须任何部门审批。内外贸分割及其对企业自主经营权的限制与管制，严重抑制了企业参与市场竞争的积极性，导致市场效率的降低。

（2）资源利用有限，抑制企业成长。发达国家一般都有几个或十几个大型跨国流通企业集团，如日本的九大综合商社、法国的家乐福、美国的沃尔玛等，其中沃尔玛多年销售额位居世界零售企业榜首。这些流通企业所以能做大做强，一个很重要的原因是充分利用了国内外两种资源、两个市场，既搞内贸也搞外贸，有的流通企业既搞贸易又从事产品生产。我国流通企业规模过小，与我国13.4亿人口的经济大国地位极不相称，与世界贸易第二位的进出口大国的地位也不相称。长期以来存在的内外贸分割体制，是抑制我国流通企业做大做强的主因。

(三) 内外贸一体化的必然性

一般认为内外贸分割是计划经济体制下的流通行政管理制度安排,与商品经济贸易不发达、市场管制等相适应,而内外贸一体化则是市场经济体制的内在要求,是建立大市场、大流通,提高流通产业在国民经济中的地位和作用的前提条件,是应对经济全球化挑战、同世界贸易体制接轨的必要手段和内容。我国内外贸一体化的必然趋势主要表现在如下方面。

第一,按照社会再生产的理论,生产、交换、分配和消费是一个有机的循环整体,内贸与外贸同属于交换的范畴,两者的相关性很高。市场经济体制要求商品、资本、技术、人力资源等要素自由流动,企业在统一有序的大市场环境下公平竞争,以达到资源合理配置,实现最佳经济效益的目的。从商品和市场的主体和客体来看,内外贸一体化的指向是市场主体的多元化和市场的开放与公平竞争。

第二,是促进我国流通产业现代化,提升流通产业地位的客观需要。内外贸都属于流通产业范畴。随着流通在国民经济中地位和作用的不断上升以及对流通产业整体认识的深化提高,内外贸一体化的进程客观上得到加快。我国重生产、轻流通的传统观念正在发生根本性转变。目前流通正在从末端行业上升为先导行业和战略产业,已经成为国民经济的重要组成部分,在全面建设小康社会中发挥着越来越重要的作用,为国家创造产值、吸纳大量就业、引导生产、增强需求、拉动消费、带动其他产业发展做出了重要贡献。

第三,是应对经济全球化浪潮和我国加入 WTO 的外在压力与挑战的必然选择。当今世界正处于人类历史上规模最大的一次经济全球化浪潮之中,不同的国家和地区都程度不同地参与其中,都不可能置身度外,我国加入世界贸易组织正是顺应这种趋势的表现。加入 WTO 能够使我国在更宽广领域和更深层次加入国际分工体系,充分利用国内、国外两个市场和两种资源,推动我国流通产业的发展。

总体来说,内外贸一体化的实现不可能一蹴而就,是一个复杂的系统工程,将伴随我国经济体制和流通体制改革的全过程。成熟的市场经济确立之日,就是内外贸一体化的真正实现之时。

三、有关学者对解决内外贸分割问题的研究观点

万典武 (2004)认为"内外贸一体化不是企业的问题,而是政府部门管

理一体化的问题"❶，他建议商务部对内贸和外贸实行均衡、统一和协调管理。丁俊发（2004）分析了我国内外贸体制分割的形成原因与过程，认为要解决内外贸分割的问题，首先，要形成全国统一大市场的思想认识；其次，要逐步完善和扩充商务部的各项管理职能；再次，要积极培育内外贸一体化的大型商业企业集团；最后，要努力创造有利于实现内外贸一体化的政策法律环境。丁俊发认为只有加快流通体制、机制创新，提高流通产业的市场集中度和流通效率，才能实现流通引导生产、促进消费、调节国民经济运行的中介作用，这是推动实施内外贸一体化发展的关键所在❷。郭冬乐（2004）从发达国家的实践出发，分别研究了日本综合商社的流通组织形式，西方工业跨国公司的经营模式，以及多个实行国际化经营的连锁零售企业集团，认为在目前中国所处的内外贸易环境条件下，急需通过企业的集团化和集中化，构造具有足够国际竞争力的内外贸一体化的流通组织形式，以分享更大的国际市场份额。他通过对国内具有跨国公司雏形的优势生产企业的分析研究，认为我国要加快内外贸一体化的进程，应在内外贸行政管理体制实现融合的基础上，塑造内外贸一体化经营的微观基础，发展和培育以生产和贸易为龙头的，实行内外贸市场一体化经营的大型企业集团及跨国公司❸。

申恩威（2005）认为加快内外贸一体化的政策体系建设是体制建设的实质内容，①要制定内贸与外贸、国内与国际市场、进口与出口之间的协调发展政策；②要有重要战略性资源的保障政策；③要有产业调整、优化、升级的政策；④要有市场主体的培育和促进政策；⑤要有市场主体保护政策；⑥要有市场维护和监管政策❹。于培伟（2005）认为实现内外贸一体化的关键是实现政府行政管理一体化，内外贸一体化的政策特征是国家统筹管理内外贸，而不是对内外贸易政策的简单划一。他从扩大内需的角度提出建立统一的国内市场是实现内外贸一体化的前提和基础，应统一经营主体和管理职能，统一国内外市场❺。蔡珍贵等（2006）在分析了内外贸分割体制的各种弊端（如内外贸市场分割、信息阻滞、行业隔离；机构臃肿、多头管理，政出多门，效率低下、资

❶ 万典武．内外贸一体化与商务部职能模式选择［N］．中华工商时报，2004-3-3.
❷ 丁俊发．内外贸一体化与流通创新［J］．市场营销导刊，2004（3）.
❸ 郭冬乐．内外贸一体化：国外流通组织形式的实证分析与启示［J］．广州商学院学报，2004（5）：19-20.
❹ 申恩威．构建内外贸一体化的政策体系［N］．中国社会科学院院报，2005-11-8.
❺ 于培伟．关于内外贸一体化的再思考［J］．中南财经政法大学学报，2005（3）：28-31.

源浪费等）后，认为我国内外贸一体化过程中，存在经济体制、运行机制、思想观念、政策法规、管理协调等方面的障碍，必须深化流通体制改革，加强流通产业法制建设，积极培育流通行业的大公司、大集团。❶

四、内外贸一体化的障碍

（一）体制、机制障碍

我国作为正处在经济转型期的国家，与较为成熟的市场经济国家相比，最大的区别在于流通产业落后和市场体系缺失。这是中国从排斥市场的体制走向依靠市场的体制过程中最艰难的转变之一，也是内外贸一体化进程中面临的最大难点。中国原有的纵向化、条块分割、高度集中的计划管理体制，是与横向性市场流通体系相冲突的体制，它使原本可以更有效率的、竞争性的商品流程和流通网络被切割得很零碎，导致大量的直接或间接经济损失。改革开放以后，市场经济体制逐步建立，长期困扰我们的计划经济与市场经济体制之间的冲突并没有完全解决，因此，内外贸的分割根深蒂固。商务部的成立是原封不动的由外经贸部加上一小块内贸，使这种分割不可能彻底打破。这种长期形成的体制上的习惯性不是短时间内可以解决的。商务部成立后，内外贸分割如旧，各内外贸司局有自己的业务范畴，缺乏相互间的联系与协作。内外贸不能真正融为一体，对整个大流通、大市场、大贸易的形成极为不利。

由于体制的制约，造成了现行经济运行机制上的障碍，而经济运行机制上的障碍又是国内至今尚未建立统一大市场的主要原因。国内大市场尚未建立既指国内国外市场的分割，又指国内市场中地区市场和行业市场的分割。国内统一市场未能有效建立是我国内外贸一体化的最大障碍。由于体制上的原因，目前国内的经济运行机制造成了各种经济利益格局，如地方利益、行业利益、部门利益等。这些利益格局严重阻碍了国内统一大市场的形成，而消除这些利益格局，只能随着改革的深入逐步实现，不可能一蹴而就。

（二）观念、法规障碍

内外贸一体化要求在观念上将内外贸视为流通整体。贸易是统一的整体，设立商务部从体制上说是为改革理顺关系。但是，由于双方原来分属于不同单位，不是一个系统，因此在工作程序和方法上都不同。商务部现在面临的问题

❶ 蔡珍贵.内外贸一体化进程中的障碍和对策［J］.商业时代，2006（11）：18-19.

是业务与人员的调整。这涉及业务在内部怎么做，不同部门的人怎么整合在一起的问题。而部门的整合不是一件容易的事情。尽管外经部和外贸部实现了合并，但在用人机制、处理问题的方法上仍存在矛盾。现在利益主体越来越多元化了，各部门之间利益的平衡也变得更加困难。惯性思维是内外贸一体化进程中的障碍之一。

从对外贸易看，进出口经营权管理体制的改革进程就是对外贸易行业开放的渐进过程。通过 20 多年进出口经营权管理体制的改革，我国对外贸易行业基本构建成为一个开放式的行业。为了适应新的开放形势，与世界经济和国际法规接轨，过去几年间，外经贸领域建立了一系列法律法规，以《外贸法》为基本法、其他各种专业法为补充的法律框架基本健全，为下一步的法制建设打下了良好基础。尽管如此，在制定创造公平的竞争环境，解决外商投资企业的超国民待遇等问题上的法律法规依然欠缺。相比之下，近几年我国内贸一直处于边缘状态，许多基础工作未能开展，内贸立法步履蹒跚、严重滞后，远远不能适应国内市场变化的需要。

（三）管理障碍

（1）行政机构管理问题。虽然商务部的成立，从组织上解决了中央一级层面上内外贸一体化的问题，但目前各地方行政管理部门还未统一，经贸委、外经贸委、商务厅同时存在，剪不断自然理还乱，名不正、言不顺、职不清、责不明、政出多门的现象影响了权威性和管理效率。内外贸统一如何操作还有待研究，尚需时日。目前多数省份并没有成立内外贸合一的商务主管部门，这意味着中央政府成立内外贸统一管理的商务部，并被作为内外贸统一整合的重要标志，实际上并没有得到各省份的认可，各省份更没有按照这种模式贯彻执行。如果各省区市县的内外贸机构没有得到整合，仅仅在中央政府成立统一的管理机构是不完整的，因为大量的工作都要落实到各级基层部门去完成。地方内外贸管理部门的机构整合如果不能实现，将使商务部下一步的内外贸具体业务的整合面临更大困难。

（2）内贸自身的管理也没有实现统一。内贸管理不统一，就很难做到内外贸真正意义上的一体化管理。推进内外贸一体化任重而道远，远非商务部一个部门能够完成的。内外贸统一管理的前提是内贸和外贸两大管理体系的统一。但目前国内市场中，粮、棉、油、烟、药、盐等重要商品的市场流通管理尚未统一，而是分散在各个管理部门，工商、质监、农业、卫生等部门都在参与市场流通的管理，其职能和影响远远大于商务部。在现有体制下，商务部主管市场运行，但除了原外经贸部依据《对外贸易法》拥有行政处罚权外，原内贸部的职能机构几乎没有行政处罚权。商务部在监管国内市场时，仍然面临非常大的法律难题，缺乏行之有效的手段。在内贸流通管理尚未统一的现状下，提出内外贸统一管理的目标就很难实现。

（3）商务部无法监控、管理市场流通的关键环节。价格是市场流通的核心，是商品供求的晴雨表。但商务部没有管理权和监控权，失去了对市场宏观调控的一个有利手段。对国内市场起着关键作用的粮食、石油和棉花，商务部没有多少话语权，基本上由国家发展改革委员会掌握。因此，从责任上看，商务部虽然主管国内市场流通，而实际上赋予商务部的职权有限，使其很难胜任工作。

（4）大宗商品内外贸管理体制严重分割。在计划经济体制下，粮食、石油、棉花等关系国计民生的大宗商品一直实行内外贸分割管理的体制。随着我国社会主义市场经济体制的逐步确立，大部分商品都已实现了内外贸一体化经营，打破了内外贸管理体制分割的局面，但粮、棉、石油等大宗商品内外贸管理仍严重分割。其原因既有国内市场没有发育成熟、有待改革和进一步深化的问题（如石油），又有管理体制不顺的问题（如粮食、棉花等）。大宗商品内外贸管理体制长期以来的严重分割，阻碍了我们更好地利用国内国外两种资源两个市场，结果不仅带来了经济上的损失，而且阻碍了内外贸一体化的形成，人为地割断了市场的统一。

五、实现内外贸一体化的路径选择

从国外内外贸一体化的实践看，有两种可借鉴的模式。

（一）日本综合商社模式

综合商社是以贸易为龙头的跨国企业集团，其目标是面向国际市场进行进出口贸易，它通过本身强有力的国际营销体系来开拓国际市场，带动本国商品、资本和技术的输出。日本综合商社的国内销售额占其总销售额的 40%～50%，三菱商社的国内销售额占其总销售额的 48%左右，形成了内外贸一体化的特色经营。日本综合商社在进行国内商品流通时，在充分发挥进出口优势的基础上，采取下列措施：对国内批发环节进行控制，广泛从事批发贸易；加强对零售领域的渗透，在积极参与日本国内连锁商店和超市投资的同时，从事其他国内零售业务；建立生产和物流联合体，广泛参与国内的物流和配送业务，形成一级进口基地→二级批发网→三级批发网→零售网的商流及物流周转网络。

（二）美国式的国际化商业连锁集团

随着跨国连锁经营规模的扩大以及商品种类的丰富化、多样化，以经营内贸为主的流通企业构建全球化的采购、配货与销售网络已是大势所趋，这就使得商业连锁集团能够在更大程度上参与进出口贸易，内外贸在跨国连锁中得到有机结合。如沃尔玛在全球开设的连锁店接近 8 000 家，分布于世界 16 个国家，成为世界最大的零售商，实现了全球采购和全球销售。沃尔玛的经营实践表明，其市场早已冲出了国界，内外贸已完全融合在一起。❶

纵观有关学者的研究，笔者认为解决我国内外贸分割的问题，实现内外贸一体化，可以采取如下对策。

第一，组建以专业外贸企业为基础的综合商社。根据日本综合商社的经验和我国的实际情况，可以采用跨国企业集团作为综合商社的载体，以贸易企业为基础，将生产企业与金融企业联合起来，完善产业功能和金融功能，逐步发展成为兼具多种功能的跨国商贸集团。跨国商贸集团既可由专业外贸企业为基础组成，也可以由内贸企业为基础构成。考虑到综合商社的跨国经营特性，我国跨国商贸企业集团的组成应还是以专业外贸企业为基础较好。

第二，积极发展并完善国内市场贸易网络。跨国商贸集团的发展有赖于国内贸易发展的基础，必须调整并优化国内贸易结构，在发展国际贸易的同时，建立健全国内贸易市场网络，要完全放开国内市场，国内市场上的经营业务不应受准入权的制约。

第三，积极发展实体企业，组建贸工联合体。我国的跨国商贸集团是以贸易为主体的跨国集团组织，在组建时应符合世界跨国商贸集团的发展趋势使跨国商贸集团与产业集团紧密结合起来。实践表明，没有以实业作为基础的跨国商贸集团是缺乏生命力的。以专业外贸企业为基础组建而成的我国跨国商贸集团，必须注意夯实自己的实业基础，走贸工联合的发展道路。

第四，实施零售企业的国际化经营战略。我国零售企业的跨国经营目前还缺乏经验，需要借鉴国外跨国零售企业的成功做法，采取正确的措施。①由商

---

❶ 林至颖. 构建内外贸一体化跨国商贸集团的思考［J］. 中国经贸导刊，2011（18）：61-62.

务部设立统一管理机构，负责制定我国零售企业跨国经营的战略目标与任务，确定对外投资的国家和地区，确定投资的规模和渠道，培育世界级服务名牌，建立敏捷的信息网络系统，实行综合管理。② 做好周密的市场调研，进入方式以合资经营为主。其优点在于能够进入不准许外商独资经营的国家和地区，可以减少企业投资并扩大规模；能够弥补我国零售企业跨国经营经验的不足，消除进入国的法律壁垒；可以吸收和利用合资方的资源。③ 区位选择应集中在与我国政治经济关系比较稳定的亚太地区和经济发展有一定市场潜力的国家和地区。④ 加快经济立法的步伐，为实施国际化经营的零售企业提供法律制度保障；培养高素质的国际化人才队伍，推行人才本土化战略，建立一套能使优秀人才脱颖而出、充分发挥聪明才智的机制，培养出一批具有国际头脑并能从事国际经营的商业人才。⑤制定长远的全局规划，对内外贸一体化的进程进行科学的指导，妥善协调好各方的利益关系。

第九章 构建我国工业品流通体系的政策措施

第一节 完善我国工业品流通体系的立足点

完善我国工业品流通体系的立足点有两个方面：首先是我国经济社会的基本特征及其对流通体系发展建设提出的新要求，即现代工业品流通体系的"中国特色"；其次是以国内流通产业的正确发展路径、发达国家的经验和国际最新流通技术动态为参考系，明确构建我国工业品流通体系的现代属性。我国工业品流通体系的发展应遵循以下原则与标准。

一、福利经济学原则：最大多数人的最大福利

"帕累托最优状态"（Pareto Optimality）虽是一种抽象的理论，但可以作为流通产业政策评估的重要原则。如果社会资源的配置已经达到这样一种状态，即任何重新调整都不可能在不使其他任何人境况变坏的情况下，而使任何一人的境况更好，那么，这种资源配置的状况就是最佳的，也就是具有效率的；否则就说明资源配置的状况不是最佳的，也就是缺乏效率。这就是著名的帕累托（Vilfredo Pareto）效率准则。实现资源配置效率最大化即帕累托效率的条件是：配置在每一种物品或服务或劳务上的资源的社会边际效益均等于其社会边际成本，即 MSB＝MSC。一种物品或服务的社会总成本（Total Social Cost，TSC）指的是为生产一定量的物品或服务所需消耗的全部资源的价值。一种物品或服务的社会边际成本（Marginal Social Cost，MSC）则指的是每增加一个单位该种物品或服务的生产量所需增加的资源消耗的价值。

当一项流通产业政策的实施使得大部分人受益，而使小部分人利益受损时，如果能够采取配套措施，对受损者的利益予以补偿，只要这一补偿明显低于受益者的福利量，那么社会福利总量仍可得到增加，并更加接近帕累托最优状态。也就可以断定该项流通产业政策是可取的。长期以来，公平与效率的关

系问题一直是福利经济学的核心问题。大量流通产业政策的实践证明，在公平与效率关系中，"效率"通常是矛盾的主要方面。只有不断提高"效率"，才能为实现"公平"奠定可靠的物质基础。以公平为由限制追求效率的政策，往往会导致低效现象的蔓延，并最终使"公平"总是与低效、贫困为伍。成功的流通产业政策则通常是遵循"效率优先、兼顾公平"的原则，并以增进最大多数人的最大福利为宗旨（见图9.1）。

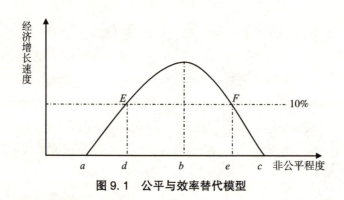

图9.1 公平与效率替代模型

根据福利经济学的观点，流通产业政策作为公共意志的产物，应当努力追求最大多数人的最大福利。是否符合最大多数人的最大福利，应当作为衡量流通产业政策成败优劣的重要尺度。换句话说，有助于实现最大多数人的最大福利的流通产业政策就是成功的政策；相反，背离最大多数人的最大福利原则的流通产业政策肯定是失败的政策。

二、综合效益标准

一项流通产业政策的实施，往往既有经济效益，也有社会效益、政治效益和生态环境效益；既有直接效益，也有间接效益；既有正效益，也有负效益；既有短期效益，也有长期效益。因此，在制定流通产业政策时，必须全盘考虑各种效益因素，只有这样才可以避免评估的片面和失真，这是建立"综合效益标准"的主要根据。综合效益标准是具有普遍意义的政策评估框架，其方法是通过对实施某项流通产业政策所涉及的各种"成本"和"收益"进行全面的综合性比较分析，最后以政策总成本和政策总收益的比率，来判别该项产业政策效果的优劣。

综合效益标准提示我们，成功的流通产业政策应该是以最小的投入获得最大的综合收益，或者等量的投入获得更大收益的政策。忽视环境和资源代价，片面追求产值增长的传统观念显然是不符合"综合效益标准"的。我们应当努力避免那种为片面追求产值效益而不惜发展能耗高、污染大、技术含量小、附加值低的流通企业的产业政策，因为它在生态环境效益和综合效益维度上是负值，要积极发展绿色、低碳环保型的流通产业。

三、国际竞争力标准

在经济全球化和世界经济一体化趋势日益显著的今天，产业国际竞争力的增强已成为各国产业政策的核心目标。因此，是否有利于增强本国产业的国际竞争力，必将成为各国在 21 世纪衡量产业政策成败得失的重要尺度。流通产业政策的决策者必须高度重视这一新趋势。只有更加自觉地从增强产业国际竞争力的角度出发去统筹安排整个产业政策体系，才能在战略上站稳脚跟，才不至于在 21 世纪的较量中失利。流通产业国际竞争力标准要求我们在制定产业政策时，不仅要注重对民族工业的保护和扶植，而且要充分考虑本国的资源禀赋，通过有选择地扩大对国际市场的参与，来发挥本国的比较优势，通过增强本国产业的国际竞争力来实现公众福利的最大化（见图 9.2）。

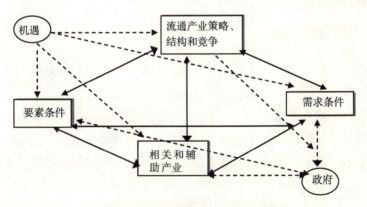

图 9.2　产业竞争力决定因素系统

我国目前的商品流通体系却存在很多问题，主要是：第一，高效顺畅的工业品流通体系还没有完全建立起来，高水平的现代大型商业集团还未成长起来，政府调控市场、稳定市场的机制还不完善；第二，流通领域的法律、法规和标准建设滞后，流通领域的理论研究、技术研发、管理创新也滞后。在当前是我国经济推进创新发展、均衡发展、跨越发展、科学发展的关键时期，迫切需要明确我国当前及今后五至十年构建现代流通体系面临的形势与任务。

未来五到十年，是我国加快转变经济发展方式，全面建成小康社会，走新型工业化道路，加快城市化建设进程，建设"两型社会"的攻坚阶段。这个阶段要求流通效率不断提高，商品和资金周转速度逐步加快，充分发挥流通引导生产、促进消费的作用。在这个过程中，必须坚决摒弃"重生产、轻流通"的思想观念，把市场机制和工业品流通体系的建设放在重要位置；从宏观层面完善具有中国特色的工业品流通管理体制，形成法律、政策、规划等保障体系；从中观层面构建内外贸统一的工业品流通体系，形成商流、物流、信息流、资金流互相协调配合的大流通局面；从微观层面全面优化批发、零售环节的流通技术、设施装备、管理方法和运作流程，为工业品流通体系的高效运作培育优质的市场主体。

具体来说，一是要显著提升流通产业在国民经济中的贡献水平和经济效益；二是要加快流通速度，提高流通效率，降低流通成本，便利居民消费，繁荣商品市场；三是完成流通体制优化改革，完备流通外部保障体系，实现流通市场化和国际化；四是形成适应社会主义市场经济需要与满足新型工业化和全面建设小康社会需要的工业品流通体系总体框架。

四、有效竞争准则

有效竞争是介于过度竞争与垄断之间的，既可以发挥竞争效应，又能发挥规模经济优势的市场竞争格局。主要表现为：市场上存在众多的买者和卖者，没有垄断现象，新企业能进入市场；存在优胜劣汰的压力，促使企业改进产品、降低费用，使生产集中在效率高、规模适当的企业中进行；能避免过高的销售活动费用。有效竞争是一种竞争收益明显大于竞争成本的竞争，有效竞争必须要求竞争效益大于1。

$$竞争效益 = \frac{成本收益}{竞争成本}$$

流通产业的有效竞争应符合规模经济要求，规模经济"让步"的最低限，就是要保证特定产业内的企业规模不低于最小经济规模。而市场竞争度"让步"的最低限则是要保证竞争收益大于竞争成本。因此，有效竞争状态不是一种点状态，而是一种区域状态。

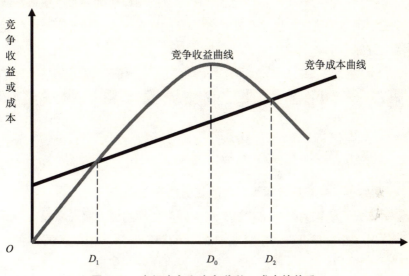

图9.3　市场竞争和竞争收益、成本的关系

从图9.3可见，竞争收益是先递增，当市场竞争度小于D_1时，竞争成本大于竞争收益，表现为竞争不足；在D_0处，竞争收益达到最大，然后递减，在D_2处竞争收益和竞争成本相等；当市场竞争程度继续加大，竞争成本便大于竞争收益，竞争净收益为负值。可见，$(D_1，D_2)$是适度竞争范围，在此区间范围内才能保证竞争收益大于竞争成本。而且存在这样一种市场竞争状态D_0，它能使竞争净收益最大。

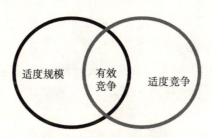

图9.4　有效竞争的区域

从图9.4看出，有效竞争是由适度规模与适度竞争相交部分组成的区域，虽然在这一区域所分别获得的规模效益和竞争效益不一定是最大的，但两者的综合效益最大，能实现经济效益极大化的目标。因此，只要在流通产业中，企

业的规模达到最低适度规模（最小经济规模）要求，同时，其市场竞争度能保证竞争收益大于竞争成本，即处于适度竞争范围，那么流通产业就基本上处于有效竞争状态，这就构成了有效竞争标准，可作为政府制定流通产业组织政策的基本目标。

第二节 完善我国工业品流通体系的对策建议

一、深化工业品批发体系的改革

（一）完善、强化批发对零售业的服务功能

要完善现代信息网络系统建设，最大限度发挥物流的服务功能，组织货源要科学合理。批发业要重新定义自身的批发功能，深入挖掘新的零售经营功能，积极开展零售支援活动，向零售企业提供广告、促销、技术指导等全方位服务。

我国工业品批发体系的标准化和信息化水平与跨国流通企业相比，有很大差距，不能满足现代流通方式的发展要求。因此批发企业应积极地引进应用现代信息通信系统，从生产部门直接采购并通过计算机网络系统和自动补货系统到达零售终端，及时满足客户最终需求。现代批发业充分发挥其专业特长，提供比生产和零售企业自建的批发机构更经济、更合理的服务，创造市场需求，获得生存空间。我国的批发企业应注意提高新商品的开发能力，科学合理地组织货源，按照供应链的思路，用"双赢"的思想观念，搞好与供应商的关系，提高商品的编配能力，根据现代商品流通规律和流通方式的要求，科学有效地组织货源，实现商品批发与零售的有效衔接。❶

（二）提高市场集中度、培育大型现代批发商

由于批发商是批发业和批发市场的主体，所以必须抓住这个重要的经济增长点。

第一，积极推进国有工商业企业的改革与转制。对近些年来自发建立起来的各类分销机构，要用市场经济方式进行专业化重组，根据商品流通环节的客观需要，在合理分工、平等互利原则的基础上，有意识地引导和打造一批具有

❶ 周伟. 发达国家批发业现状、特征及其对我国的启示 [J]. 商业时代，2010 (33)：27.

现代经济规模、专业化水平高的大批发商。

第二，努力解决批发企业和批发市场存在的各种现实问题。目前市场经营的商品过于雷同，对名、新、优、特、精等产品的引导、开发非常缺乏，进入市场的批发商规模过小，科技含量与物流配送水平也比较低，管理理念和手段落后。因此批发商必须充分开发自己的各项功能，彻底改变许多流通企业"四无"（无知名品牌、无销售渠道、无核心技术、无商业信誉）的被动局面。

第三，放宽政策，鼓励非公有制商业企业把自己的批发生意做大。通过改组现有的批发市场，调整原有批发市场主体批量过小的组织结构，使成交额向大批发商集中，引导批发商参与更大范围、更多品种、更大批量的商品交易，明确其权利和责任，并对他们的交易行为和经营状况进行有效的监督和管理。

第四，坚持批发形式的多样化与批发主体的多元化。总结国内外的经验，我们应坚持工业品批发主体的多元化，除传统的独立批发商外，还可以有制造业批发商、合作批发商、批发代理商、连锁批发商和批零兼营批发商。从批发形式看，工业品的批发可以有：批发商通过代理或直销等方式进行的批发交易；通过工业品批发市场进行的批发交易；通过网络进行的批发交易；通过贸易中心而进行的以远期合同交易为主的批发交易；通过展销会方式进行的批发交易。这些批发形式各有优势，今后仍要继续坚持❶。

二、重新审视流通领域的理论与现实问题，正确认识流通产业的性质与地位

流通产业在促进经济增长、转变经济发展方式、扩大就业、扩大内需、稳定物价、提升价值链层次和引导制造业升级过程中，具有十分重要的地位，是反映一个国家和地区经济运行状况的晴雨表。在一个高效率的、开放的和多元化的市场经济体制中，从地位与影响力看，商贸流通业绝然不是传统遗留观念中的"商品捐客"，而是满足厂商需要、市场需求、增进消费者福利的商品市场组织者。古今中外的历史反复证明，流通业的快速健康发展有利于促进工业的发展，损害和抑制流通业的发展将以损害工业的发展为代价。

改革开放以来，我国学术界和政界对流通产业的认识逐步深化，先后有"基础产业""先导产业"等提法，随着市场经济的深入发展，对流通产业的认识应更进一步。首先，流通产业是高端行业。微笑曲线（见图9.5）清晰地

---

❶　周伟. 对完善我国工业品批发体系的思考［J］. 商业时代，2010（29）：117.

显示，以批发零售为代表的流通业在价值链上是与研发设计等高科技产业处于同等地位的，因此，高新技术产业所享受的优惠政策，流通产业也应同样享受。其次，流通产业是战略性产业。在货架稀缺、渠道为主的时代，谁控制了终端，谁就能控制国家的经济命脉。从这个意义上说，流通业就是非常重要的战略性产业。在经济全球化和跨国零售巨头大举进军中国市场的背景下，随着它们对中国市场控制能力的逐步提升，这一提法越来越有现实意义。再次，流通业是高科技与高投资相结合的行业。在零售商整合其供应链的过程中，需要功能强大的信息技术的支持。现在，零售商们运用着最先进的计算机和各种通信技术对变化着的消费需求迅速做出反应。全球最大的零售商沃尔玛之所以能在瞬息万变的市场竞争中取得成功，正是有赖于建立了一套完善的信息系统。耗资7亿多美元建立的这套系统，将数千家供应商、制造商和遍布全球的8 000多家连锁店联结起来，每个店铺的销售情况即时反馈到沃尔玛总部和供应商，实现了商品供应的快速反应，从而确立了自己的竞争优势。

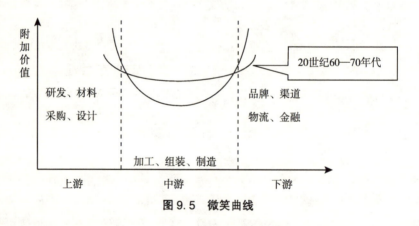

图9.5　微笑曲线

流通业在稳定物价中具有基础作用，商贸流通业对宏观经济的影响主要是对价格的影响。商贸流通业对价格总水平影响的微观机制包括提升流通效率、降低交易成本，带动生产领域劳动生产率提高、降低生产成本两个方面。商贸流通业的快速发展，必然会对生产领域的劳动生产率提出更高的要求，从而迫使制造商必须设法降低生产成本。这一过程虽然比较残酷，却是整个经济中稳定物价的重要力量。由于商贸流通企业的发展有利于在交易和生产两个基本层次上全面降低成本，同时加快资本周转速度，必然有利于零售终端价格的普遍下降，自然有利于稳定物价总水平。

三、培育具有整合供应链能力的大企业，鼓励新型业态和业种的发展，建立税收平衡机制，充分发挥行业协会的作用

通过专项资金倾斜和增值税转型改革试点，落实"十二五规划纲要"中关于"支持服务业企业品牌和网络建设"等重要精神，培育一批具有整合供应链能力，拥有自主品牌和知识产权、主营业务突出、具有核心竞争力的流通企业。

顺应流通业发展的全球趋势，汲取国内外工商联动模式的成功经验，鼓励和扶持企业在新型业态和业种方面发展，尤其要重视以电子商务和现代物流为代表的新型流通服务方式，通过规范化管理和标准化服务，提高流通企业的经营管理水平。通过税收、融资等手段，推动资本深化、技术深化和产业融合，尤其要在政策上鼓励流通企业加大对信息技术的投入，促进信息技术的深度利用。鼓励和扶持信息技术在流通业的深度运用，推动零售企业和批发企业等传统商贸企业进入网络购物快速发展的新时代。与此同时，应尽量减少政府对微观价格的干预，行政力量应用来稳定宏观价格水平，而不是干预微观价格。

由于通道费掩盖了零售商的真实进货成本，减少了应纳税额，所以对通道费进行征税作为对避税的补偿是合情理的。因此，可以通过制度设计，建立一个对零售商所得通道费的征税制度，使零售商付出一定的代价，以抑制其过分的行为，使其起到自我约束的作用，同时也可以防止国家税收的流失。税收平衡机制的建立将会对零售商收取通道费用的行为起到制约作用，从而减少通道费，零售商会转而采取压低供应商进价的做法，这虽然会给供应商造成一定的压力，但通过价格来确定双方利益的做法还是较为规范的，这在一定程度上能够缓解零售商与供应商之间的矛盾。

在构建工商联动的工业品流通体系的平衡机制过程中，可以充分发挥行会或商业协会的作用，包括：①在不违反反垄断法和反不正当竞争法的前提下，鼓励制造商之间通过行业协会形成集体力量，与大型流通企业抗衡；②帮助成员维护合法权益，在必要的时候，集体应对不公平协议、集体诉讼；③充当政府与行业之间的桥梁，积极反映行业呼声，协助政府进行有关决策；④协助强化市场监管和维护市场秩序；⑤为行业管理和决策提供信息与智力支持；⑥组织各种类型和形式的讲座与培训，提高行业的人力资源管理水平；⑦建立专业网站，打造公共信息与交易平台。

四、理顺批发与零售的职能关系，加强批发体系建设

改革开放以来，我国废除了三级批发管理体制，独立的批发体系受到了严重冲击。而零售企业获得了充分发展，大型零售企业不断涌现，职能逐渐向批发环节甚至生产环节延伸，有取代批发市场成为流通主导的趋势。

从发达国家的发展经验来看，发展批发主导的流通模式还是零售主导的流通模式，取决于国家的商业发展战略定位。美国充分发展大零售，而日本重视发展大批发，这些都是各国依据本国国情提出的商业发展战略。我国生产分散、小企业众多，应该更多地依靠大批发的集散作用，把分散的生产集中起来，再传递给分散的零售，因此批发的作用至少在短时期内无法取代。我国87%的中小加工、生产者依赖批发商业。随着生产商和零售商不断向批发环节延伸，批发实现的业态形式会有所变化，但批发的功能是不会消失的。

在流通领域发展过程中，应合理界定批发和零售的关系，并从国家层面明确大型批发和零售企业的数量和布局，特别是公益性批发商业建设的规模和数量，通过有效配置资源，促进产品有效流通。

由于我国工农业生产的分散性，决定了批发体系是生产者将产品销售出去的主渠道，目前农产品与超市对接、农场对接等新型农产品流通形式虽然有所发展，但规模较小，难以承担流通主渠道的重任。

批发体系的构建应有层次性，可建立国家和地方两级批发商业体系，国家级批发侧重于全国性和国际性商品的批发，而地方批发侧重于本地商品的批发，规模相对较小。国家调控更多应该依赖国家级大型批发市场和大商户，通过掌握大量实际资源实现对市场和价格的调控。目前我国批发商业的政府投入较小，主要以社会投资为主，难以实现其公益性职能。因此要加大对批发商业尤其是农产品批发商业的公益性建设和改造。

此外，批发商业发展要积极推广电子网络销售，提高批发商业的信息化水平，充分运用物联网等技术，推动大型批发市场的升级转型，建立起适应全球信息交流、引导中国商品价格形成的批发体系。

五、工业品批发体系的构建需要依据不同渠道模式的特点和不同产品对渠道的要求进行合理选择

在重构与完善工业品批发体系的过程中，必须重振批发商的采购功能。传统体制下作为主渠道的专业批发公司，其职能已逐步分解、转化，但目前的零

兼批、厂商自营批发和专业批发市场只是取代了原专业批发的销售职能，而采购职能却无相应的主体承担，批发商的采购职能必须在批发体系的重构与完善过程中得到重塑和再造。批发的重构并非是以批发商渠道（W型）来打压生产商渠道（M型）和零售商渠道（R型）模式，而是要在尊重产品属性的基础上对渠道体系进行合理重构，新的工业品批发体系应该是 M+R+W 所呈现的一种渠道融合模式。

（1）就厂商主导的 M 型模式来讲，今后大型生产商通过专属经销商、代理商控制渠道的现象还将持续，但其向营销渠道末端延伸的趋势将逐渐缓和并转向专业化的售后服务；中小生产商的渠道弱势地位及其引致的"零供冲突"需要得到切实的改善。对于专用性强、售后服务性质强、技术要求高、连带服务要求高的生产资料，应以 M 型渠道为主。

（2）就批发商主导的 W 型模式来讲，专职批发商的崛起是一种趋势，但重构批发绝不是对原有专业公司的一种复制，新型专职批发商应以商品采购功能的强化来负担起商品筛选与汇集的渠道功能。具体形成途径是，以有效的政策引导和推动，促使有实力的代理商和物流企业向专职批发商转化，也可以通过商品交易市场的改造和升级，使之成为大型专职批发商的孵化中心。对于工业消费品来说，W 型渠道模式比较适用于生产和消费都较为分散的日常消费品和快速消费品。

（3）就零售商主导的 R 型模式来说，原先大中型零售商与中小生产商之间不对等的渠道关系需要转变为与大中型专职批发商之间对等的渠道关系；中小型零售商业可采用连锁经营等组织化、集约化的运作模式，并由连锁总部部分地发挥原有三级批发的职能；零售商引厂进店、地产经营的偏颇之处要予以纠正，专业化销售与服务的职能需要得到强化。对于奢侈品和耐用消费品，可以主要考虑采取 R 型渠道模式。

六、积极推进流通体制改革，全面完善工业品流通的各项政策

产业政策的兴起和存续是弥补市场缺陷、完善资源配置机制的需要；是政府在市场机制基础上，实现超常规发展，缩短赶超时间，更有效地实施"赶超战略"的需要。能够促进产业结构合理化与高度化，实现产业资源的优化配置，增强产业的国际竞争力，在经济全球化过程中趋利避害，保障国家的经济安全，是当今世界各国更好地参与国际竞争的需要。

　　流通产业政策是国民经济产业政策的重要组成部分，是政府根据国民经济整体发展要求以及流通产业的实际情况，在宏观上对流通产业的发展进行调节和控制的公共性介入，表明一定历史时期内政府对流通产业发展的基本态度和总体意向，并通过相应的政策手段加以实施，以达成政府预定的宏观目标。流通产业政策具有系统性、协调性、统一性、复杂性等特点。流通经济体系是流通产业政策制定的基础，流通产业政策必须与一国经济水平和流通的发展特点相符，否则便会阻碍流通产业进步。国家流通产业政策的制定与实施必须以本国流通经济体系为基础。

　　第一，要进一步完善流通竞争政策。

　　随着我国社会主义市场经济的发展，市场竞争机制将发挥越来越大的作用，而流通竞争政策也将在进一步深化流通体制改革，营造公平、合理、有序的市场竞争环境中，在保障流通竞争活力，使流通经济高效、健康和可持续发展等方面发挥基础性的保障作用。为了充分发挥流通竞争政策的作用，我国有必要在以下三个方面进行完善：① 进一步细化反垄断法中涉及的流通问题，如搭货配售、有奖促销等内容，应学习日本在反垄断方面的经验。②完善对大型商场的规制政策。在流通市场中，大型商场和中小商业企业之间的竞争是力量悬殊的竞争，冲突与矛盾会随着大型商场的发展而加剧。要解决好这一矛盾，维护良好的市场竞争秩序，就必须对大型商场进行规制。③完善扶植中小流通企业的政策。中小流通企业在市场竞争中处于弱势地位，同时，中小流通企业又具有吸纳就业人口的特殊社会功能。为了维护市场公平竞争和解决就业、社会稳定等问题，应制定专门的扶植中小流通企业发展的政策，应该在资金融通、税收征缴、人才培养、技术促进等方面设定专门针对中小流通企业的政策。

　　第二，要逐步完善流通布局政策。

　　流通布局政策是流通政策的重要一环，是引导流通设施建设健康发展、保证资源有效配置的主要措施。因此，考虑流通布局政策要有大局意识，要根据宏观调控的需要和商流、物流、资金流以及信息流的流向规模，统筹规划市场，使其与运输、通信、金融、保险、仓储等协调发展，与经济发展和城乡总体规划相适应。今后，我国流通布局政策应注意以下方面：

　　（1）制定国家流通布局战略，平衡我国东部、中部、西部的流通设施建设，重点地支持国家重点发展地区和流通设施严重不足地区。

（2）制定批发市场法规，以规范批发市场的建设。其中特别要建立全国统一市场审批确认制度；建立严格的资格审查、许可证制度；建立批发市场建设的资金制度、组织形式、市场管理、交易行为等法规制度。

（3）零售商业网点的规划，应发挥中央和地方两级政府的作用。对大型店铺的建设，应仿照法国和日本由中央政府制定统一的审批政策；对城市网点规划，应多依靠地方政府。各地区应该结合自己城市的特点，将商业网点建设和商业街的建设纳入城市建设发展规划中，避免不分特色、一窝蜂式地搞商业街建设，避免浪费资源。这样就可以促进零售商业网点的统一规划，合理布局；可以促进大、中、小商业企业的有序竞争；可以保护城镇交通和环境。

（4）抓住国家大力发展物流产业的有利时机，制定好物流产业布局政策。要充分借鉴发达国家的区位理论、中心地理论等产业布局理论和实践，结合我国经济发展和物流发展的实际，制定我国的物流布局政策。同时，也可以将物流布局与批发市场建设结合起来考虑，物流中心可以发挥批发市场的职能，批发市场可以承担物流中心的责任。

第三，要全面完善流通技术政策。

流通技术政策在促进我国流通技术的进步，增强流通企业竞争力，提高我国流通能力，实现我国流通现代化上起着重要的作用。借鉴发达国家经验，结合我国流通技术的实际，今后，我国的流通技术政策应在以下方面进行调整和完善。

（1）制定流通技术创新与研发的政策。长期以来，我国未对流通产业的技术创新与开发给予足够的政策支持。因此，国家应像重视制造业与交通业的技术发展那样，重视流通产业的技术发展问题，应该制定专门针对流通产业技术创新研发的促进政策。包括技术创新与研发的资金融通政策、税收政策、奖励政策，建立有效的官、企、学技术创新与研发的合作机制政策以及流通加工技术改造政策等。

（2）流通标准化政策。流通领域的标准化，主要是建立和完善"以商品质量和流通技术标准为主体"和"以商品服务业的行业管理与服务标准为主体"的两个标准体系。商品流通技术标准应包括商品质量等级标准、包装标准、仓储技术标准与运输技术标准。管理与服务标准包括零售管理与服务标准、批发业管理与服务标准、物流业管理与服务标准、仓储业管理与服务标准以及服务业管理与服务标准。

（3）积极推进电子信息技术在流通领域的应用。信息网络技术在流通业的运用主要体现在企业的运营系统和管理系统中，如电子收银系统（POS）、电子订货系统（BOS）、信息管理系统（MIS）及电子数据交换系统（EDI）等。在发达国家的流通领域，这些信息技术已得到最为广泛的应用，从而加快了信息传递，增强了经营决策的科学性，使流通企业活动在得到有效控制的同时能更灵活地根据市场变化进行转换，降低了交易成本，提高了物流效率，产生了可观的技术效果和经济效果。信息技术在我国商业领域的应用尚处于初始阶段，因此，我国流通企业要进一步发展，要提高竞争力和经济效益，就必须全面提高以商流、物流、信息流为主要内容的现代流通技术水平。要使多数大中型流通企业能够建立以顾客分析为中心，以互联网技术为基础的供应链管理系统、财务管理系统、客户关系系统及商业智能决策分析系统和企业资源计划系统（ERP）。

（4）加强流通基础设施建设政策。流通基础设施的规模、结构与质量，直接影响流通的效率，而且又具有公共物品的性质，因此，世界各国都十分重视流通基础设施的规划与建设，并制定了一系列的相关政策。我国流通基础设施与日益发展的经济环境很不适应，因此，应切实加强流通基础设施政策的建立和完善。主要包括批发中心、物流中心、配送中心的建设政策；道路建设政策；车辆、港口、空港等交通节点的建设政策；流通基础设施、装备现代化的建设政策。

（5）培养高素质人员的政策。流通现代化的实现，除了依靠先进的科学技术、设备、设施之外，也要依靠大批具有专业素养的高素质流通从业人员。因此，应制定和完善培养流通人员的政策。主要应包括加强大学乃至研究生阶段的流通相关专业的教育工作；加强现有从业人员的有针对性的培训工作；大型骨干流通企业要形成人才梯队，并设法为其提供高级人才。

第四，要深入完善流通开放政策。

（1）按照《服务贸易总协定》的规则，建立我国市场准入政策。主要是：原来的对外开放政策在理念、规定上有不符合规则的应予修正，建立符合规则的新的市场准入政策；完善外资进入审批办法，特别是应建立全国统一的审批制度，不给地方越权的空隙；增加公开、公平的透明制度，让所有外国企业都有进入中国流通领域的平等机会；各地区应严格执行国家规定，对内外资流通企业一视同仁，给予同样的市场准入条件。

（2）按照《服务贸易总协定》的规则，制定国民待遇政策。主要内容应有：逐步降低外商流通企业在税收、相关费用等方面的优惠，与国内流通企业一样，实行统一完善的税收、财务、用工工资制度和社会保障制度；认真执行反垄断法和反不正当竞争法等竞争政策，创造国内外流通企业平等竞争的法制环境。

（3）将外商投资和我国流通布局、产业政策结合起来，引导外商按我国流通布局、结构调整的方向进行流通投资。主要内容有：引导外资投向物流、配送中心、采购中心等环节；鼓励我国的流通企业利用外资进行改组改造、改善经营机制，提高经营管理水平。

（4）稳步推进我国流通企业到境外发展的政策，实施"走出去"战略。主要内容是：积极融入跨国公司的采购网络，使国内流通企业的产品"走出去"；到国外创办投资流通企业，促进我国流通企业的海外发展。

第五，要进一步完善消费者保护权益政策。

与发达国家相比，我国的消费者权益保护政策出台晚，作用范围小，还有许多不完善的地方。今后应加强两方面工作：

（1）加强和完善消费者保护法规体系。主要内容是：制定《消费者权益保护法》实施细则；建立并完善与商品安全相关的认证制度、检测制度、监管制度、惩罚制度，构建"放心消费"的市场法制环境；建立、完善消费者的维权、诉讼、赔偿、救济等制度。

（2）建立健全有关保护消费者权益的行政体系。主要内容有：中央和各地方政府部门应建立专门保护消费者权益的行政机构；各地应出台适合本地经济发展和消费者实际状况的消费者被害救济制度；一些发达地区和城市应出台类似日本东京的消费者生活条例的政策，以杜绝不正当交易引起的消费者被害现象。

七、增强品牌意识、创建名牌企业，树立良好企业形象，提高综合竞争力

现代商业竞争已不是单一的产品质量和销售服务的竞争，还表现为高级层面的企业形象的竞争。因此，在外资进入我国零售商业的形势下，我国的大型零售企业应该充分发挥自己在长期经营中所形成的信誉优势，采取各种措施，树立良好的企业品牌，在激烈的市场竞争中立于不败之地。加强企业自身内部建设和发展。一流的人才是造就一流企业的决定性因素，企业之间的竞争最终

表现为人才的竞争。我们可以学习外资零售业在人才资源上的管理经验：在市场进入阶段，主要采取集中培训，使人才充分吸收母公司的企业精神，再培训和提升当地经理人才；在实施阶段，一般采取分散管理，严格控制，运用人员的文化背景进一步扩张，即对不同的员工要实施不同的管理：对高级管理人员要不惜重金进行专门培养，而对一般的职工则主要培养起业务的熟练度和责任感。所以我们要加强培育和管理人才，对员工进行上岗前培训和在职培训，使其具备足够的知识和技能为顾客服务，建立有效的激励机制，增强员工的责任感和积极性。

第十章　研究结论和未来展望

一、本书的一般结论

（一）要充分认识流通企业，特别是批发业的地位和作用，增加对流通业的投资，努力解决"零供矛盾"

实证分析结果显示：零售企业利润增长的驱动力正在从依靠劳动力驱动转向资本驱动，零售业正在从劳动力密集型行业转变为资本密集型行业；批发企业则表现出其利润增长的劳动与资本双轮驱动，其中劳动力驱动因素大于资本驱动。无论从时间序列角度看，还是从横截面数据计算结果看，批发商利润对制造商利润均表现出显著的正向影响，零售商利润对制造商利润表现为负向影响；批零比值增加、批发渠道适当延伸能够提高制造商的利润，有利于提高流通效率，促进经济增长。要增加对流通领域的投资，通过工商战略联盟等形式，有效解决工商矛盾。

（二）要理性看待当前批发商衰落和批发业萎缩问题，理顺政府对批发流通的管理体制

目前的批发体系萎缩，大多表现为专职批发商的萎缩以及由此而引发的批发职能的分散化，虽然原有的一、二、三级批发体系虽已不复存在，但其批发的职能并未完全消失，只是批发的主体发生了变化。原来的一级批发职能大多转由制造商承担，二、三级批发职能转由批发市场和区域代理商承担。仓储运输与流通加工职能部分地转变为第三方物流企业的职能，而平抑波动、吞吐商品的功能则部分地被快速、高效的电子化信息传递所取代。制造商向二、三级批发的深度渗透会导致低价竞销、假冒伪劣、货源垄断等诸多弊端，且政府难以管控，而兼具集散和辐射功能的国有大型批发企业则可以成为政府调控整个工业品流通过程的重要依托。因此，政府对批发的管理要贯彻有所为、有所不为的思路，明确政府在批发流通管理体制改革中扮演的角色，即确认交易者身份与资格，维持和监管批发市场的正常交易秩序；制定批发市场交易的各项规章制度；直接掌控少量事关国计民生的重要商品的批发活动。

（三）制造商被迫做渠道和零售商"市""场"分离的现象必须得到有效纠正，要建立健全批发市场体系

由于缺乏有竞争力的专职批发商，许多制造商被迫向销售渠道终端"一卖到底"，加剧了零售商不做买卖却偏重租店的趋势，导致零售业"市""场"分离，这种分离现象又使大型专职批发商难以通过市场力量重新崛起。在工业品流通体系的建立过程中，必须打破这一恶性循环。在重构与完善工业品批发体系的过程中，必须重振批发商的采购功能。传统体制下作为主渠道的专业批发公司，其职能已经逐步被分解和转化，目前的零售兼批发、厂商自营批发和专业批发市场只是取代了原专业批发的销售职能，而采购职能却无相应的主体承担，批发商的采购职能必须在批发体系的重构与完善过程中得到重塑和再造。

要重塑专职批发职能，重构一批大型的国有批发企业承担核心的专职批发职能；根据生产资料工业品和工业消费品的不同特点，分别建立起与之相适应的批发渠道模式；要处理好国有批发与非国有批发的关系；使专职批发与兼营批发能够和谐发展；要理顺批发主体和批发载体的关系；兼顾内销与外销的关系。

（四）政府应正确制定批零结构调整的政策

在批发产业已经形成了以效率为目标的动力机制的情况下，政府应放松规制，促进其内力发挥，消除外部干扰。政府对于批零环节的规制不应拘泥于其比率的高低，而应追求批发与零售协作的效率，为批零和谐发展创造良好的外部环境；要促进流通产业供应链的整体协调与创新，促使批零企业实现经营形式、组织形态和经济职能的创新，使批发商向生产商的总代理、总经销方向发展，向零售支持型服务提供商转型，成为商品流通体系的资源管理者。努力提高批发市场的现代化、组织化和规范化程度。

第一，构建与完善新型工业品批发体系。我国的工业品流通实践表明，在专职批发职能逐步萎缩以后，零售领域已呈现盲目模仿和过度竞争的痕迹。新型批发商的长期缺位一定程度上引致了零售商的过度扩张，目前大范围的"零售排除批发"并未形成真正意义的零售主导，零售职能的过度延伸对专职批发应有职能的替代必须得到及时纠正，而在制度层面推动形成新的工业品批发体系则是纠正批零关系失衡的关键起点。当前既要肯定新型工业品批发体系建设的必要性，又不能完全期望该问题通过市场力量而自然破解，应在尊重市场规律的前提下寻求适度的制度推进与创新。

第二，促成批零协调的流通增长方式。新型工业品流通体系不仅包含批发体系的构建与完善，也应促进批零协调的流通增长方式。对于批零协调的标准，若过于追求批零比值的规定，既不现实也有失偏颇，而应以批零的合理职能分工为重要前提。在批发商大范围退出流通渠道以后，许多大批量的工业品交易转由零售商承担，但在"零供"对接以后，零售商不断表现出自主经营的退化。虽然批零一体化是零售商规模效应的重要体现，但如果过度地依靠零售商来承担批发职能，则只会加剧市场势力的不平衡，渠道扁平化的趋势反而会被扭曲，当前的"零供"冲突和物价波动已经对此有所体现，在新型工业品流通体系中，应以批零的合理归位和职能分工促成批零协调的流通增长方式。

第三，推动批发与零售业态的统筹创新。我国工业品流通中的"弱"批发现象并不是对"强"零售功能的印证，而是与制度缺位情况下的批零竞争失衡有关。在缺乏有效渠道制约的情况下，零售业在过度发展的同时也陷入了业态创新的瓶颈，在这种情况下，创新批发业态尤为重要。构建与完善新型批发体系，促成批零协调的流通增长方式，不是生硬地夺回批发商失去的渠道主导权，也不是对零售商优势职能的抢占，而是要找到合理的批发业态形式；以此为依托才能真正凸显新型批发职能的优势，也才能推动零售业回归主营业务，最终形成批发与零售业态的统筹创新。

（五）要积极培育起点高、辐射力强、有"大进大出"实力的大流通商，努力实现内外贸一体化发展

流通体制的改革应根据"等量资本获得等量利润"的原则，打破部门、地区与行业的壁垒，为各类所有制形式的批发商、零售商提供有足够吸引力的宽松的政策环境。积极调动并重组各种既有资源进入工业品流通领域，实现流通产业结构的合理化和商品流通的现代化。要兼顾内销与外销的关系，打造一批兼具现代化、集团化属性的类似"香港利丰模式"的工业品集成商，努力实现内外贸一体化发展。

当前，就商务部而言，首先应尽快整合成一个有机的整体，部内各个司局要内外贸一起抓，把内贸变为外贸的基础、外贸变为内贸的延伸。要做到内外贸一体化，要求管理机构在设置上必须具备高度的科学性、合理性、灵活性，同时相关机构要在运转中尽快磨合调整。其次，在目前的机构设置不可能发生变动的情况下，商务部在做好内部机制统一的同时，还要注意与国务院各个部门的协调合作。国务院各部门工作过程中的职能交叉和矛盾是难免的，不可能一个部门"包打天下"。对属于商务部职能范围但又涉及其他部门的事项，商务部应主动牵头，会同工商、质监等行政执法部门，统筹内外贸管理，制定涵盖整个商贸流通领域的规划，解决政出多门的问题。

（六）推进大型连锁集团发展、引导零售企业走规模化道路

国内零售企业必须走规模化、集团化的道路。以市场为导向，以竞争为动力，以管理为手段，以利润为中心，以满足为目的，以资产为纽带，组建跨行业、跨地区、跨所有制的大型连锁集团，这是我国零售业与国际连锁集团竞争的迫切要求。实现规模经营，取得规模效应，最重要的是依靠科技进步，要求企业在引进技术时善于吸收和消化国外新技术，结合我国国情加以创新。纵观世界零售百强企业，通过兼并重组，走联合经营、连锁经营的道路，是实现企业规模化的一条捷径。现如今中国许多大型城市零售店铺已经处于饱和状态，新增店铺必然激化区域竞争，因此，兼并收购将成为中国零售市场重要的扩张方式。同时，全球著名的大型零售企业几乎全部采取连锁经营方式。由于大多数零售业态都可以以连锁经营的形式存在，因此连锁经营将成为零售业新的发展趋势。

（七）学习国外先进经营管理经验，积极发展新型零售业态

连锁经营是零售业的发展方向，被认为是零售业现代化的重要标志。连锁经营的主要特点是将零售业进货和销货两个功能相分离，克服了零售业的小规模、分散性的缺点。连锁经营可以通过进销功能的分离，降低进货成本，提高经营效率。在外资进入我国零售业的形势下，内资零售企业要想有生存的空间，必须积极开发新型业态，改变原有的企业组织结构，向规模结构要效益，走连锁经营发展的道路。在我国现有已开展连锁经营的企业中，不少企业的运作规范性较差，为此我们可以借鉴国际经验，规范连锁，真正体现其统一进货、统一配送、统一管理、统一核算的核心，防止连而不锁。同时，企业应根据具体条件，选择适当的连锁形式。连锁经营有三种形式：直营连锁、特许连锁和自愿连锁。每一种类型都有其实施的条件，也有利有弊。企业应根据自己的行业特征、经营特色、企业规模、环境因素等因地制宜地选择适合自己的连锁形式，并重视加快配送中心的建设。扩大规模、实现连锁经营是零售业未来发展的趋势，但零售资源具有一定的不可替代性，所以扩张的过程中要注意资

源的协调配套，在连锁经营的每一个链条上下功夫，同时加强企业的财务管理和信息系统建设，依靠财务管理来控制各连锁店每天产生的巨额现金流，并有效地利用这些现金。当今管理利润越来越依靠现代化的技术手段，所以还要特别注重信息系统的建设和利用。

（八）大力发展特许经营，加快发展电子商务

特许经营是一种现代营销形式。所谓特许经营，根据国际特许经营协会（IFA）的定义，即特许人与受许人之间的契约关系，特许人由此承担起向受许人持续提供经营诀窍、培训等方面支持的义务，受许人则由此在一个为特许人所有和控制的共同商号标志、经营模式及生产流程下运营，开展业务的基础投资来自受许人自身的经济资源。特许人只需建立一个紧密的组织，由业务经营中各方面的高级专业经理组成，从而可以有效地降低成本，提高效率。同时特许人无需冒很高的投资风险或被各分支机构日常经营中的琐碎业务和问题所困扰。制造商通过特许批发商或零售商的方式为其产品建立起稳定的分销渠道，保证产品的销路。因此其具有方便、大众化、缓解就业压力及实现资源的有效配置等特点，所以在全球盛行，在我国也有大力发展的必要。通过相关法律和正确的引导，搞好发展规划，建立多层次、多元化、渐进式的发展格局，鼓励和发展特许经营的中介服务组织，逐步形成具有我国特色的特许经营体系。

要大力发展电子商务，为零售业开辟更为广阔的空间。传统零售业应当而且必须与电子商务相结合，这是未来零售业发展的必然趋势。传统零售业必须转变观念，从企业信息化建设入手，利用现代信息网络技术对企业进行升级改造，加快企业业务流程的重组和优化，建立真正先进、科学的经营理念、管理体系和计算机管理系统，实现信息共享，提升企业经营管理水平。

依托资源优势进入网络零售领域。不管是在成本控制能力、财务运作能力、品牌价值、营销技术、供应体系、分销渠道等各方面，传统零售商相对于网络零售商都具有相当明显的优势，传统零售商完全可以依托其资源优势进入网络零售领域。网络零售与实体店面相结合。传统商业的店销模式，是消费者享受消费体验的一个过程，这是电商永远无法达到的，也是它不可替代传统商业的一个重要因素，未来购物必将是线下体验、线上支付的全新模式，这就要求传统零售企业的线上和线下渠道必须紧密整合在一起，通过打造电商平台，配套强有力的供货、物流和售后平台，真正实现二者的长远共赢。目前传统零

售企业要打造网络业务必须解决好诸多问题：选择自建网络品牌还是依附于其他平台；网络销售是线下全部产品还是部分产品；如何解决由于渠道不同导致的价格差异的问题等。

二、进一步研究的展望

本书对工业品流通体系的内涵、现状、特征进行了比较全面的分析、概括和总结，提出了工业品流通体系的评价指标体系，对生产商、批发商和零售商的关系进行了实证分析。阐述了批发的功能、地位与作用，对如何实现工商联动以及内外贸一体化问题进行了较为深入的研究。在借鉴发达国家工业品流通体系的基础上，提出了完善我国工业品批发流通体系的政策建议，这些研究丰富了流通经济学的内容，有较强的理论和实践意义，也具有一定的学术价值。

课题研究仍有进一步深入研究的空间，可以对如何实现工商联动和内外贸一体化的问题进行更深入的分析，如量化研究等。在研究过程中，由于可以类比的、直接应用于分析计算的统计数据很难找到；流通领域同类问题的研究很少，可以借鉴的研究成果非常缺乏，使课题研究的开展遇到了较大困难。即使如此，由于本课题具有重要的理论和现实意义，笔者将会在已有研究成果的基础上，继续深入钻研下去，向老师学习、向同行学习、向前辈学习，力争取得更大的成果。为推动流通管理体制、经营业态和营销模式创新，形成工业品流通体系的核心竞争力；为形成开放有序、布局合理、技术先进、功能完善、高效顺畅、城乡畅通，与我国商品市场体制、规模和结构相适应的工业品流通体系；为推动我国工业品流通体系的重构、完善与创新而不懈努力。

参考文献

[1] ALEXANDER, AL. International Retailing. [M]. Oxford: Blackwell, 1997: 210-250.

[2] ADAM SMISH. An Inquiry into the Nature and Cause of the Wealth of Nations [M]. Oxford: The Clorendon Press, 1980.

[3] BORK R. H. The Antitrust Paradox: A policy at War with itself. [M]. New York: Basic Books, 1978: 200-240.

[4] BRIAN J. BERRY AND JOHN B. PARR. Market Center and Retail Location: Theory and Application [J]. NJ: Prentice-Hall, 2005: 80-120.

[5] BLISS. CHRISTOPHER. A Theory of Retail Pricing [J]. Journal of Industrial Economics, 1988, 36 (4): 375-91.

[6] BLOOM. P. N. and PERRY. Retailer Power and Supplier Welfare: The Case of Wal-Mart [J]. Journal of Retailing , 2001, 77 (3): 379-396.

[7] BARTON A, WEITZ. Relationship Marketing and Distribution Channels [J]. Journal of the Academy of Marketing Science, 1998.

[8] BERMAN, B. Marketing Channels [M]. John Wiley & Sons, Inc. 1996: 126.

[9] COASE RONALD. The Nature of the Firm [J]. Economica, 1937, 4 (4): 386-405.

[10] COASE RONALD. The New Institutional Economics [J]. American Economic Review, 1998, 88 (2): 72-74.

[11] CHRIS THOMAS. Retailing in the 21st Century [J]. NJ: John Wiley & Sons, Inc., 2006: 100-130.

[12] DONALD J. BOWERSOX. Logistical Management: The Integrated Supply Chain Process. [M]. USA: McGraw-HillCompanies. Inc., 1998.

[13] HANDHELD, R. B. and C. BECHTEL. The Role of Trust and Relationship Structure in Improving Supply Chain Responsiveness [J]. Industrial Marketing Management, 2002, 31 (4): 367-383.

[14] HEIDE J B. Inter-Organizational Governance in Marketing Channels [J]. Journal of Marketing, 1994, (58): 71-85.

[15] INGENE, C. A. and M. E. PARRY. Channel Coordination when Retailers Compete [J]. Marketing Science. 1995, 14 (4): 360-377.

[16] IZQUIERDO, C. The interaction of Dependence and Trust in Long-term Industrial Relation-

ship [J]. European Journal of Marketing, 2004, 38 (8): 974-995.

[17] PHILIP, KOTLER. Marketing Management, Analysis, Planning, Implementation, and Control [M]. prenticen Hall International, Inc, 1997: 67.

[18] R. PONDY. Organizational Conflict: Concepts and Models [J]. Administrative Science Quarterly, 1967 (12): 156.

[19] STANLEY BAIMAN, etc. Performance Measurement and Design in Supply Chains [J]. Management Science, 2001, 47 (1): 173-188.

[20] ROSEN S. Markets and Diversity [J]. American Economic Review, 2002, 92 (1).

[21] TREADGOLD A. Managing International Retail Business [M]. Oxford: Oxford Institute for Retail Management, 1991.

[22] WILLIAMSON, O. E. Transaction Cost Economics: The Governance of Contractual Relations [J]. Journal of Law and Economics, 1979, 22 (2).

[23] 马克思. 资本论 (1-3卷) [M]. 北京: 人民出版社, 1975. 6.

[24] 高涤陈. 社会主义流通过程研究 [M]. 上海: 上海人民出版社, 1988. 3.

[25] 喻志军. 产业内贸易研究 [M]. 北京: 企业管理出版社, 2009. 3.

[26] 马龙龙. 流通产业结构, 流通产业组织, 流通产业政策 [M]. 北京: 清华大学出版, 2006. 4.

[27] 马龙龙. 中国流通改革: 批发业衰落与崛起 [M]. 北京中国人民大学出版社, 2009. 5.

[28] 王晋卿, 祝合良. 中国商业改革开放30年回顾与展望 [M]. 北京: 经济管理出版社, 2009. 6.

[29] 丁俊发. 我国批发市场如何创新与发展 [J]. 中国合作经济, 2004 (8).

[30] 李飞, 等. 中国零售业对外开放研究 [M]. 北京: 经济科学出版社, 2009. 11.

[31] 郭冬乐, 宋则. 中国流通理论前沿 (1) [M]. 北京: 社科文献出版社, 2000. 1.

[32] 郭冬乐, 宋则. 中国流通理论前沿 (2) [M]. 北京: 社科文献出版社, 2001. 6.

[33] 郭冬乐, 宋则. 中国流通理论前沿 (3) [M]. 北京: 社科文献出版社, 2003. 12.

[34] 郭冬乐, 宋则. 中国流通理论前沿 (4) [M]. 北京: 社科文献出版社, 2006. 3.

[35] 郭冬乐, 宋则. 中国流通理论前沿 (5) [M]. 北京: 社科文献出版社, 2008. 6.

[36] 丁俊发, 张绪昌. 跨世纪的中国流通发展战略 [M]. 北京: 中国人民大学出版社, 1998. 11.

[37] 祝合良. 进一步发展我国工业品批发业的基本思路 [J]. 中国商贸, 2009. 10.

[38] 田村正纪. 先锋流通产业——日本和世界 [M]. 日本: 千仓书店出版社, 2004.

[39] 徐晓慧. 流通产业政策与规制研究 [M]. 北京: 中国经济出版社, 2008. 7.

[40] 田旭. 流通产业政府管制研究 [M]. 北京: 经济科学出版社, 2007. 10.

[41] 曹靖. 中国流通产业结构优化研究 [M]. 大连: 东北财经大学出版社, 2008. 12.

[42] 徐从才. 流通经济学：过程、组织、政策 [M]. 北京：中国人民大学出版社，2006. 2.

[43] 洪涛. 流通产业经济学 [M]. 北京：经济管理出版社，2008. 3.

[44] 伯特·罗森布罗姆. 营销渠道管理 [M]. 北京：机械工业出版社，2003. 1.

[45] 万典武，等. 市场经济条件下的批发商业 [M]. 北京：经济管理出版社，1993. 11.

[46] 杨惠. 流通渠道的变革研究 [M]. 北京：中国财政经济出版社，2004. 12.

[47] 王晓东，吴中宝. 中国流通改革：理论回顾与评述 [M]. 北京：中国人民大学出版社，2009. 9.

[48] 丁俊发. 中国流通 [M]. 北京：中国人民大学出版社，2006. 7.

[49] 李飞. 世界零售业发展模式 [J]. 商业时代，2000 (4).

[50] 黄国雄. 论流通产业是基础产业 [J]. 财贸经济，2005 (4).

[51] 徐从才. 流通革命与流通现代化 [M]. 北京：中国人民大学出版社，2009. 8.

[52] 马龙龙. 马克思论批发商品流通 [J]. 财贸经济，2005 (1).

[53] 徐从才. 流通理论研究的比较综合与创新 [J]. 财贸经济，2006 (4).

[54] 荆林波. 中国流通理论前沿 (6) [M]. 北京：社科文献出版社，2011. 3.

[55] 斯普尔伯. 市场的微观结构——中间层组织与厂商理论 [M]. 北京：中国人民大学出版社，2002. 10.

[56] 刘晓雪. 我国工业消费品批发现状与发展模式探讨 [J]. 烟台大学学报，2006 (7).

[57] 刘东. 交易费用的概念与外延 [J]. 南京社会科学，2001 (3).

[58] 崔向阳. 对马克思流通理论的新认识 [J]. 商业研究，2005 (15).

[59] 奥利弗·威廉姆森. 资本主义经济制度 [M]. 北京：商务印书馆，2002. 6.

[60] 吕一林. 美国现代商品零售业——历史、现状与未来 [M]. 北京：清华大学出版社，2001. 5.

[61] 艾尔弗雷德·D. 钱德勒. 看得见的手——美国企业的管理革命 [M]. 北京：商务印书馆，1987. 9.

[62] 裴桂芬. 战后日本流通体制的改革 [J]. 日本学刊，1992 (3).

[63] 祝合良. 现代商业经济学 [M]. 北京：首都经济贸易大学出版社，2010. 9.

[64] 牛保全. 世界范围内工商关系演变历程及其启示 [J]. 中国流通经济，2005. 1.

[65] 孙明贵. 业态管理学原理 [M]. 北京：北京大学出版社2004. 4.

[66] 晏维龙. 流通革命与我国流通产业的结构变动 [J]. 财贸经济，2002 (10).

[67] 宋则. 中国流通现代化评价指标体系研究 [J]. 商业时代，2003 (14).

[68] 李先国. 分销渠道管理 [M]. 北京：清华大学出版社，2007. 7.

[69] 郭国庆. 市场营销学通论（第四版）[M]. 北京：中国人民大学出版社，2009. 12

[70] 黄国雄. 现代零售学 [M]. 北京：中国人民大学出版社，2008. 4.

[71] 夏春玉. 流通概论 [M]. 大连：东北财经大学出版社, 2008. 7.

[72] 泰勒尔. 产业组织理论 [M]. 中国人民大学出版社, 1998. 3.

[73] 迈克尔·波特. 竞争战略 [M]. 北京：华夏出版社, 2005. 10.

[74] 迈克尔·波特. 竞争优势 [M]. 北京：华夏出版社, 2005. 8.

[75] 迈克尔·波特. 国家竞争优势 [M]. 北京：华夏出版社, 2002. 1.

[76] 丹尼斯·卡尔顿, 等. 现代产业组织理论 [M]. 上海：上海三联书店, 1998. 9.

[77] 菲利普. 科特勒. 营销管理 [M]. 北京：清华大学出版社, 2006. 12.

[78] 帕特里克·M. 邓恩, 零售学 [M]. 北京：中信出版社, 2006. 10.

[79] 斯蒂芬·马丁. 高级产业经济学 [M]. 上海：上海财经大学出版社, 2003. 8.

[80] 多恩布什, 费希尔, 斯塔兹. 宏观经济学 [M]. 北京：中国人民大学出版社, 2008. 6.

[81] 吴汉洪. 产业组织理论 [M]. 北京：中国人民大学出版社, 2008. 3.

[82] 李悦. 产业经济学 [M]. 北京：中国人民大学出版社, 2008. 8.

[83] 李飞. 零售革命 [M]. 北京：经济管理出版社, 2003. 1.

[84] 苏东水. 产业经济学 [M]. 北京：高等教育出版社, 2006. 8.

[85] 杨公仆, 夏大慰. 产业经济学教程 [M]. 上海：上海财经大学出版社, 2008. 7.

[86] 夏春玉. 零售业态变迁理论及其新发展 [J]. 当代经济科学, 2002 (4).

[87] 夏春玉. 流通经济学的贫困与构建设想 [J]. 当代经济科学, 2000 (1).

[88] 晏维龙. 马克思主义流通理论发展研究 [J]. 江苏社会科学, 2008 (5).

[89] 陈文玲. 论社会化大流通 [J]. 财贸经济, 1998 (2).

[90] 陈文玲. 后危机时代流通体制变革的新思考 [J]. 中国流通经济, 2010 (1).

[91] 徐从才. 流通转型：转型经济研究的一个新视角 [J]. 中国流通经济, 1999 (6).

[92] 徐从才. 加入 WTO 后中国流通产业发展的战略思考 [J]. 财贸经济, 2001 (8).

[93] 徐从才. 论流通创新与贸易增长方式转变 [J]. 商业经济与管理, 2008 (11).

[94] 晁钢令. 新一轮流通改革的发展趋势与主要任务 [J]. 产业经济研究, 2003 (3).

[95] 宋则, 赵萍. 商贸流通服务业影响力实证分析 [J]. 中国流通经济, 2008 (3).

[96] 宋则. 改革开放 30 年我国商贸流通服务业影响力考察 [J]. 商业时代, 2008 (34).

[97] 李蕊. 流通业对农村经济增长影响力的实证研究 [J]. 北京工商大学学报, 2008 (1).

[98] 冉净斐. 流通发展与经济增长的关系：理论与实证 [J]. 生产力研究, 2005 (3).

[99] 赵萍. 流通产业影响力实证研究 [J]. 商业经济与管理, 2007 (8).

[100] 李陈华. 流通企业的企业理论新析 [J]. 财经理论与实践, 2005 (137).

[101] 李陈华. 流通企业的（规模）边界 [J]. 财贸经济, 2004 (2).

[102] 谢莉娟. 工业品批发体系重构：一个文献述评 [J]. 商业经济与管理, 2010 (6).

[103] 王之泰. 供应链：流通渠道的创新 [J]. 中国流通经济, 2002 (3).

[104] 王之泰. 中国供应链观察 [J]. 中国流通经济, 2005 (10).

[105] 马龙龙. 论工商关系的演进与新型工商关系的形成 [J]. 价格理论与实践, 2004 (6).

[106] 李俊阳. 通道费与协调工商关系的机制研究 [J]. 财贸经济, 2007 (1).

[107] 王晓东. 商品流通渠道的整合与优化 [J]. 经济理论与经济管理, 2003 (7).

[108] 王晓东, 张昊. 论独立批发商职能与流通渠道利益关系的调整 [J]. 财贸经济, 2011 (8).

[109] 洪涛. 中国的流通产业: 不容忽视的基础产业 [J]. 宁波职业技术学院学报, 2003 (10).

[110] 黄国雄. 流通新论 [J]. 商业时代, 2003 (1).

[111] 王先庆. 流通业成为 "先导性产业" 的约束条件和成长机制 [J]. 广东商学院学报, 2007 (6).

[112] 宋则. 应对危机顺势将商贸物流渠道建设纳入国家战略 [J]. 市场营销导刊, 2009 (3).

[113] 赵娴. 流通经济学的立论依据与研究定位的新视角 [J]. 中国流通经济, 2010 (1).

[114] 宋则, 张弘. 中国流通现代化评价指标体系研究 [J]. 经贸参考, 2003 (11-12).

[115] 荆林波. 关于中国商品市场竞争力问题的研究 [J]. 新视野, 2008 (2).

[116] 李飞. 零售业开放度对国家经济安全影响的测评研究 [J]. 中国经贸, 2006 (8).

[117] 陈文玲. 现代流通与国家竞争力 [J]. 中国流通经济, 2007 (4).

[118] 祝合良. 新世纪提高我国零售企业竞争力的基本思路 [J]. 经济与管理研究, 2005 (4).

[119] 武云亮. 论中小商业企业的集群化发展 [J]. 商业时代, 2003 (10).

[120] 武云亮. 我国中小商业企业集群的演化机制分析 [J]. 技术经济, 2007 (4).

[121] 蒋三庚. 论商业集聚 [J]. 北京工商大学学报, 2005 (3).

[122] 赵萍. 论流通产业集群与区域经济发展 [J]. 财贸经济, 2007 (2).

[123] 杨向阳. 关于服务业集聚研究的若干思考 [J]. 财贸经济, 2009 (2).

[124] 彭继增. 基于空间经济理论的商业集群运行机理 [J]. 经济体制改革, 2008 (2).

[125] 夏春玉. 中国流通政策的构建: 基于美日流通政策的比较研究 [J]. 经济与管理研究, 2006 (8).

[126] 陈甬军. 转轨经济中的中国自然垄断问题研究 [J]. 安徽商贸职业技术学院学报, 2008 (3).

[127] 石奇. 零售商对制造商实施纵向约束的机制和绩效评价 [J]. 中国工业经济 2008 (5).

[128] 晏维龙. 中国城市化对流通业发展影响的实证研究 [J]. 财贸经济, 2006 (3).

[129] 王德章. 现代流通业在区域经济中的作用 [J]. 商业经济, 2006 (2).

[130] 王晓东. 论流通产业结构调整与就业增长 [J]. 财贸经济, 2010 (2).

[131] 夏春玉. 城市流通系统: 研究现状与一个综合性框架 [J]. 当代经济科学, 2006 (3).

[132] 柳思维. 城市商圈的时空动态性述评与分析 [J]. 财贸经济, 2007 (3).

[133] 汪旭晖. 国外零售国际化理论研究进展: 一个文献综述 [J]. 河北经贸大学学报, 2008 (6).

[134] 荆林波. 外资进入流通领域对我国经济的影响 [J]. 商业时代, 2005 (11-12).

[135] 宋则. 外资在流通业超速扩张值得高度警觉 [J]. 中国商贸, 2007 (4).

[136] 李飞. 零售业开放度对国家经济安全影响的测评研究 [J]. 中国经贸, 2006 (8).

[137] 张岩. 日本流通体制变革研究 [M]. 北京: 经济管理出版社, 2007. 5.

[138] 晏维龙. 流通革命与我国流通产业的结构变动 [J]. 财贸经济, 2002 (10).

[139] 徐从才. 流通革命与流通现代化 [M]. 北京: 中国人民大学出版社, 2009. 8.

[140] 杜桂馥. 初论我国的流通现代化 [J]. 商场现代化, 1994 (2).

[141] 宋则. 中国流通现代化核心评价指标研究 [J]. 商业时代, 2004 (32).

[142] 姚红. 流通现代化的理性标准研究 [J]. 商业时代, 2004 (15).

[143] 黄国雄, 曹厚昌. 现代商学通论 [M]. 北京: 人民日报出版社, 1997. 7.

[144] 丁俊发, 张绪昌. 跨世纪的中国流通发展战略 [M]. 北京: 中国人民大学出版社, 1998. 11.

[145] 贺名仑. 经济发达国家的商业现代化问题 [J]. 北京商学院学报, 1983 (4).

[146] 贾履让, 张志中. 中国流通产业及其运行 [M]. 北京: 中国物资出版社, 1998. 1

[147] 杨圣明, 王诚庆. 论第五个现代化——流通现代化 [J]. 中国社会科学院研究生院学报, 1995 (2).

[148] 吴仪. 大力推进流通现代化, 培育发展大型流通集团 [J]. 管理世界, 2003 (3).

[149] 李飞. 中国商品流通现代化的构成要素 [J]. 中国流通经济, 2003 (11).

[150] 宋则, 张弘. 中国流通现代化评价指标体系 [J]. 北京市财贸管理干部学院学报, 2003 (3).

[151] 李骏阳. 21 世纪商业革命——电子商务时代的流通模式 [M]. 经济科学出版, 2003. 6.

[152] 马龙龙. 论我国工业品批发市场的发展 [J]. 中国流通经济, 2001 (5).

[153] 马龙龙. 论我国批发业的振兴战略 [J]. 财贸经济, 2011 (4).

[154] 丁俊发. 我国批发市场如何创新与发展 [J]. 中国合作经济, 2004 (8).

[155] 王晓东. 中国工业品批发体制改革的思考 [J]. 中国市场, 2010 (17).

[156] 赵尔烈, 在改革探索中发展的工业消费品批发业 [J]. 北京市财贸管理干部学院学

报, 2005 (1).

[157] 宋则. 信息时代工业品批发不会消失 [J]. 中国市场, 2009 (6).

[158] 谢莉娟. 工业品批发商渠道作用之实证检验 [J]. 商业经济与管理, 2011 (9).

[159] 洪涛. "十二五" 中国特色流通体系及其战略研究 [J]. 北京工商大学学报, 2010 (4).

[160] 夏春玉. 现代商品流通理论与政策 [M]. 大连：东北财经大学出版社, 1998. 6.

[161] 久保村隆佑. 商学通论 [M]. 东京：同文馆, 2002.

[162] 巴里·伯曼 (Barry Berman), 乔尔·R. 埃文斯 (Joel R. Evans) Retail Management: A Strategic Approach [M]. 北京：中国人民大学出版社, 2004. 8.

[163] 赵皎云. ECR 需在多方面推动下前行 [J]. 物流技术与应用, 2008 (9).

[164] 张闯. 流通国际化背景下的流通政策比较研究 [J]. 财贸经济, 2005 (2).

[165] 唐. E. 瓦尔德曼, 伊丽莎白. J. 詹森. 产业组织：理论与实践 [M]. 北京：中国人民大学出版社, 2014. 10.

[166] 赵萍. 重塑我国工业消费品流通模式 [J]. 时代商贸, 2012 (1).

[167] 王成荣. 北京流通现代化 [M]. 北京：中国经济出版社, 2009. 1.

[168] 李保民, 孙剑. 推进我国流通现代化的若干建议 [J]. 中国流通经济, 2003 (4).

[169] 董烨然. 高级商业经济理论 [M]. 北京：经济科学出版社, 2011. 4.

[170] 谭祖谊. 内外贸一体化的概念框架及其市场运行机制 [J]. 商业研究, 2011 (4).

[171] 林至颖. 构建内外贸一体化跨国商贸集团的思考 [J]. 中国经贸导刊, 2011 (18).

[172] 万典武. 内外贸一体化与商务部职能模式选择 [N]. 中华工商时报, 2004-3-3.

[173] 丁俊发. 内外贸一体化与流通创新 [J]. 市场营销导刊, 2004 (3).

[174] 郭冬乐. 内外贸一体化：国外流通组织形式的实证分析与启示 [J]. 广州商学院学报, 2004 (5).

[175] 申恩威. 构建内外贸一体化的政策体系 [N]. 中国社会科学院院报, 2005-11-8.

[176] 于培伟. 关于内外贸一体化的再思考 [J]. 中南财经政法大学学报, 2005 (3).

[177] 蔡珍贵. 内外贸一体化进程中的障碍和对策 [J]. 商业时代, 2006 (11).

[178] 周伟. 试论流通现代化的内涵及其对国民经济发展的重要作用 [J]. 商业时代, 2011 (24).

[179] 周伟. 发达国家批发业现状、特征及其对我国的启示 [J]. 商业时代, 2010 (33).

[180] 周伟. 对完善我国工业品批发体系的思考 [J]. 商业时代, 2010 (29).

[181] 周伟. 生产商、批发商及零售商关系实证检验 [J]. 商业时代, 2013 (34).

[182] 罗伯特·F. 勒思克, 帕特里克·M. 邓恩, 詹姆斯·R. 卡弗. 零售管理 [M]. 北京：清华大学出版社, 2010. 8.

附　录

附表 1　按行业和业态分连锁零售企业基本情况（2012 年）❶

指　标	总店数（个）	门店总数（个）	年末从业人数（万人）	年末零售营业面积（万平方米）	商品销售额（亿元）	商品购进总额（亿元）	统一配送商品购进额（亿元）
总计	2 524	192 870	256.3	14 765.9	35 462.1	30 825.5	23 975.8
按行业分							
综合零售	790	62 948	138.3	6 593.0	11 446.8	10 050.3	6 896.3
食品、饮料及烟草制品专门零售	139	9 047	4.9	58.7	255.6	217.1	201.5
纺织、服装及日用品专门零售	148	10 507	6.7	147.7	369.5	303.2	205.3
文化、体育用品及器材专门零售	83	1 732	3.6	104.2	266.9	242.5	240.3
医药及医疗器材专门零售	632	35 835	25.5	436.6	638.4	559.6	501.0
汽车、摩托车、燃料及零配件专门零售	179	11 999	13.7	1 849.2	6 231.2	5 179.2	3 731.4
家用电器及电子产品专门零售	214	6 886	27.3	1 491.9	3 407.7	3 135.1	2 276.4
五金、家具及室内装饰材料专门零售	16	147	0.7	35.5	64.0	38.8	27.7
货摊、无店铺及其他零售业	6	132	0.1	2.0	12.8	12.5	12.5
按业态分							
便利店	84	13 277	7.0	111.2	263.9	215.9	145.8

---

❶　数据来自国家统计局网站（下同）.

指　　标	总店数（个）	门店总数（个）	年末从业人数（万人）	年末零售营业面积（万平方米）	商品销售额（亿元）	商品购进总额（亿元）	统一配送商品购进额（亿元）
折扣店	3	432	0.4	18.5	34.3	31.2	18.3
超市	388	31 016	48.7	1 771.3	2 915.9	2 577.8	2 182.4
大型超市	180	11 947	53.2	2 744.9	4 221.9	3 829.9	2 978.9
仓储会员店	5	351	1.4	90.4	216.3	210.5	33.6
百货店	101	4 377	25.5	1 696.7	3 251.8	2 753.3	1 239.7
专业店	1 383	89 227	93.8	6 480.4	19 629.0	16 699.3	13 399.7
加油站	230	25 300	26.0	3 666.3	12 413.6	10 197.6	8 242.5
专卖店	305	28 939	17.4	471.2	2 260.4	2 055.1	1 879.9
家居建材商店	13	49	0.4	32.4	47.3	34.2	23.1
厂家直销中心	3	14		0.6	3.8	3.7	3.5
其他	59	13 241	8.6	1 348.3	2 617.5	2 414.6	2 070.8

附表 2　全国各地规模以上工业企业主要指标

年　份	规模以上工业企业利润总额（亿元）	规模以上批发企业主营业务利润（亿元）	限额以上零售企业主营业务利润（亿元）	批零比值	工业总产值（亿元）	资产总计（亿元）
1998	1 458.11	712.4	238.3		67 737.14	108 821.87
1999	2 288.24	740.4	242.4	4.1	72 707.04	116 968.89
2000	4 393.48	862.4	265.5	2.47	85 673.66	126 211.24
2001	4 733.43	820.4	282.7	2.43	95 448.98	135 402.49
2002	5 784.48	1 111.5	319.3	3.52	110 776.48	146 217.78
2003	8 337.24	1 368.8	345.9	3.59	142 271.22	168 807.70
2004	11 929.30	3 795.3	1 043.1	4.24	201 722.19	215 358.00
2005	14 802.54	4 231.3	1 360.0	4.48	251 619.50	244 784.25
2006	19 504.44	4 976.7	1 752.5	3.98	316 588.96	291 214.51

续表

年 份	规模以上工业企业利润总额（亿元）	规模以上批发企业主营业务利润（亿元）	限额以上零售企业主营业务利润（亿元）	批零比值	工业总产值（亿元）	资产总计（亿元）
2007	27 155.18	6 336.1	2 165.7	4.37	405 177.13	353 037.37
2008	30 562.37	11 404.5	3 923.2	4.62	507 448.25	431 305.55
2009	34 542.22	10 672.2	4 185.7	5.00	548 311.42	493 692.86

注：根据《中国统计年鉴（2010）》计算整理。

附表3　批发和零售业情况

年 份 指 标	2008	2009	2010	2011	2012
批发和零售业					
法人企业（个）	100 935	95 468	111 770	125 223	138 865
年末从业人数（万人）	737.4	749.0	852.2	901.1	985.6
商品购进额（亿元）	184 039.3	179 202.9	248 040.9	328 160.3	378 314.8
进口额（亿元）	14 473.1	13 308.0	19 604.7	27 230.6	31 524.7
商品销售额（亿元）	208 229.8	201 166.2	276 635.7	360 525.9	410 532.7
出口额（亿元）	13 837.5	11 174.1	14 424.8	17 795.0	20 004.8
期末商品库存额（亿元）	15 368.1	16 024.0	19 816.8	24 979.3	29 000.6
批发业					
法人企业（个）	59 432	52 853	59 464	66 752	72 944
年末从业人数（万人）	315.4	312.3	350.9	373.5	410.4
商品购进额（亿元）	152 557.5	143 008.7	199 150.1	266 077.2	304 286.9
进口额（亿元）	14 009.1	12 699.1	18 463.0	25 383.8	29 288.7
商品销售额（亿元）	170 260.2	157 834.6	219 121.1	288 701.0	327 091.3
出口额（亿元）	13 819.9	11 152.0	14 380.3	17 740.9	19 939.8
期末商品库存额（亿元）	11 675.8	11 848.3	14 712.2	18 329.0	21 265.2
零售业					
法人企业（个）	41 503	42 615	52 306	58 471	65 921
年末从业人数（万人）	422.1	436.7	501.3	527.6	575.2
商品购进额（亿元）	31 481.9	36 194.2	48 890.8	62 083.1	74 028.0

年 份 指 标	2008	2009	2010	2011	2012
进口额（亿元）	464.0	608.8	1 141.6	1 846.8	2 236.0
商品销售额（亿元）	37 969.6	43 331.6	57 514.6	71 824.9	83 441.3
出口额（亿元）	17.6	22.1	44.5	54.1	65.0
期末商品库存额（亿元）	3 692.4	4 175.7	5 104.6	6 650.3	7 735.4
年末零售营业面积（万平方米）	19 075.5	22 727.9	26 189.8	21 227.8	25 134.9

注：1. 本表的统计范围为限额以上法人企业　2. 本表的统计限额划分指标为"年主营业务收入"。

附表 4　限额以上批发业企业主要指标（2012 年）

指　标	年末从业人数 （人）	商 品 购进额 （亿元）	#进口	商 品 销售额 （亿元）	#出口
批发业合计	4 104 308	304 286.9	29 288.7	327 091.3	19 939.8
按登记注册 类型分					
内资企业	3 512 493	270 892.0	18 338.5	286 388.6	17 049.0
国有企业	634 886	61 357.4	3 820.0	66 879.5	2 876.8
集体企业	62 436	1 885.0	189.4	1 996.7	99.6
股份合作企业	18 355	782.7	36.6	818.2	18.0
联营企业	10 262	742.1	21.1	768.6	35.5
国有联营企业	3 018	385.9	15.3	396.2	23.4
集体联营企业	1 435	39.1	0.4	43.2	5.1
国有与集体联 营企业	2 065	213.1	0.7	218.1	4.3
其他联营企业	3 744	104.1	4.6	111.0	2.7
有限责任公司	1 055 477	100 792.7	9 047.4	105 587.0	6 613.5
国有独资公司	70 019	11 659.0	1 160.6	12 754.2	544.5
其他有限责任 公司	985 458	89 133.7	7 886.8	92 832.7	6 069.0
股份有限公司	408 951	33 016.6	1 282.2	33 772.9	1 520.7

構建我国工业品流通新体系研究

指　标	年末从业人数（人）	商品购进额（亿元）	#进口	商品销售额（亿元）	#出口
私营企业	1 246 530	68 604.7	3 798.4	72 600.5	5 769.0
私营独资企业	66 504	2 654.5	48.2	2 812.5	137.4
私营合伙企业	13 975	858.7	5.3	889.5	48.1
私营有限责任公司	1 119 662	63 000.5	3 581.3	66 652.3	5 439.3
私营股份有限公司	46 389	2 091.0	163.6	2 246.2	144.2
其他企业	75 596	3 710.7	143.5	3 965.3	115.8
港、澳、台商投资企业	249 741	8 909.2	2 408.8	10 313.1	924.1
合资经营企业	33 126	1 527.5	187.7	1 646.7	44.9
合作经营企业	6 470	103.2		113.9	0.8
独资经营企业	197 460	7 107.1	2 217.6	8 367.3	876.6
投资股份有限公司	11 250	163.1	3.5	176.4	1.8
其他港澳台商投资企业	1 435	8.2		8.9	
外商投资企业	342 074	24 485.6	8 541.3	30 389.6	1 966.8
中外合资经营企业	41 133	6 068.4	358.9	8 221.4	191.6
中外合作经营企业	2 854	813.1	5.6	856.3	0.1
外资企业	290 356	17 280.9	8 166.0	20 920.6	1 739.9
外商投资股份有限公司	5 299	304.5	8.3	369.6	34.1
其他外商投资企业	2 432	18.8	2.5	21.8	1.1
按国民经济行业分					
农、林、牧产品批发	150 051	5 840.5	830.5	5 985.8	110.3
食品、饮料及烟草制品批发	758 844	22 942.4	1 006.1	27 855.6	571.5
#米、面制品及食用油批发	80 151	3 629.8	488.2	3 780.7	124.5
烟草制品批发	261 202	11 053.3	128.6	14 330.6	26.1

指　标	年末从业人数（人）	商品购进额（亿元）	#进口	商品销售额（亿元）	#出口
纺织、服装及家庭用品批发	697 477	22 871.5	2 661.3	25 825.6	7 007.6
#服装批发	200 945	5 617.3	474.0	6 619.1	2 447.0
家用电器批发	154 155	7 660.8	1 216.3	8 129.3	748.5
文化、体育用品及器材批发	133 647	4 670.9	311.5	5 162.2	427.7
医药及医疗器材批发	378 440	11 143.1	916.8	12 298.0	283.5
矿产品、建材及化工产品批发	1 217 866	189 863.3	13 389.6	196 624.5	4 986.4
#煤炭及制品批发	196 343	26 430.6	1 055.1	27 717.8	273.7
石油及制品批发	448 037	58 448.0	3 656.0	60 665.5	764.9
金属及金属矿批发	232 856	68 884.3	5 234.2	70 440.6	1 917.3
建材批发	97 244	9 450.0	817.2	9 980.7	473.7
化肥批发	70 094	4 630.0	170.9	4 793.7	147.6
机械设备、五金产品及电子产品批发	617 907	36 665.1	8 328.5	42 168.6	4 352.5
#汽车批发	93 867	11 785.7	3 536.8	15 177.6	312.2
计算机、软件及辅助设备批发	66 683	3 923.0	789.4	4 140.6	289.2
贸易经纪与代理	41 017	3 683.2	604.0	4 035.5	1 075.7
其他批发业	109 059	6 606.7	1 240.5	7 135.5	1 124.6

附表5　2010年各地规模以上制造企业利润率表

地　区	饮料利润率	烟草利润率	食品利润率	总利润率
北京	0. 044 422	0. 155 208	0. 015 591	0. 215 221
天津	0. 047 472	0. 010 341	0. 050 578	0. 108 391
河北	0. 067 803	0. 131 246	0. 050 476	0. 249 524

续表

地 区	饮料利润率	烟草利润率	食品利润率	总利润率
山 西	0. 071 323	0. 097 609	0. 050 095	0. 219 027
内蒙古	0. 081 595	0. 135 255	0. 012 03	0. 228 88
辽 宁	0. 086 525	0. 113 394	0. 043 126	0. 243 044
吉 林	0. 031 492	0. 110 35	0. 038 006	0. 179 848
黑龙江	0. 113 683	0. 148 14	0. 070 916	0. 332 739
上 海	0. 043 268	0. 376 02	0. 060 139	0. 479 426
江 苏	0. 090 927	0. 215 972	0. 070 484	0. 377 383
浙 江	0. 076 355	0. 197 45	0. 065 556	0. 339 362
安 徽	0. 073 697	0. 114 035	0. 038 818	0. 226 55
福 建	0. 109 028	0. 187 588	0. 065 798	0. 362 413
江 西	0. 093 919	0. 105 622	0. 079 889	0. 279 43
山 东	0. 079 036	0. 089 638	0. 060 021	0. 228 696
河 南	0. 104 511	0. 098 311	0. 114 42	0. 317 242
湖 北	0. 081 1	0. 129 687	0. 061 356	0. 272 143
湖 南	0. 063 574	0. 205 328	0. 051 145	0. 320 047
广 东	0. 062 995	0. 170 627	0. 102 113	0. 335 734
广 西	0. 097 947	0. 176 529	0. 071 091	0. 345 566
海 南	0. 069 975	0. 138 203	0. 084 704	0. 292 882
重 庆	0. 094 681	0. 114 22	0. 079 842	0. 288 743
四 川	0. 105 616	0. 120 04	0. 057 379	0. 283 035
贵 州	0. 536 335	0. 141 575	0. 156 012	0. 833 922
云 南	0. 073 123	0. 144 57	0. 080 231	0. 297 924
西 藏	0. 208 259		0. 081 395	0. 289 654
陕 西	0. 066 925	0. 128 284	0. 016 212	0. 211 422
甘 肃	0. 067 338	0. 116 029	0. 092 35	0. 275 718
青 海	0. 150 919		0. 018 945	0. 169 863
宁 夏	0. 066 368	0	0. 057 152	0. 123 521
新 疆	0. 127 993	0. 128 22	0. 104 864	0. 361 077

注：根据《中国统计年鉴（2011）》计算整理。

附表6　亿元以上商品交易市场基本情况（2012 年）❶

市　场	市场数量（个）	摊位数（个）	营业面积（万平方米）	成交额（亿元）	批发市场（亿元）	零售市场（亿元）
总　　计	5 194	3 494 122	27 899.4	93 023.8	80 141.8	12 882.0
综合市场	1 392	1 208 959	6 724.2	18 159.9	14 295.6	3 864.3
生产资料综合市场	49	55 635	751.2	1 406.3	1 406.3	
工业消费品综合市场	330	495 431	2 612.9	6 464.4	5 041.4	1 423.0
农产品综合市场	715	423 936	2 055.6	7 012.9	5 234.6	1 778.3
其他综合市场	298	233 957	1 304.5	3 276.3	2 613.3	663.0
专业市场	3 802	2 285 163	21 175.2	74 863.9	65 846.2	9 017.7
生产资料市场	731	276 403	6 258.5	32 034.5	31 983.9	50.6
农业生产用具市场	21	6 162	141.2	197.6	197.6	
农用生产资料市场	33	5 657	106.6	165.8	165.8	
煤炭市场	16	2 144	686.6	606.1	606.1	
木材市场	61	20 682	570.9	692.9	692.9	
建材市场	189	80 499	1 455.3	1 601.9	1 555.5	46.4
化工材料及制品市场	41	18 748	211.0	2 627.6	2 627.6	
金属材料市场	284	100 564	2 600.6	23 049.5	23 049.5	
机械设备市场	49	25 673	267.0	604.2	604.2	
其他生产资料市场	37	16 274	219.3	2 488.9	2 484.7	4.2
农产品市场	1 044	596 542	4 271.7	13 713.6	12 878.7	835.0
粮油市场	111	45 036	395.0	1 641.3	1 585.8	55.4
肉禽蛋市场	121	38 238	277.6	1 029.1	872.6	156.5
水产品市场	160	105 609	489.0	2 974.1	2 819.7	154.4
蔬菜市场	312	234 367	1 558.9	3 601.1	3 521.5	79.6
干鲜果品市场	147	65 915	582.4	2 004.5	1 982.0	22.4

---

❶　资料来源：中国统计年鉴（2013）.

市　　场	市场数量（个）	摊位数（个）	营业面积（万平方米）	成交额（亿元）	批发市场（亿元）	零售市场（亿元）
棉麻土畜、烟叶市场	24	14 281	402.5	628.9	627.0	1.9
其他农产品市场	169	93 096	566.3	1 834.8	1 470.1	364.6
食品、饮料及烟酒市场	159	86 377	475.8	1 692.8	1 460.0	232.8
食品饮料市场	56	33 566	122.7	449.5	303.4	146.1
茶叶市场	29	13 268	97.9	226.2	204.8	21.4
烟酒市场	15	4 834	33.4	87.3	55.0	32.3
其他食品饮料及烟酒市场	59	34 709	221.7	929.9	896.9	33.0
纺织、服装、鞋帽市场	578	713 557	2 924.3	11 898.8	10 859.5	1 039.3
布料及纺织品市场	75	102 420	712.6	4 956.8	4 943.7	13.1
服装市场	353	436 863	1 646.2	4 881.9	4 229.4	652.5
鞋帽市场	40	24 692	142.3	360.2	350.1	10.1
其他纺织服装鞋帽市场	110	149 582	423.1	1 699.9	1 336.3	363.6
日用品及文化用品市场	95	67 924	281.2	1 178.8	1 078.4	100.4
小商品市场	32	38 630	99.9	304.0	285.3	18.7
箱包市场	5	5 125	52.3	215.8	215.8	
玩具市场	3	1 126	11.9	22.2	22.2	
文具市场	4	1 614	11.4	27.2	27.2	
图书、报刊市场	12	1 722	10.1	39.1	26.5	12.5
音像制品及电子出版物市场	3	988	2.9	21.6		21.6
体育用品市场	1	80	0.7	1.2		1.2
其他日用品及文化用品市场	35	18 639	92.0	547.7	501.3	46.4
黄金、珠宝、玉器等首饰市场	28	16 592	93.3	426.1	374.1	52.0
电器、通信器材、电子设备市场	168	78 616	382.4	1 287.8	437.3	850.4
家电市场	45	15 197	169.3	307.3	220.5	86.8
通信器材市场	27	20 120	45.2	121.3	58.6	62.7

市　场	市场数量（个）	摊位数（个）	营业面积（万平方米）	成交额（亿元）	批发市场（亿元）	零售市场（亿元）
照相、摄像器材市场	2	532	2.1	7.4	3.9	3.5
计算机及辅助设备市场	82	36 460	147.2	792.0	113.0	679.0
其他电器、通信器材、电子设备市场	12	6 307	18.5	59.7	41.3	18.4
医药、医疗用品及器材市场	26	25 531	153.2	814.8	793.1	21.6
中药材市场	25	25 348	143.6	797.9	776.3	21.6
其他医药、医疗用品及器材市场	1	183	9.6	16.9	16.9	
家具、五金及装饰材料市场	572	280 991	3 831.8	4 832.9	3 034.7	1 798.2
家具市场	158	72 048	1 275.0	1 240.6	650.6	590.0
装饰材料市场	248	107 328	1 466.0	1 623.5	857.6	765.9
灯具市场	15	6 551	93.1	171.6	149.6	21.9
厨具、盥洗设备市场	4	1 306	10.4	20.1	17.6	2.4
五金材料市场	80	51 232	489.8	961.5	860.5	101.0
其他装修市场	67	42 526	497.5	815.6	498.7	316.9
汽车、摩托车及零配件市场	291	79 701	1 459.3	5 707.2	1 902.9	3 804.3
汽车市场	195	38 782	1 105.7	4 636.7	936.6	3 700.0
摩托车市场	13	4 225	30.1	90.8	73.6	17.2
机动车零配件市场	83	36 694	323.5	979.7	892.6	87.1
花、鸟、鱼、虫市场	29	20 642	666.9	379.8	354.2	25.6
花卉市场	25	19 688	660.9	364.8	349.7	15.1
鸟市场						
观赏鱼市场						
其他花鸟鱼虫市场	4	954	6.0	15.0	4.5	10.5
旧货市场	21	9 864	43.0	80.8	34.6	46.2
古玩、古董、字画市场	3	1 831	3.8	5.8	1.1	4.8
邮票、硬币市场	1	707	0.7	1.1	1.1	

续表

市　　场	市场数量（个）	摊位数（个）	营业面积（万平方米）	成交额（亿元）	批发市场（亿元）	零售市场（亿元）
其他旧货市场	17	7 326	38.5	73.8	32.4	41.4
其他专业市场	60	32 423	333.9	816.1	654.8	161.3

附表7　国内生产总值（按当年价格计算）

年　份	国民总收入（亿元）	国内生产总值（亿元）	第一产业	第二产业	工　业	建筑业	第三产业	人均国内生产总值（元）
1978	3 645.2	3 645.2	1 027.5	1 745.2	1 607.0	138.2	872.5	381
1979	4 062.6	4 062.6	1 270.2	1 913.5	1 769.7	143.8	878.9	419
1980	4 545.6	4 545.6	1 371.6	2 192.0	1 996.5	195.5	982.0	463
1981	4 889.5	4 891.6	1 559.5	2 255.5	2 048.4	207.1	1 076.6	492
1982	5 330.5	5 323.4	1 777.4	2 383.0	2 162.3	220.7	1 163.0	528
1983	5 985.6	5 962.7	1 978.4	2 646.2	2 375.6	270.6	1 338.1	583
1984	7 243.8	7 208.1	2 316.1	3 105.7	2 789.0	316.7	1 786.3	695
1985	9 040.7	9 016.0	2 564.4	3 866.6	3 448.7	417.9	2 585.0	858
1986	10 274.4	10 275.2	2 788.7	4 492.7	3 967.0	525.7	2 993.8	963
1987	12 050.6	12 058.6	3 233.0	5 251.6	4 585.8	665.8	3 574.0	1 112
1988	15 036.8	15 042.8	3 865.4	6 587.2	5 777.2	810.0	4 590.3	1 366
1989	17 000.9	16 992.3	4 265.9	7 278.0	6 484.0	794.0	5 448.4	1 519
1990	18 718.3	18 667.8	5 062.0	7 717.4	6 858.0	859.4	5 888.4	1 644
1991	21 826.2	21 781.5	5 342.2	9 102.2	8 087.1	1 015.1	7 337.1	1 893
1992	26 937.3	26 923.5	5 866.6	11 699.5	10 284.5	1 415.0	9 357.4	2 311
1993	35 260.0	35 333.9	6 963.8	16 454.4	14 188.0	2 266.5	11 915.7	2 998
1994	48 108.5	48 197.9	9 572.7	22 445.4	19 480.7	2 964.7	16 179.8	4 044
1995	59 810.5	60 793.7	12 135.8	28 679.5	24 950.6	3 728.8	19 978.5	5 046

年 份	国 民 总收入 （亿元）	国内生产 总 值 （亿元）	第一产业	第二产业	工　业	建筑业	第三产业	人均国内 生产总值 （元）
1996	70 142.5	71 176.6	14 015.4	33 835.0	29 447.6	4 387.4	23 326.2	5 846
1997	78 060.9	78 973.0	14 441.9	37 543.0	32 921.4	4 621.6	26 988.1	6 420
1998	83 024.3	84 402.3	14 817.6	39 004.2	34 018.4	4 985.8	30 580.5	6 796
1999	88 479.2	89 677.1	14 770.0	41 033.6	35 861.5	5 172.1	33 873.4	7 159
2000	98 000.5	99 214.6	14 944.7	45 555.9	40 033.6	5 522.3	38 714.0	7 858
2001	108 068.2	109 655.2	15 781.3	49 512.3	43 580.6	5 931.7	44 361.6	8 622
2002	119 095.7	120 332.7	16 537.0	53 896.8	47 431.3	6 465.5	49 898.9	9 398
2003	134 977.0	135 822.8	17 381.7	62 436.3	54 945.5	7 490.8	56 004.7	10 542
2004	159 453.6	159 878.3	21 412.7	73 904.3	65 210.0	8 694.3	64 561.3	12 336
2005	183 617.4	184 937.4	22 420.0	87 598.1	77 230.8	10 367.3	74 919.3	14 185
2006	215 904.4	216 314.4	24 040.0	103 719.5	91 310.9	12 408.6	88 554.9	16 500
2007	266 422.0	265 810.3	28 627.0	125 831.4	110 534.9	15 296.5	111 351.9	20 169
2008	316 030.3	314 045.4	33 702.0	149 003.4	130 260.2	18 743.2	131 340.0	23 708
2009	340 320.0	340 902.8	35 226.0	157 638.8	135 239.9	22 398.8	148 038.0	25 608
2010	399 759.5	401 512.8	40 533.6	187 383.2	160 722.2	26 661.0	173 596.0	30 015
2011	468 562.4	473 104.0	47 486.2	220 412.8	188 470.2	31 942.7	205 205.0	35 198
2012	516 282.1	518 942.1	52 373.6	235 162.0	199 670.7	35 491.3	231 406.5	38 420

附表 8　国内生产总值构成（按当年价格计算）　　　　　　　单位:%

年份	国内生产 总 值	第一产业	第二产业	工　业	建筑业	第三产业
1978	100.0	28.2	47.9	44.1	3.8	23.9
1979	100.0	31.3	47.1	43.6	3.5	21.6

续表

年份	国内生产总值	第一产业	第二产业	工业	建筑业	第三产业
1980	100.0	30.2	48.2	43.9	4.3	21.6
1981	100.0	31.9	46.1	41.9	4.2	22.0
1982	100.0	33.4	44.8	40.6	4.1	21.8
1983	100.0	33.2	44.4	39.8	4.5	22.4
1984	100.0	32.1	43.1	38.7	4.4	24.8
1985	100.0	28.4	42.9	38.3	4.6	28.7
1986	100.0	27.1	43.7	38.6	5.1	29.1
1987	100.0	26.8	43.6	38.0	5.5	29.6
1988	100.0	25.7	43.8	38.4	5.4	30.5
1989	100.0	25.1	42.8	38.2	4.7	32.1
1990	100.0	27.1	41.3	36.7	4.6	31.5
1991	100.0	24.5	41.8	37.1	4.7	33.7
1992	100.0	21.8	43.5	38.2	5.3	34.8
1993	100.0	19.7	46.6	40.2	6.4	33.7
1994	100.0	19.9	46.6	40.4	6.2	33.6
1995	100.0	20.0	47.2	41.0	6.1	32.9
1996	100.0	19.7	47.5	41.4	6.2	32.8
1997	100.0	18.3	47.5	41.7	5.9	34.2
1998	100.0	17.6	46.2	40.3	5.9	36.2
1999	100.0	16.5	45.8	40.0	5.8	37.8
2000	100.0	15.1	45.9	40.4	5.6	39.0
2001	100.0	14.4	45.2	39.7	5.4	40.5
2002	100.0	13.7	44.8	39.4	5.4	41.5
2003	100.0	12.8	46.0	40.5	5.5	41.2

年份	国内生产总值	第一产业	第二产业			第三产业
				工　业	建筑业	
2004	100.0	13.4	46.2	40.8	5.4	40.4
2005	100.0	12.1	47.4	41.8	5.6	40.5
2006	100.0	11.1	47.9	42.2	5.7	40.9
2007	100.0	10.8	47.3	41.6	5.8	41.9
2008	100.0	10.7	47.4	41.5	6.0	41.8
2009	100.0	10.3	46.2	39.7	6.6	43.4
2010	100.0	10.1	46.7	40.0	6.6	43.2
2011	100.0	10.0	46.6	39.8	6.8	43.4
2012	100.0	10.1	45.3	38.5	6.8	44.6

附表9　流通业行业界定

代码				类别名称	说明
门类	大类	中类	小类		
H				批发和零售业	本类包括63和65大类。指商品在流通环节中的批发活动和零售活动。
	63			批发业	指批发商向批发、零售单位及其他企业、事业、机关批量销售生活用品和生产资料的活动，以及从事进出口贸易和贸易经纪与代理的活动。批发商可以对所批发的货物拥有所有权，并以本单位、公司的名义进行交易活动；也可以不拥有货物的所有权，而以中介身份做代理销售商。本类还包括各类商品批发市场中固定摊位的批发活动。

续表

代码				类别名称	说明
门类	大类	中类	小类		
	65			零售业	指百货商店、超级市场、专门零售商店、品牌专卖店、售货摊等主要面向最终消费者（如居民等）的销售活动。包括以互联网、邮政、电话、售货机等方式的销售活动。还包括在同一地点，后面加工生产，前面销售的店铺（如面包房）。谷物、种子、饲料、牲畜、矿产品、生产用原料、化工原料、农用化工产品、机械设备（乘用车、计算机及通信设备除外）等生产资料的销售不作为零售活动。
I				住宿和餐饮业	本类包括66和67大类。
	67			餐饮业	指在一定场所，对食物进行现场烹饪、调制，并出售给顾客主要供现场消费的服务活动。
F				交通运输、仓储和邮政业	本类包括51和59大类。
	51			铁路运输业	
		512	5120	铁路货物运输	指铁路货运及相关的调度、信号、机车、车辆、检修、工务等活动。
			5132	铁路运输辅助活动（货运火车站）	指专门从事货物运输活动的火车站。
	52			道路运输业	
		522	5220	道路货物运输	指所有道路的货物运输活动。
				其他道路运输辅助活动	货物运输中转站的管理、道路运输货物打包服务。
	54			水上运输业	
			5421	远洋货物运输	
			5422	沿海货物运输	
			5423	内河货物运输	指江、河、湖泊、水库的水上货物运输活动。

代码				类别名称	说明
门类	大类	中类	小类		
			5432	水上运输辅助活动 （货运港口）	
	55			航空运输业	
			5512	航空货物运输	指以货物或邮件为主的航空运输活动。
			5539	其他航空运输辅助活动	指货运机场、航空运输货物打包服务。
	56			管道运输业	
			5600	管道运输业	指通过管道对气体、液体等的运输活动。
	57			装卸搬运和其他运输服务业	
		571	5710	装卸搬运	
		572	5720	运输代理服务	指与运输有关的代理及服务活动。
	58			仓储业	指专门从事货物仓储、货物运输中转仓储，以及以仓储为主的物流配送活动。
		581	5810	谷物、棉花等农产品仓储	
		582	5820	其他仓储	
	59			邮政业	
		599	5990	其他寄递服务	指国家邮政系统以外的单位所提供的包裹、小件物品的收集、运输、发送服务。
L				租赁和商务服务业	
	74			商务服务业	
			7492	包装服务	指有偿或按协议为客户提供的包装服务。

主要统计指标解释

批发业 指批发商向批发、零售单位及其他企事业、机关单位批量销售生活用品和生产资料的活动，以及从事进出口贸易和贸易经纪与代理的活动。批发商可以对所批发的货物拥有所有权，并以本单位、公司的名义进行交易活动；也可以不拥有货物的所有权，而以中介身份做代理销售商。还包括各类商品批发市场中固定摊位的批发活动。

零售业 指百货商店、超级市场、专门零售商店、品牌专卖店、售货摊等主要面向最终消费者（如居民等）的销售活动。包括以互联网、邮政、电话、售货机等方式的销售活动，还包括在同地点，后面加工生产，前面销售的店铺（如前店后厂的面包房）。不包括：谷物、种子、饲料、牲畜、矿产品、生产用原料、化工原料、农用化工产品、机械设备（用车、计算机及通信设备等除外）等生产资料的销售（批发业）；非零售单位附带的零售活动（如汽车修理单位销售汽车零件）；商业零售单位所在商厦的物业管理（物业管理）；商业零售单位所在的商品市场、商业大厦的市场管理活动（市场管理）。

批发和零售业商品购进、销售、库存额　指各种登记注册类型的批发和零售业企业（单位）以本企业（单位）为总体的，从国内、国外市场购进的商品总量，销售和出口的商品总量、库存的商品总量等情况。该指标可以反映商品流转过程中商品的购进、销售、库存之间的比例关系和存在的问题。

商品购进额　指从本企业以外的单位和个人购进（包括从国外直接进口）作为转卖或加工后转卖的商品金额（含增值税）。商品包括：①从工农业生产者、批发和零售业企业、住宿和餐饮业企业、出版社或报社的出版发行部门和其他服务业企业购进的商品；②从机关团体、事业单位购进的商品；③从海关、市场管理部门购进的缉私和没收的商品；④从居民收购的废旧商品等。不包括：①企业为本单位自身经营用，不是作为转卖而购进的商品，如材料物资、包装物、低值易耗品、办公用品等；②未通过买卖行为而收入的商品，如接受其他部门移交的商品、借入的商品、收入代其他单位保管的商品、其他单位赠送的样品、加工回收的成品等；③经本单位介绍，由买卖双方直接结算，本单位只收取手续费的业务；④销售退回和买方拒付货款的商品；⑤商品溢余。

商品销售额　指对本单位以外的单位和个人出售的商品金额（包括售给本单位消费用的商品，含增值税）。商品包括：①售给城乡居民和社会集团消费用的商品；②售给农业、工业、建筑业、运输邮电业、服务业、公用事业等国民经济各行业用于生产、经营用的商品，包括售予批发和零售业作为转卖或加工后转卖的商品；③对国（境）外直接出口的商品。不包括：①未通过买卖行为付出的商品，如随机构变动移交给其他企业单位的商品、借出的商品、归还受其他单位委托代保管的商品、付出的加工原料和赠送给其他单位的样品等；②经本单位介绍，由买卖双方直接结算，本单位只收取手续费的业务；③购货退回的商品；④商品损耗和损失；⑤出售本单位自用的废旧物资。

　　商品库存额　指报告期末各种登记注册类型的批发和零售业企业（单位）已取得所有权的商品。它反映批发和零售业企业（单位）的商品库存情况和对市场商品供应的保证程度。商品库存包括：①存放在批发和零售业经营单位（如门市部、批发站、经营处）仓库、货场、货柜和货架中的商品；②挑选、整理、包装中的商品；③已记入购进而尚未运到本单位的商品，即发货单或银行承兑凭证已到而货未到的商品；④寄放他处的商品，如因购货方拒绝承付而暂时存放在购货方的商品和已办完加工成品收回手续而未提回的商品；⑤委托其他单位代销（未作销售或调出）尚未售出的商品；⑥代其他单位购进尚未交付的商品。不包括所有权不属于本单位的商品、委托外单位加工生产尚未收回成品的商品、外贸企业代理其他单位从国外进口尚未付给订货单位的商品、代国家物资储备部门保管的商品等。

　　连锁总店（总部）　负责连锁企业资源（商号、商誉、经营模式、服务标准、管理模式等）的开发、配置、控制或使用等功能的企业核心管理机构。连锁经营是指经营同类商品或服务，使用统一商号的若干店铺，在同一总店（总部）的管理下，采取统一采购或特许经营等方式，实现规模效益的组织形式，包括直营连锁、特许连锁和自愿连锁三种形式。其中，直营连锁是指连锁店铺由连锁公司全资或控股开设，在总部的直接控制下，开展统一经营的连锁经营形式；特许连锁是指拥有注册商标、企业标志、专利、专有技术等经营资源的企业（特许人），以合同形式将其拥有的经营资源许可其他经营者（被特许人）使用，被特许人按合同约定在统一的经营模式下开展经营，并向特许人支付特许经营费用的连锁经营形式；自愿连锁是指若干个店铺或企业自愿组合起来，在不改变各自资产所有权关系的情况下，以同一个品牌形象面对消费者，以共同进货为纽带开展的连锁经营形式。

　　亿元商品交易市场成交额　指年成交额在亿元及以上的商品交易市场。商品交易市场是指经有关部门和组织批准设立，有固定场所、设施，有经营管理部门和监管人员，若干市场经营者入内，常年或实际开业三个月以上，集中、公开、独立地进行生活消费品、生产资料等现货商品交易以及提供相关服务的交易场所，包括各类消费品市场、生产资料市场等。

　　社会消费品零售总额　指批发和零售业、住宿和餐饮业以及其他行业直接售给城乡居民和社会集团的消费品零售额。其中，对居民的消费品零售额，是指售予城乡居民用于生活消费的商品金额；对社会集团的消费品零售额，是指售给机关、社会团体、部队、学校、企事业单位、居委会或村委会等，公款购买的用作非生产、非经营使用与公共消费的商品金额。社会消费品零售总额包括：售给城乡居民作为生活消费用的商品和修建房屋用的建筑材料的金额，以及售给来华的外国人、华侨、港澳台同胞的消费品金额；售给社会集团用作非生产、非经营使用与公共消费的商品金额。

不包括：城市居民间或居民委托信托商店卖出的商品；售给农业、工业、建筑业等行业用于生产的商品。

后 记

目前工业品批发理论的研究滞后于流通的实践发展水平，新型工业品批发体系的重构与完善面临理论创新上的难题，本书在充分吸收主流经济学关于批发问题的思想精髓的基础上，研究批发理论的最新进展，通过充分的理论分析与实证研究，探寻我国工业品批发理论体系建设的历史轨迹和未来发展趋势，强调用积极的流通产业政策来促进工业品流通，全面系统地阐述以市场为导向的工商联动的工业品流通体系的构建问题，从而丰富和完善我国的工业品批发理论体系，具有重要的理论意义。

首都经济贸易大学博士生导师祝合良教授、王少国教授、李婧教授等对本书提出了宝贵意见。

研究生部主任张军教授以及张玉放等老师，对本书的出版给与了鼎力支持。

城市经济与公共管理学院领导和区域经济系章浩主任、赵文副教授等也给与了热情帮助。

知识产权出版社李瑾编辑为本书的编校、出版付出了辛勤劳动。

有关部门负责人及相关人员周立恒、王玉环、田孝灵、周华、袁建设、周燕、贾荣良、周青等同志参与并支持了本书的撰写工作。

硕士研究生邱坦、蔡培收集整理了部分数据资料。

在此，对关心、支持本书出版的领导、老师、同事和朋友表示衷心的感谢！

周　伟

2015 年元月